大学生创新创业教育与就业发展研究

李瑞娟　著

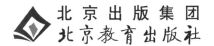

北京出版集团
北京教育出版社

图书在版编目（CIP）数据

大学生创新创业教育与就业发展研究 / 李瑞娟著
. -- 北京：北京教育出版社，2023.6
ISBN 978-7-5704-5565-2

Ⅰ.①大… Ⅱ.①李… Ⅲ.①大学生—创业—研究②
大学生—职业选择—研究 Ⅳ.①G647.38

中国国家版本馆CIP数据核字(2023)第099429号

大学生创新创业教育与就业发展研究

李瑞娟 著

*

北京出版集团
北京教育出版社 出版
（北京北三环中路 6 号）
邮政编码：100120
网址：www.bph.com.cn

京版北教文化传媒股份有限公司总发行
全国各地书店经销
河北宝昌佳彩印刷有限公司印刷

*

710 mm×1 000 mm 16 开本 15 印张 223 千字
2023 年 6 月第 1 版 2023 年 6 月第 1 次印刷
ISBN 978-7-5704-5565-2
定价：88.00 元

前　言

伴随着知识经济的到来，在 21 世纪建立创新型社会乃至创新型国家成为发展的重要趋势，而高校作为当前国家人才培养的基地备受国家重视，其中的创新创业教育意识也被充分开发出来，形成了对应的大学生创新创业教育理论。

大学生创新创业教育强调"知行统一"、"教、学、做"合一以及人的全面发展和终身发展，对培养德才兼备的大学生具有不可估量的作用。因此，我国高校应当加强对大学生创新创业教育的重视，明确定位创新创业，对大学生创新创业教育的价值观、精神要素以及能力等进行深入研究，找出适合我国国情和社会需求的大学生创新创业教育路径，不断进行教育改革与创新，建设大学生创新创业教育师资队伍，切实提高我国大学生创新创业教育水平。

除此之外，对大学生就业问题也应当给予重视。随着社会的不断进步，大学生毕业后如何找到满意的工作的问题也愈发突出，高校应当重视毕业生的就业问题，加强大学生就业指导与服务，完善就业指导服务体系，创新就业指导机制，构建大学生就业信息服务体系，切实为大学生就业助力。

本书属于大学生就业创业方面的著作，全书语言通俗易懂，逻辑结构清晰，适用范围较广，从大学生角色出发，以培养大学生创新创业精神、提高大学生创业能力和就业能力为主线，系统阐述了创新创业和就业的基本理论与知识，观点新颖，有独到的见解，对促进我国大学生创新创业教育和就业指导具有重要的借鉴价值。

目　录

下　篇　大学生就业指导与发展

上　篇　大学生创新创业教育

第一章　创新创业概述

第一节　创新与创新意识

一、创新的概念

创新指以现有的思维方式提出区别于常规或常人思路的见解并以此为导向，利用现有知识和物质，在特定环境下，本着理想化需要或为满足社会的需求，而改进或创造新的事物、方法、元素、路径、环境，并且能够获得一定有益效果的行为。

创新是以新思维、新发明和新描述为特征的一种概念化过程。它起源于拉丁语，原意有三层，即更新、创造新的东西和改变。创新是人类特有的认知能力和实践能力，是人类主观能动性的高级表现形式，是民族进步和社会发展的不竭动力。一个民族要想走在时代前列，不能没有理论思维，不能停止理论创新。创新在经济、商业、技术、社会学以及建筑学等领域的研究中都有着举足轻重的分量。我国经常用"创新"一词表示改革的结果。改革被视为经济发展的主要推动力，促进创新的因素也被视为至关重要的条件。

对于创新概念的理解一般分狭义和广义两个层次。狭义的创新概念立足于把技术和经济结合起来，即创新是一个从新思想的产生到产品设计、试制、生产、营销和市场化的过程。广义的创新概念力求将科学、技术、教育等与经济融汇起来，即创新表现为不同参与者和机构（包括企业、政府、学校、科研机构等）之间交互作用的网络。在这个网络中，任何一个节点都可能成为创新行为实现的特定空间。创新行为因而可以表现在技术、体制或知识等不同层面。

"创新"一词早在《南史·后妃传上·宋世祖殷淑仪》中就曾被提到，意为创立或创造新的东西。《韦氏词典》对"创新"下的定义为引入新概念、新东西和革新。也就是说，"革故鼎新"（前所未有）与"引入"（并非前所未有）都属于创新。

在国际上，奥地利经济学家约瑟夫·熊彼特是创新理论的奠基人。他在德文版《经济发展理论》一书中论述了经济增长并非均衡变化的思想。此书在 1934 年被译成英文时，使用了"创新"（innovation）一词。1928 年，熊彼特在首篇英文版论文《资本主义的非稳定性》（*Instability of Capitalism*）中首次提出了创新是一个过程的概念，并于 1939 年出版的《商业周期》（*Business Cycle*）一书中比较全面地提出了创新理论。按照熊彼特的观点，所谓"创新"，就是建立一种新的生产函数。也就是说，把一种从来没有过的关于生产要素和生产条件的"新组合"引入生产体系。在熊彼特看来，作为资本主义"灵魂"的"企业家"的职能就是实现"创新"，引入"新组合"。所谓"经济发展"，也是针对整个资本主义社会不断地实现这种"新组合"而言的。熊彼特所说的"创新""新组合"或"经济发展"，包括以下五种情况：①引进新产品；②引用新技术，即新的生产方法；③开辟新市场；④控制原材料的新供应来源；⑤实现企业的新组织。自 20 世纪 60 年代起，管理学家开始将创新引入管理领域。现代管理大师彼得·德鲁克在《动荡时代的管理》一书中发展了创新理论。他认为，创新的含义是有系统地抛弃昨天，有系统地寻求创新机会，在市场薄弱的地方寻找机会，在新知识萌芽时期寻找机会，在市场的需求和短缺中寻找机会。创新是赋予资源以新的创造财富能力的行为。任何使现有资源的财富创造潜力发生改变的行为，都可以称为创新。他还在《创新与创业精神》一书中提到，创新是企业家的特定工具，他们利用创新改变事实，作为开创其他不同企业或服务项目的机遇。

二、创新的特点与类型

（一）创新的特点

从创新的定义和含义可以看出，创新是对重复、简单的劳动方式的否定，是对原有事物进行根本性变革或综合性改造，它具有以下几方面的特点。

1. 科学性

创新活动要遵循自然规律与人类社会发展规律，充分发挥人的主观能动性，不断去认识和改造客观世界。创新不是天马行空，需要严谨求是精神，要符合客观实际，扎扎实实，一步一个脚印，只有这样才能经得起实践和历史的检验。违反客观规律的创新活动是不可持续的，也是不可能产生创新成果的，注定要失败。

2. 民主性

创新需要较为宽松、民主、自由和容错的外部环境。创新是做别人没有做过的事情，充满了艰巨性、复杂性和不确定性，因此营造一个自由、民主、容错的宽松创新环境有利于保护创新主体的创新积极性和热情。创新活动有其自身规律，不能用计划经济思维和方法来管理创新活动，管得太多，管得太死，不按创新规律办事，往往会干扰创新活动的正常开展。

3. 新颖性

创新的新颖性指创造者对现有的不合理事物进行扬弃，革除过时的内容，创造出前所未有的东西。新颖性是创新的本质特征，是区别于其他社会活动的显著标志，离开了新颖性，创新也就失去了价值和灵魂。

4. 变革性

创新的本质是求变。创新成果往往是变革旧事物的产物。"穷则变，变则通。"当我们没有办法解决问题的时候，就得思"变"，通过改变结构、功能、方式等解决存在的问题，从而达到"通"的目的。这个由"变"到"通"的过程就是创造和革新的过程。不破不立，破"旧"才能立"新"，推"陈"才能出"新"。

5. 价值性

价值性不是单纯提高产品的技术竞争力，而是通过为顾客创造更多的价值来争取顾客，赢得企业的成功，由此开辟一个全新的、非竞争性的市场空间。创新是一种价值增值实践活动，从一出生就带有鲜明的价值增值取向。正是因为创新的价值性，人类社会才会不断向前发展，人们生活才会越来越美好。离开了价值性谈创新，就背离了人们创新的初衷。创新的价值性要求创新成果必须有益于推动经济增长、促进社会进步和人的全面发展。

（二）创新的类型

创新并非少数天才的专利，创新是创业的源泉、本质和灵魂。创新能力是进行创业最重要的资本。创新的类型主要包括以下几种。

1.盈利模式创新

盈利模式创新指公司寻找全新的方式将产品和其他有价值的资源转变为现金。这种创新常常会挑战一个行业关于生产什么产品、确定怎样的价格、如何实现收入等问题的传统观念。溢价和竞拍是盈利模式创新的典型例子。

2.网络创新

在当今互联的世界里，没有哪家公司能够独自完成所有事情。网络创新让公司可以充分利用其他公司的流程、技术、产品、渠道和品牌。悬赏或众包等开放式创新方式就是网络创新的典型例子。

3.结构创新

结构创新指采用独特的方式组织公司的资产（包括硬件、人力或无形资产）来创造价值。它可能涉及从人才管理系统到重新进行固定设备配置等方方面面。结构创新的例子包括建立激励机制、鼓励员工朝某个特定目标努力、实现资产标准化以降低运营成本和复杂性，甚至创建企业大学以提供持续的高端培训等。

4.流程创新

流程创新涉及公司主要产品或服务的各项生产活动和运营。这类创新需要彻底改变以往的业务经营方式，使公司具备独特的能力，高效运转，迅速适应新环境，并获得领先市场的利润率。流程创新能力常常是一个企业核心竞争力的重要组成部分。

5. 产品性能创新

产品性能创新指公司在产品或服务的价值、特性和质量方面进行的创新。这类创新既涉及全新的产品，也包括能带来巨大增值的产品升级和产品线延伸。产品性能创新常常是竞争对手最容易效仿的一类。

6. 产品系统创新

产品系统创新是将单个产品和服务联系或捆绑起来创造出一个可扩展的强大系统。产品系统创新可以帮助公司建立一个能够吸引和取悦顾客的生态环境，抵御竞争者的侵袭。

7. 服务创新

服务创新保证并提高了产品的功用、性能和价值。它能使一个产品更容易被试用和享用；它为顾客展现了他们可能会忽视的产品特性和功用；它能够解决顾客遇到的问题并弥补顾客在产品体验中的不愉快。

8. 渠道创新

渠道创新指将产品与顾客和用户联系在一起的所有手段的创新。虽然电子商务在近年来成为主导力量，但实体店等传统渠道还是很重要，特别是在创造身临其境的体验方面。这方面的创新老手常常能发掘出多种互补方式，将他们的产品和服务呈现给顾客。

9. 品牌创新

品牌创新有助于顾客和用户识别、记住你的产品，并在面对你和你竞争对手的产品或替代品时选择你的产品。好的品牌创新能够提炼一种"承诺"，吸引买主并传递一种与众不同的身份感。

10. 顾客契合创新

顾客契合创新是要了解顾客和用户的深层愿望，并利用这些信息来发展顾客与公司之间富有意义的联系。顾客契合创新开辟了广阔的探索空间，可以帮助人们找到合适的方式，把自己生活的一部分变得更加难忘、富有成效并充满喜悦。

只选择一两种创新类型的简单创新不足以获得持久的成功，尤其是单纯的产品性能创新，很容易被模仿、被超越。创新主体需要综合应用上述多种创新类型，才能打造可持续的竞争优势。

三、创新意识的概念

创新意识指人们由于社会和个体生活发展的需要而产生的创造前所未有的事物或观念的动机，以及在创造活动中表现出的意向、愿望和设想。它是人类意识活动中的一种积极的、富有成果的表现形式，是人们进行创造活动的出发点和内在动力，是创造性思维和创造力的前提。

创新意识包括创造动机、创造兴趣、创造情感和创造意志。创造动机是创造活动的动力因素，它能推动和激励人们发动和维持创造性活动。创造兴趣能促进创造活动成功，是促使人们积极探求新奇事物的心理倾向。创造情感是引起、推进乃至完成创造的心理因素，只有具有正确的创造情感才能使创造成功。创造意志是在创造中克服困难、冲破阻碍的心理因素，创造意志具有目的性、顽强性和自制性。

四、大学生创新意识的培养

创新是一个民族进步的灵魂，是一个国家兴旺发达的不竭源泉。创新意识和创新思维是创新教育的核心。培养学生的创新能力必须先培养学生的创新意识。21 世纪是知识经济时代，知识经济的本质就是创新，创新意识是新时代对大学生提出的基本要求，也是大学生必备的素质。

（一）破除创新思维枷锁

影响大学生进行创新思维的枷锁大致有如下五种：从众型思维枷锁、权威型思维枷锁、经验型思维枷锁、书本型思维枷锁、自我贬低型思维枷锁。对于大学生来说，思维的枷锁就像一座监狱，只有将守旧观念丢掉，勇于冲破思维藩篱，才能走进创新的世界。

（二）充分激发创新思维潜能

精通所学，兴趣广泛。创新绝不是无本之木、无源之水，唯有打牢知识的基础，创新才有可能成功。因此，大学生应精通所学课程，并培养广泛的阅读兴趣。

处处留心皆学问。学习绝不应仅限于课堂和读书。事实上，学习无处不在。与他人交流是学习，上网是学习，看电视也是学习，其关键在于是不是用心。例如，看古装电视剧时可以了解一些历史知识，如古人的习俗、衣着、饮食习惯、家具陈设以及计谋等；看现代电视剧可以了解当代年轻人所思所想所为等。

理论与实践相结合。读万卷书，行万里路，唯有与实践相结合，理论才有意义。大学生应该活读书、读活书，而不应死读书、读死书。只有精通理论，才可能去改进实践；只有拥有丰富的实践经验，才可能产生新的理论。

打破砂锅问到底。大学生要培养自己的创新意识，应富有怀疑精神，探究各种事物的本源及其实质。

投身社会实践。实践是检验真理的唯一标准。要开发大学生的创新潜力，培养大学生的创新能力，必须让大学生投身社会实践。只有在实践中才能找出"想"与"做"的差距，也只有在实践中，创新理念才能变为现实，创新意识、创新能力才能得到真正的发展。

第二节　创业与创业精神

一、创业的内涵

创业的原意是"创立基业"或"建功立业"。《辞海》对创业的解释就是"创立基业"。"创业"一词最早出现于《孟子·梁惠王下》"君子创业垂统，为可继也"，将创建功业与一脉相承、流传后世联系起来。"创业"一词由"创"和"业"组成。"创"一般指创建、创新、创立、创造、创意，而"业"一般指学业、业务、工作、专业、就业、转业、事业、财产、家业等。由此可以看出，创业有丰富的内涵，不单单是创办企业。

关于创业的本质，主要有以下七种，如表 1-1 所示。

表 1-1　创业的本质

序号	本质	内涵
1	创造财富	创业是根据目标做出的风险决定，通过生产产生利润
2	创造企业	创业涉及新交易的建立
3	创造革新	创业包括独特能源的组合，旨在创造新的产品、工序、组织形式、能源供应和市场
4	创造变化	创业是一系列的改变过程，暗示着为了捕捉不同的有效市场机遇而做出的改变
5	创造就业	创业包含雇佣、管理、开发和生产（包含劳动力在内）等要素的发展
6	创造价值	创业开发新的机遇以创造价值
7	创造成长	先发制人（积极）地在利润、销售额、资产和雇佣方面促进增长

综合以上对于创业的理解，我们认为，创业是发现市场商业机会，将拥有的资源进行整合，通过创建企业或企业组织结构创新，将商业机会转化为盈利模式，从而创造出更多财富和价值的过程。创业有广义和狭义之分，广义的创业指创业者的各项创业实践活动；狭义的创业指创业者的生产经营活动，主要是开创个体和家庭的小企业。

从以上关于创业的定义可以看出，创业有以下几方面的含义。

（1）创业的潜在价值需要通过市场来体现，即市场是实现财富的渠道。

（2）创业的本质在于对商业价值的发掘与利用，即要创造或认识到事物的商业用途。

（3）创业的目的是创造财富、实现人生价值。创业者进入市场、创建实业，是生活态度和生活方式的巨大转折，是为自己创建一个发挥才华、施展抱负、服务社会、实现人生价值、报效国家的舞台。

二、创业的特点与类型

（一）创业的特点

1. 创业是主动进行的创造活动

知识经济的不断发展，对人们的素质提出了新要求。在此背景下，人们会主动去开拓一种新的生存理念和生存模式，来改变原有的生活方式，提高生存能力。

2. 创业是创造价值的过程

创业是对社会资源重新组合、配置和利用，以创造更多价值、更多新事物的过程。

3. 创业带有一定的风险

创业环境的不确定性，创业机会与创业企业的复杂性，创业者、创业团队与创业投资者的能力与实力的有限性，都会给创业带来一定的风险，导致创业的失败。

（二）创业的类型

随着创业活动的日益活跃，创业活动的类型也呈现出多样化的趋势。了解创业类型，比较不同类型创业活动的特点，有助于我们更好地理解和开展创业活动。创业类型的划分方式很多，所依据的标准也不尽相同。在这里，我们从不同的维度出发，以全面的视角看待创业，对创业的类型进行划分。

1. 按创业目的分类

按创业目的可分为机会型创业和生存型创业。机会型创业指创业的出发点并非谋生，而是抓住和利用市场机遇。它以市场机遇为目标，以创造新的需要或满足潜在需求为目标，因而会带动新产业发展。生存型创业指为了谋生而自觉或被迫地创业，大多偏于尾随和模仿，因而往往会加剧市场竞争。

2. 按创业起点分类

按创业起点可分为创建新企业和既有组织内创业。创建新企业指创业者从无到有地创建全新企业的过程。这个过程充满机遇和刺激，但风险和难度也大，创业者往往缺乏足够的资源、经验和支持。既有组织内创业指在现有组织内的有目的的创新过程。以企业组织为例，可指公司由于产品、营销以及组织管理体系等方面的问题，在企业内进行重新创建的过程。

3. 按创业者数量分类

按创业者数量可分为独立创业和合伙创业。独立创业指创业者独自创办自己的企业，其特点在于产权归创业者个人所有，企业由创业者自由掌控，决策迅速，但创业者要独自承担风险，创业资源整合比较困难，并且受个人才能限制。合伙创业指与他人共同创办企业，其优势和劣势正好与独立创业相反。

4. 按创业项目性质分类

按创业项目性质可分为传统技能型创业、高新技术型创业和知识服务型创业。传统技能型创业是使用传统技术、工艺的创业项目，如酿酒、饮料、中药、工艺美术品等。这些独特的传统技能项目在市场上表现出经久不衰的竞争力。高新技术型创业指知识密集度高，带有前沿性和研究开发性质的新技术、新产品创业项目。例如，将航天等高新技术领域的成果实现产业化、形成新产品，微波炉进入千家万户就是最好的例子。知识服务型创业指为人们提供知识、信息等内容的创业项目。当今社会，会计师事务所、工程咨询公司等各类知识性咨询服务机构不断细化和增加，这类项目投资少、见效快，竞争也日渐激烈。

5. 按创业方向和风险分类

按创业方向和风险可分为依附型创业、尾随型创业、独创型创业和对抗型创业。依附型创业可分为两种情况：一是依附于大企业或产业链而生存，在产业链中明确自己的角色，为大企业提供配套服务；二是使用特许经营权，如利用知名品牌效应和成熟的经营管理模式，通过连锁、加盟等方式进行创业。尾随型创业即模仿他人创业，行业内已经有同类企业或类似经营项目，新创企业尾随他人之后，学着别人做。独创型创业指提供的产品和服务能够填补市场空白，大到独创商品，小到商品的某种技术，如环保洗衣粉等。对抗型创业指进入其他企业已经形成垄断地位的某个市场，与之对抗较量。

6. 按创新内容分类

按创新内容可分为基于产品创新的创业、基于营销模式创新的创业和基于组织管理体系创新的创业。基于产品创新的创业指基于技术创新或工艺创新等产生了新的消费群体，从而导致创业行为的发生。基于营销模式创新的创业指采取有别于其他厂商的市场营销模式，因而有可能给消费者带来更高的满意度。基于组织管理体系创新的创业指采取有别于其他厂商的企业组织管理体系，因而能够更高效地实现产品的商业化和产业化。

三、创业精神的内涵

创业精神是突破资源限制，捕捉和利用机会，敢于承受必要的风险，为创造某种新价值努力发挥创造力，实现创新的一种心理过程。

（一）创业精神的灵魂是创新

创业精神蕴含着创新，创业是一个创新的过程，在这个过程中，新产品或新服务的机会被确认、被创造，最后被开发出来产生新的财富。缺乏创新，就不会有新企业的诞生和小企业的成长壮大。

（二）创业精神的天性是冒险

没有甘冒风险和勇担风险的勇气，就不能成为创业者。中外无数创业者虽然成长环境、成长背景和创业机缘各不相同，但无一例外都是在条件极不成熟和外部环境极不明晰的情况下，敢为人先，勇于做"第一个吃螃蟹的人"。

（三）创业精神的精髓是合作

在当今社会，行业分工越来越细，没有谁能以一己之力完成创业所需要完成的所有事情。真正的创业者都是善于合作的，而且能将这种合作精神传递给企业的每个员工。面临困境时，团队成员能团结一心，"心往一处想，劲往一处使"。

（四）创业精神的本色是执着

创业的道路是坎坷的，选择了创业就是选择了面对更多困难、迎接更多挑战，而创业精神就体现在战胜困难与挑战的过程中。因此，创业者必须坚持不懈，只有知难而上，在战胜困难中学会成长，才能抓住真正的成功机会。

四、大学生创业精神的培养

（一）树立"广谱式"创业精神培育观

《关于深化高等学校创新创业教育改革的实施意见》明确指出创新创业教育的基本原则是"面向全体、分类施教、结合专业、强化实践"，并明确了"普及创新创业教育"的总体目标。因此，要从学生入手，广泛而持久地开展创新创业教育。

（二）培养全面发展的能力

第一，大学生要培养自己的创新思维能力，善于在已有经验的基础上，发现新事物、创造新办法，从而解决新问题。第二，大学生要勇敢面对挫折，培养坚定的创业意志品质。第三，大学生要培养吃苦耐劳的精神。吃苦耐劳的精神指一个人在面对困难并克服困难的过程中，磨炼出的一种比较坚定的、持续的意志品质和顽强的精神。大学生在平时生活中，必须抵制奢侈浪费、见利忘义、拜金主义、过度追求物质享受等不良社会思潮的渗透与蔓延，消除其带来的不利影响。第四，大学生要培养危机意识。当今市场竞争越来越激烈，如果缺乏危机意识，离成功就会越来越远。大学生可以通过创业竞赛、创业实践来培养自己的危机意识。第五，大学生要不断充实创业知识。创业精神为创业提供精神、思想上的支持，而创业知识则是创业的能力、素质基础，因此大学生要认真学习创业知识，如金融知识、法律知识、管理学知识，努力做好创业准备，以便在实践中能从容应对挑战。

（三）在课外活动中培育创业精神

课外活动又被称为"第二课堂"，是大学生创业精神培育的重要载体。课外活动中的专业社团活动、挑战赛活动、创新创业工作坊活动等，均对大学生创业精神的培养起着潜移默化的作用。对于大学生来说，一方面，要积极参加社会实践活动，主要包括到企业实习和利用寒暑假、周末做兼职等形式的活动，通过这些创业实践，丰富自己的社会阅历，以便发现商机。另一方面，要积极参加学校组织的各项各类"第二课堂"活动。例如，积极利用大学生创业园等学校提供的创业实践平台，通过亲身实践，体会创业艰辛，以此来提高自己的抗压能力，磨炼自己的意志品质。

第三节　创新与创业的关系

一、创新与创业的边界比较

任何理论和系统都有内涵和边界，忽略边界谈事物是囫囵吞枣、不得要领的。创新与创业互相重叠又各自具有边界，明确创新与创业的边界对于解决创新与创业的关系问题至关重要。对于创新与创业的困惑与争论大多源于没有对创新的边界和内涵进行清晰的梳理。

分析创新与创业边界要素既要考虑外围边界，也要考虑内涵边界。从这两个维度，将创新与创业边界要素归纳如下。

从外围边界看，创新的边界要素是营利性和非营利性。营利性创新是将创新成果商业化，实现利润的目标，从宏观角度就是实现经济价值；非营利性创新是将创新作为一种工作状态或生活状态，目标是服务社会和创造美好生活感受。创业的外围边界要素是创立或创造实业、工作或生活状态的创业形式，其非营利性的属性要低于创新，因为创业的基础是生存，保证生存条件是创业的重要指向。创新与创业的外围边界如图1-1所示。

图1-1　创新与创业的外围边界

从内涵边界看，创新和创业的内部边界要素各有不同。创新的内涵边界要素（表1-2）中有的与商业化有关，如技术领域、营销领域、制度领域、管理领域和商业模式都是商业化的创新，是商业组织谋求发展、实现营利的革新手段；有的边界要素不以营利为目的，如理论领域、社会领域和个人兴趣，这些创新主要创造社会价值或个人价值，过程中如果有商业营利的考虑，那也是围绕有利于实现社会价值和个人价值开展的创新活动。非商业化创新的价值目标，不是经济效益，而是追求理论价值、社会价值或个人价值的实现。因此一切科学的创新，包括商业化和非商业化的创新都与合法的价值密切相关，创新总是体现着多元的价值。

表1-2　创新的内涵边界要素

技术	营销	制度	管理	商业模式	理论	社会	个人

创业的内涵边界要素如表1-3所示。实体商业要素包括自主创立实体企业、继承并发展实体企业和实体企业内部的岗位创业，这个创业领域主要追求经济效益，实现经济价值。社会公益要素以服务社会为特征，区别于实体商业的营利目标，它融合了经济价值和社会价值目标，使经济目标服务于社会价值目标，主要追求创业的社会价值。个人要素主导的创业实质是健康生活、美好人生的一种状态，同样体现价值，即个人人生价值的实现，是个人工作和生活的状态。从一定意义上讲，创业价值观与创新价值观是一致的，都属于广义的价值体系，涵盖经济价值、社会价值和个人价值的价值维度。

表1-3　创业的内涵边界要素

实体商业（含自主创业、继承创业、岗位创业）	社会公益	个人（工作和生活状态的广义创业）

创业的内涵边界要素中，创立、继承实体商业或在实体商业内部的岗位创业与创新的内涵边界要素——技术、营销、制度、管理、商业模式有着相同的商业属性和价值目标，而社会公益、个人要素与创新的内涵边界要素——理论、社会和个人有着相似的社会属性和价值目标。创

新和创业的内涵边界要素比较如表 1-4 所示。

表 1-4 创新和创业的内涵边界要素比较

基于不同价值目标的创新内涵边界要素与创业内涵边界要素							
价值目标	层次 1：实现经济价值					层次 2：实现社会价值和个人价值	
创新	技术	营销	制度	管理	商业模式	理论、文化	社会	个人
创业	实体商业（含自主创业、继承创业、岗位创业、部分社会创业）					—	社会公益	个人

表 1-4 所列的两个层次的创新和创业范畴体现了一个广义和狭义的创新与创业架构，即广义的创新和创业包括两个层次，而狭义的创新与创业指层次 1 的内容，两个层次有一定的对应关系，但不完全覆盖。表 1-4 扩展了创新创业的范围，突破了熊彼特关于创新创业的论点：只有当创业者行使构造"新的生产函数"和"创造性摧毁"的经济职能时，他的行为才是企业家意义上的，他的创业才是基于创新的。表 1-4 从广义角度界定了创新和创业，显示创新和创业的内涵是近似等价的，从事实体创业实质也是在从事创新，但创新的内涵大于创业的内涵。因此，从狭义上的创新和创业来讲，即上述层次 1 范畴的创新和创业，二者是紧密地联系和高度重合的，但从广义的角度看，创新与创业的内涵有错位区，如层次 2。

二、创新与创业的相关性

通过对创新和创业边界要素的比较，发现创新的外部和内涵边界要素与创业的外部和内涵边界要素有很多相互呼应的领域，存在一定程度的关联性。实体商业的创业与技术、营销、制度、管理和商业模式的创新性活动都是以实现经济价值为目标；社会公益类创业和一般个人工作生活状态的创业与社会创新和基于个人兴趣爱好的个人设计、开发都是以实现社会价值和个人价值为目标。虽然这些边界要素具有相同的驱动因素，但不代表这些边界要素涵盖的创新和创业就互为充要条件。这里只讨论具有相同价值目标的边界要素涉及的创新与创业的相关性。

第一，层次1中各边界要素涉及的创新与创业活动都具有追求经济价值目标的核心特征。从这个层面的创新和实体创业角度看，创新和创业有如下相关性。

（1）创新与创业的价值目标具有一体性。创新包含了创新理念、创新价值目标、创新过程和创新成果等，其中蕴含了创新者大量的智慧和努力，也承载了创新者的价值期待。创新价值体现在经济价值、社会价值、个人自我价值中，这些价值期待也是创业价值的体现，创业者的创业目标也是上述价值范畴，创新与创业追求的价值本质是一致的。创新与创业的活动过程有时是一体化的，而且创新与创业的融合具有必然性，创新中的革新、改造、突破需要创业作为途径体现并实现创新的初衷，创业同样需要借助创新实现创业目标。因此，虽然创新过程和创业过程有时可能是分离的，有时可能是同步发生的，但可以合二为一地来看二者追求经济价值的目标，创新的价值目标也就是创业的价值目标，二者是互相依存、不可分割的。

（2）创新与创业在一定层面上存在互相融合、相互交错的关系。当创新具有实践价值、能创造出市场机会时，这种创新本身就会自然导致创业活动。在创新过程中，创新理念、创新要素等很难完全独立于创业理念和创业活动要素，对于技术、营销、制度、管理、商业模式的创新几乎涵盖了商业创业的各类活动，尤其是企业自主创新时，创新与创业是一个系统性的体系，二者相互融合、相互交错地存在着，并且相互促进以实现共同的价值目标。

（3）创新是成功创业的有力保证，成功的创业以创新为基础。创新是新创企业竞争力的重要体现，是创业成功的主要因素，依托创新可以使企业在激烈的市场竞争环境中立于不败之地。在经济高速发展、消费不断升级的今天，传统的产品功能和一成不变的运营模式已无法满足市场的新消费趋势。当前市场的消费群体、消费理念、消费结构和消费渠道都发生了深刻的变化，产品服务个性化、消费诉求多元化、全渠道整合等市场现象层出不穷，这推动着创业必须立足创新，创新成为企业生存和发展的唯一出路。

（4）创新成果通过创业体现，创业推动创新持续发展。创业是一个艰辛的创造性过程，创业者需要对技术、工艺、管理、制度、营销等生产或商业要素进行创新，没有实体组织运营就无法验证创新成果，此时创业将创新成果转化为实践，成为实现创新价值的手段，否则创新将成为毫无意义的创新。创新具有时效性和无限性，没有哪一种创新是一劳永逸的，创新需要不断推陈出新才能保持其属性，并保证其应用价值。创新这种螺旋上升的动力是由创业提供的，创业最接近市场、最了解市场，创业可以推动新产品、新服务不断涌现，创造出新的市场需求，从而进一步推动创新。如此，创新和创业便可实现在创造价值和财富方面的经济目标，为国家和世界经济增长做贡献。

（5）基于科技创新的创业是真正实现国家富强的利器。创新和创业都是一个广义的概念，在广义范畴内从事任何创新和创业活动都会对社会经济发展和个人的全面发展产生重大影响，但真正提升国家实力和社会经济发展水平的手段是科技成果转化，利用先进科技成果成功创业以及基于科技创新的实体经济发展是国家强大的必经之路，没有捷径。因此，与技术创新相结合的创业是经济发展的核心，鼓励创新、鼓励技术创新，并通过创业实现其价值应成为全社会的价值观。

第二，层次2中各边界要素涉及的创新与创业活动都具有追求社会价值的本质特征。从这个层面的创新和广义创业的角度看，创新和创业有如下相关性。

（1）该层面的创新和创业都处于非生产领域。熊彼特定义的创新都是生产领域的创新，适用于产品、服务、企业管理等，但在非生产领域同样存在实现社会价值的创新和创业活动，如表1-2和表1-3中的社会创新、公益创业、某些领域社会创业等。社会创新和公益创业追求社会价值的实现是毫无疑义的，之所以说某些领域的社会创业属于层次2的范畴，是因为社会创业具有双重价值属性，既区别于商业创业，又不同于非营利性公益组织。当社会创业围绕解决社会问题和满足社会需求开展商业经营、侧重经济价值获取时，解决社会问题、满足社会需求是社会创业的一种市场机会，它不再是单纯地追求社会价值的创业活动，不能作为层次 2 中的边界要素。只有围绕解决社会问题，以获取经济利润作为服务社会的手段时，社会创业才属于层次 2 的范畴。所以表 1-3 中使用了社会公益的边界要素定义，侧重解决社会问题的社会创业和非营利性公益创业。

（2）在该层次的边界要素中，创新和创业都涉及同一个领域，即个人工作和生活状态下的创新和创业。这里的"创新"是基于个人兴趣爱好并以创新思维进行个人设计、开发、制造的创新；这里的"创业"是广义上的创业，是个人以良好职业素养，遵守规则、服从组织制度开展有质量的雇佣工作或遵从自己内心偏好自由安排职业生活。基于个人要素划分的创新和创业可以说是高度重合的，它们都是个人的选择，以营造美好人生为目标，同时对社会稳定和社会健康发展贡献自己的力量。综上所述，在层次 2 中创新和创业的相关领域如表 1-5 所示。

表 1-5　基于社会价值和个人价值的创新与创业关联领域

社会创新		个人创新
以服务社会为宗旨的社会创业	公益创业	高质量

第二章 大学生创新创业教育概述

第一节 创新创业教育的基本理论与内容

一、创新创业教育的基本理论

（一）主体教育理论

简言之，主体教育指依靠主体来培养主体的教育，它强调学生的主动性和创造性，终极目标是使每个人都得到全面、自由、充分的发展，因而是创新创业教育的基本理论依据，其具体内容包括以下三个方面。

1. 教育主体

教育本身具有自我能动性和相对独立性，这种开发式的独立性与社会、企业组织和个人有着全面联系，同时又随着现代化教育理念的发展不断加强，它要求人们按照教育规律来对待教育本体，同时不能将其封闭在象牙塔里，不顾社会、企业和个人的现实需要去自我发展。

2. 受教主体

受教主体即接受教育的学生主体。学生个体的身心全面发展和个性化发展永远是在外部环境与教育因素作用下自我主观能动性充分发挥的结果，因而主体教育理论等其他现代教育观的核心便在于把学生作为社会的主体来培养，发挥其潜能，确认其主体地位，而不是将其作为社会的客体进行被动塑造。

尊重学生的主体地位，体现为：充分认识到学校和教师是为学生发展服务的；发挥学生的主体能动作用，充分调动学生主动学习的积极性，将学习的主动权还给学生，并加强其学习的责任感，以主体性发展来带动其各方面发展。当学生主体能够独立生活、独立学习，并追求独立研究能力的增长时，他们必将成为 21 世纪所需要的创新型人才。

3. 施教主体

施教主体即学校和教师群体。教师在教育活动中的主体性相对于学生主体更为完善和强烈，但并不能将二者的关系理解为主动和被动或主体与客体的关系。主体教育理论首先要求确立施教者的主体地位，只有具有完全主体地位的教师，才能教育出具有丰富主体精神的学生，而学生的主体性是否得到充分发挥和发展，也成了检验施教者主体性高低的根本标准。

从价值论角度看，主体教育理论作为一种教育价值观，是从人作为社会生活主体的角度来理解教育本质和功能的，它强调教育的最高价值是人类本身，并体现了人性论中学生作为成长主体，会具有一定主体性，同时还需在受教过程中不断培养和提高的观点。该理论的基本立场是将学生培养成未来社会生活的主体，弘扬其主体性；同时采取发挥施教主体和受教主体的主体性的基本策略来培养高创造性的人才。该理论还以某种教育形式在多大程度上弘扬了人的主体性，并促进了人类个体及整个人类社会的发展为依据，来对其做出价值判断。

（二）个性教育理论

主体教育理论强调教育主体的主观能动性，而个性教育理论则强调教育主体的差异化和个性化。每个人会由于遗传特征、性格倾向、所处环境、所受教育、成长过程及自身努力程度等因素的影响，存在个体差异。个性化教育承认受教者即学生个体在智力、思维、心理、情感、生理和社会背景等各个方面所存在的这种差异性，并依据这些个别差异和受教者的身心发展规律，通过在教育的各个层次中体现其良好鲜明的个性，有针对性地制定因人而异的教育方式和内容。开展个性化教育，使教育模式和方法适合受教者的个体特性，能够促使每个个体发展良好的个性，同时有益于其他各项能力，如想象力、创造力和思维能力的挖掘，使其全面发展。

个性教育理论要求施教者善于寻找和尊重每个学生优良的独特个性和素质，使之得到创造性的自由发展，并能抑制和克服学生的不良个性品质，同时打破统一僵化的教学模式，重视因材施教，实现教育的个性化、特色化、区别化和多样化，鼓励学生各显神通，最有效地开发其个性潜能和创造性，充分发挥其天赋、兴趣、爱好和特长，从而为社会做出更大贡献，并且最大限度地实现个人价值。

个性的发展同主体性、自主性一样，是产生创造性的基础。教育的根本价值在于为社会培养出有个性和创造性的人才。单调统一、毫无特色可言的教育模式会抑制创新欲望的产生，无法提高人的创新能力，甚至导致刻板、没有创造力的行为模式。传统的应试教育忽视学生的天赋和个体差异，将文化知识传授放在首位，以升学为唯一目标，而不注重学生的个性发展，其至扼杀学生的特质、兴趣和特长，违背了学生个性发展的规律，同时也不符合社会发展的需要。社会的飞速发展和现代科技的日益进步对个人才能提出了更高的要求。只有充分培养学生的个性化才能，才能满足社会生产、生活等各个领域发展的人才需求。

创新创业教育本身对独特个性尤为重视，因而只有以个性教育理论为依据和基础，从学生的个性发展出发来设计教育内容、模式、方法和制度，培养学生的独立人格，充分发掘学生个体的聪明才智和个性才能，才有可能发挥其原本优势，使学生能更自觉、更充分、更主动地全面提升自身的整体素质，也才能防止教育的窄化、僵化、浅化和庸俗化，从而培养出更多社会发展所需人才，以适应未来社会的竞争。

（三）全面发展教育理论

全面发展教育理论要求学校及教师着眼于学生的发展，遵循学生的身心发展规律，通过各种教学方式为学生的全面发展提供条件、创造环境，使其在学习和掌握各类知识的同时，形成自我认知，并通过有效的社会实践和训练，把学到的知识逐渐内化为自身相对稳定的思维方式和行为习惯，达到理解和运用知识的目的，并最终实现个体全面发展，成为能够适应未来社会发展的会生存、善学习、勇于创新的复合型人才。

不同的教育理念和模式既可能产生培养创造精神的力量，也可能压抑创造精神的培养。对于创新创业教育而言，它强调的是在受教者可持续发展的基础上，实现其有个性差异的全面发展，不仅要促使其在德、智、体等诸方面得到较全面的发展，还要结合其自身个性特点，促使他们获得相对于自身而言最好的发展。具体来看，在培养和保持受教者的创新精神和创造力量时，要考虑其在真实的工作生活中的需要；在进行知识文化传递的同时，不用现成的观念模式去压抑其个性化想法；在鼓励其发挥天赋、兴趣和能力时，不助长其盲目的个人主义；密切关注每个受教者的独特性，不忽略对其创造和创业意识的培养。

总之，创新创业教育是在这些深刻和宽厚的理论基础上形成的一种反映时代特征的教育理念和模式，并成为指导我国当前高校教育改革实践的方针和依据。

二、创新创业教育的内容

创新创业教育的内容极其丰富，涵盖面广，主要包括创新创业意识、能力、心理品质、综合知识等各方面的培养，涉及创新教育、创业教育、心理教育和专业教育等。创新创业教育的开展方式也很多样，主要涉及课内教学、校内实践和校外拓展等。其开展的具体形式多为提供各方面的创新创业咨询以及信息服务和多种形式的技术支持，开展创新创业培训课程、实训活动，为学生提供创新创业场所、基地等，还包括为大学生设立创新创业扶持资金、专项基金和各种科研平台等。

（一）创新创业意识

只有具有了创新创业的意识，才可以说有了创新创业行动的思想基础，这是前提条件。创新创业意识指相信自己的个人素质和能力能够提高到或已经达到创业所需水平，愿意开展创新创业行为，继而为此寻找商机，开始创新创业活动的酝酿。如果将其外延扩大，也可以理解成"开拓意识"，也就是通俗意义上所说的"闯劲"。在创新创业教育的初期，培养全体学生的开拓意识，对提升国家和社会对创新创业的认可和整个国家的开拓进取精神具有重要的意义。

（二）创新创业能力

创新创业能力是创新创业型人才所应具备的核心素质，指在已有情境中，为圆满解决创新创业过程中的问题而综合使用的各种策略和手段。

创新创业能力包括以下几种主要能力：创新能力、学习能力、人际交往能力、经营管理能力、自我发展的能力等以及与创新创业直接或间接相关的多种能力的综合。

（三）创新创业心理品质

健康的心理品质是创新创业成功的主要条件。创新创业心理品质指在创业实践活动中对人的心理和行为起调节作用的个性意识特征，也就是通常所说的情感与意志，主要包括与创新创业有关的人格方面的心理素质以及情感过程与意志过程，也包括在教育过程中培养学生的创新创业心理品质，培养学生的合作精神和团队意识、坚强的意志和对挫折的忍耐力、稳定而积极的情绪等。

（四）创新创业综合知识

创新创业教育是一项系统工程，只有以综合知识为主要学习内容，才能形成一个完整的教育体系。在培养大学生创新创业意识、能力和其他心理品质的同时，还要使大学生具备一定的有关创新创业的社会综合知识，这是开展创新创业教育的必然要求。创新创业综合知识指与创新创业相关的专业知识、技术知识、经营知识、管理知识等。比如，创新创业过程中所需涉及的基本政策法规、税收制度、市场环境等内容的分析以及经济核算方法、企业经营管理特点、商务谈判技巧、公共关系运作等内容。

第二节　创新创业教育的特征、功能与必要性

一、创新创业教育的特征

作为一种全新的教育理念和教育模式，创新创业教育与传统教育相比有无可比拟的优越性。把握其特性，有助于我们进一步理解创新创业教育的意义。具体来讲，创新创业教育有如下特征。

（一）先进性

创新创业教育是一种前沿性的全新理念，它的提出和发展史还不长，从世界范围来看也还没有一个现成的完整的模式可供参考，在实践中没有一个统一的样板可以运用，还需要不断探索。创新创业教育所瞄准的是未来教育的趋势和需要，故其具有先进性。因其先进性，创新创业教育的实施对社会环境也提出了更高的要求，所以创新创业教育正是紧扣时代脉搏、发展创新型国家理论、体现时代精神的一种先进的、科学的、全新的教育理念和模式。

（二）实践性

要想用最简捷的办法让学生知晓创新创业的流程、知识、技巧以及解决通常遇到的一些问题，做到准确把握、有的放矢，在教育教学实践中就应一改传统的讲授模式，而注重学生的实践。因此，在人才培养的过程中，应组织有经验的一线教师，借鉴先进地方的做法，更多地为学生搭建实践性平台，全面推广实践教学，使学生在实践过程中掌握创新创业的本领，在实践中学到书本上没有的但实际会涉及的社会生存和处事方法，从而更好地适应和融入社会。加强社会实践活动是创新创业教育的一个重要环节，通过社会实践，受教育者能正确地面对社会现实，并根据社会需要提高相关职业能力，提升自己的素质。

（三）灵活性

相比其他教育模式而言，创新创业教育没有固定的模式，可以通过各种方法、途径来进行，非常灵活。创新创业教育是以市场为导向、以能力培养为目标的教育模式。新颖的体例、鲜活的内容、恰当的实训、创新的思考等都可以灵活运用于教育过程中。教育活动中素材的选择和应用会随着环境不同而变化，在实践中为适应不同层次的需要所产生的价值也会不同，所以，创新创业教育应满足不同学生的学习需要，灵活设计教育教学的各个环节并采用多样的教学手段，以锻炼、培养、提高学生各方面的能力，要因地制宜、因时制宜，采用切实可行的、行之有效的、机动灵活的方式方法，不能一概而论。

（四）系统性

每一个高校毕业生的背后都寄托着一个家庭的殷切希望，每年数百万的高校毕业生关系着数百万家庭的幸福与和谐，可以说也寄托着社会各界乃至整个国家的希望与期盼。教育部有关文件特别强调，要把创新创业教育纳入专业教育和素质教育体系，确定教学计划和学分体系，把创新创业教育课程建成多层次、立体化的教育教学体系。由此可以看出，创新创业教育的系统是复杂而庞大的，主要体现为：它的教育过程是通过各种可利用的教育方式来实现的，不仅有理论，也有实践，而且要不断在探索中前进；它的内容涉及经济、社会、文化各个层面甚至是交叉领域；它的实施不仅需要高校的教育，还需要社会各界的支持与理解、广泛联系与交流，只有这样它的科学系统性才能发挥良好的效果。

二、创新创业教育的功能

创新创业教育是一个完整的系统，具备完善的功能。通过归纳概括认为它有以下三个方面的功能：服务社会功能、深化教育改革功能和促进大学生全面发展功能。

（一）服务社会功能

创新创业教育是一种教育的社会实践活动，对加快转变经济发展方式、建设创新型国家起着非常重要的作用。一个国家的创新创业教育水平越高，社会效益和经济效果也就越好；社会的创新创业型人才发展越快，人们的物质文化生活水平也就越高，从而能够极大地推动社会的繁荣进步与发展。目前，创新创业无疑表现为经济增长的一个非常重要的、积极的促进因素。创新创业教育还有利于化解就业难题，消除社会不稳定因素，建设和谐社会。现在我国经济正处于稳定增长状态，发展创新创业教育对推进社会稳定、建设人力资源强国显得尤为重要。要发挥好创新创业教育职能，使受教育的学生在不久的将来成为社会财富的创造者，成为社会发展的有力推动者。

（二）深化教育改革功能

通过把创新创业教育教学纳入学校改革发展规划，纳入教育教学评估指标，从根本上对传统教育理念进行深层次改革，确立与之相适应的新的人才培养模式，制订专门计划，明确职能部门，改革现有的专业教育和课程体系，对提高人才培养质量，保证高等教育的持续、健康发展起着重要作用。大学生创新创业教育首先通过树立科学发展观，通过创新教学内容、教学方法与评价方式，走出了传统教育理念的局限，强调教育方法的启发性与参与性，使课堂的体验性和开创性得到发挥，不断实现教育功能的跨越式发展，有利于培养出具有开拓精神、创新精神和国际竞争力的创新创业型人才。因此，高等教育应适应市场经济对人才培养规格的要求，适应国家发展战略对知识型、创新型创业人才培养的需要，适应世界高等教育发展的新趋势，大力促进教育体制改革与发展。

（三）促进大学生全面发展功能

创新创业教育强调全面开发人的潜能，培养学生创新性的思维方式，培养学生的思维能力以及技术、社交和管理技能，使学生树立正确的世界观、人生观、价值观，从而确定自己的职业生涯，获得人生的成功。创新创业教育始终坚持以人为本，坚持面向全体，弘扬人的主体性和自由个性，帮助学生学会处理与他人、集体、社会的关系，为学生提供一个可以自由翱翔和自我设计的空间。学生通过完善自身的技能，提高自己的创造力，能够为未来职业劳动打下良好的基础，通过努力成功创业，可以升华自己的人格、实现自己的理想、证明自己的价值。在创新创业教育学习和实践环境中，学生既能养成健全人格，又能拓展知识和能力，所以说创新创业教育有益于拓展大学生素质培养的范围，促进人的全面发展。

三、大学生创新创业教育的必要性

（一）推进高校自身建设与改革

近年来，在国家和社会的支持下，我国的高等教育在素质培养上取得了不小的成绩，但在国家创新型发展战略面前，如何启发学生的思考力，加快培养学生的实践力，改革现行人才培养模式，是作为人才摇篮的高校面对的新的课题，其中高校自身的建设与改革无疑起着至关重要的基础性作用。高等教育的前瞻性、实用性、系统性发挥得成功与否，直接关系到高校能否为社会输送符合要求的高技能人才。目前高校教育结构和培养目标的调整相对滞后,高校应按照素质人才培养方案要求,严格遵循教育教学规律,最大程度地体现高等教育的特点及时代发展的要求,把传统的"接受继承"教育转变为以"创新创业"为主的新型教育模式。高校应通过深化教育体制改革,加快开展创新创业教育步伐,提高人才培养水平,使之不落后于我国经济发展状况对人才的需求。创新创业教育是高校积极应对经济发展要求的表现,是市场经济条件下高校培养高素质创新创业型人才的必然选择。

高校承担着培养高素质技术技能型人才的重任。随着我国经济的腾飞,创新创业型人才的缺乏会越来越成为影响经济进一步快速健康发展的瓶颈。创新创业教育是全社会的事情,更是高校义不容辞的责任。这一现状对于我国高等教育的改革和发展而言,既是挑战,更是机遇。

高校的基本功能是教学、科研和服务社会,根本任务是培养人才。当今世界各国都已充分认识到高校在创新型国家建设中发挥着有力的人才和智力支持的重要作用,从而把高校纳入了国家创新体系,大力推进创新创业教育。创新创业教育的理论体系建立在众多学科的交叉点上,是一门新型综合应用社会科学,众多学科相互渗透,为创新创业教育奠定了极其厚实的理论基础。创新创业教育作为培养创新精神、提高创新能力的主要途径,随着国家教育战略主题的进一步明确必然将得到加强。高校不仅是知识传播、人才培养、发展科学技术的场所,也将是哺育知识型企业的重要依托。所以说,高校必须不辱使命,顺应时代要求,深化改革,大力发展创新创业教育。

（二）培养创新创业型人才

适应市场经济发展需要、建设创新型国家、培养高素质创新创业型人才,是社会赋予创新创业教育的历史重任。知识经济时代的发展使得创新型人才成为高校培养的目标,也是全社会的迫切需求,而创新创业教育是培养并造就大批创新型高素质人才的必然选择。以知识、信息和能力为主要支撑的知识经济,为大学生创新创业提供了现实可能性,同时也对大学生各方面的能力提出了更高的要求。自20世纪晚期人类进入知识经济时代以来,创新就成为知识经济发展的核心动力,也是提高一国综合国力的重要武器。各经济主体竞争的焦点不仅是资金、技术等传统资源，还包括人力资本基础之上的创新能力。为实现人才培养目标，就要通过实施创新创业教育，增强学生的创新创业意识，提高学生社会实践能力和技巧，培养善于创新的新型人才，全面提高高等教育人才质量。建设创新型国家的关键是培养创新型人才，切实有效的创新创业教育不仅对经济的快速发展起着极强的推动作用，还是构建社会主义和谐社会的必要之举。以创新为核心的创业精神在新创企业和已存在的企业中都被看成非常重要的竞争因素。

（三）缓解就业压力，实现自我

近年来，我国大学毕业生的人数剧增，就业压力逐步加大，就业问题已成为全社会关注的焦点，需要学生、家长、学校和社会都保持头脑清醒，正确认识和处理。为了使高校毕业生都能够顺利走上工作岗位，党和政府除了制定"创业带动就业"的方针外，还出台了一系列支持和鼓励创新创业的政策措施。创新创业教育成为缓解当前就业压力成效较明显的重要手段，且越来越受到重视和加强。在创新创业教育的指导和服务下，一部分大学生会成为自主创业者，不仅可以解决自己的就业问题，还可以为社会其他人员提供就业岗位，这对缓解我国大学生就业压力具有非常重要的现实意义。

对创新创业的认知和践行是全面发展的大学生综合素质的体现，是大学生全面发展、融入社会、正确评估自己、给自己合理定位、实现自我价值的基本要求。面对严峻的就业形势，创新创业成为打开"就业难"局面的关键。鼓励学生树立开拓创新的创业意识，使有潜力的学生真正走上创新创业的道路，有助于他们快速融入社会、服务社会。大学生接受过高等教育，是最具创新创业潜力的精英群体，他们不仅是现有职位的占有者，更是未来职业的创造者。通过一定的创新创业教育，可以培养学生适应社会生存、经济竞争的能力，使他们学到自主择业、自谋职业的方法和途径，提高他们的创新精神和创业能力，使其成为高素质创新型人才，增强自身发展能力，在创新创业过程中实现自我价值，在现代化建设大业中施展才干。

（四）符合世界高等教育发展潮流

从世界范围来看，高等教育发展创新创业教育正受到各国政府的重视，这方面的研究和活动日益引起各界的关注。在世界高等教育大力发展创新创业教育的大潮中，高校学生表现出来的创新精神和创业能力的强大推动力已经崭露头角。创新创业教育在西方发达国家起步较早，经验丰富，西方发达国家普遍将其纳入课程体系，已经取得了令人瞩目的巨大成效。以美国、英国为代表的西方发达国家开展的创新创业教育方兴未艾，正逐步形成一个完整的社会体系和教学研究体系，被纳入国民教育体系之中。德国、法国等国高校不但拥有优良稳定的创业教育教学科研队伍，而且非常重视学生的创新创业实践体验并提供大量技术及资金支持。澳大利亚也是世界上较早开展创业教育的国家，已经形成了一个相当完善的体系，并且创造了自己独特的模式。所以说，实施创新创业教育已成为当今国际高等教育发展的重要组成部分和新趋势。创新创业教育在促进就业、发展经济、推动技术创新方面的作用更是不容小视。

第三节　大学生创新创业教育的趋势

发展创新创业教育、培育创新型人才已成为发达国家保持其科技领先地位的重要保障。发展中国家要追赶发达国家，需要创新型人才。培育创新型人才是未来教育改革的重要内容和方向。本节基于创新创业教育的发展历程回顾和规律分析，对其未来的发展趋势做出如下总结。

一、教育体系由封闭、统一、刚性转向开放、灵活、柔性

除了学校教育体系的系列因素外，社会环境同样对学生的创新品质及创业素质具有很大的影响，因而封闭教育形式必将被淘汰，现代教育体系必将与社会、企业等进行更多的信息交流和沟通，为创新创业教育的人才培养目标制定、教育内容与课程体系安排、教学方法设计、人才评价制度确立等提供指导性的帮助。开放型的教育体制有利于加强学校师生与社会的联系和教育系统各部分、各环节间的顺畅沟通，有助于形

成学习型的社会和高校。同时，统一呆板、过于刚性的教育体系，必然会与学生的意愿、兴趣相违背，不符合个性化教育理论中因材施教的基本规律和原则，会抑制学生的个性化发展，不利于其创新意识和创业能力的培养和发挥，阻碍其创新创业行为的开展。因此，在未来的创新创业教育体系设计中，必须对计划经济体制下形成的封闭、统一、刚性的教育体系进行深化改革，建立开放、灵活、柔性的与创新创业教育基本规律相一致的教育体系。

二、教育制度由集权型转向分权型

根据个性化教育理论，创新创业教育需要针对各高校的实际情况和学生个体的自身特点及条件来因材施教，为社会培养出个性鲜明、创造性丰富、具有创新能力的人才，从而满足现代化建设的人才需求。国内外创新创业教育的演化历程表明，高校、各机构、教师及学生拥有充分的自主权是成功实施创新创业教育的基础。人们也越来越意识到，中央集权型的教育制度总体而言并不利于创新创业教育的实施，过于集权的体制限制了教育的因地制宜和因材施教，因而，在加强中央宏观调控的同时，逐步将教育管理和办学自主权下放至地方和学校，以扩大其教育职责和权限，充分调动其办学积极性和实施创新创业教育的激情，增强学校适应社会经济发展的活力将成为创新创业教育体制改革的一大方向。

三、师生关系由权威型转向平等民主型

在传统的教育观念里，师生之间是命令与服从、教授与接受的关系，学生须将教师当作权威来服从，这与创新创业教育的主体教育理论相违背。只有在独立、平等、民主的关系中，双方互相负责、尊重、质疑、沟通并交换意见，使学生不断地主动发现问题、创新问题并解决问题，才有利于学生创新意识和创造力的培养。这种平等民主的关系存在于师生之间和学生之间，所以要给予所有学生平等参与的机会，加强每个人的主体意识，使每个人在尊重对方的选择和意见的同时，对自己的意识和行为负责。

四、教育过程、途径、方式、评价要有所转变

创新创业教育只有突破传统教育方式，转向启发式教学才能实现其创新和创业效果。首先，教育管理形式由封闭、强制和集中转向开放、参与和自主；其次，教学过程由学生对知识的被动接收、储存和积累转向对信息的主动获取、灵活选择、提取、加工，由教师给学生现成唯一的标准答案转向启发学生举一反三、主动提问，鼓励其不断质疑并思考，从多角度提出设想方案，并从中进行选择和决策，促使其自主学习、不断创新；再次，教育途径由注重课堂转向课堂内外并重，将课堂教学与课外实践活动结合，由单一的教学转向教学与研究相结合，重视学生兴趣和个性的培养；最后，教育评价也由注重选择转向注重培养。

总之，随着教育改革的深入和创新创业教育的发展，教育体系、制度、管理方式、师生关系及教育方式、过程、评价等方面都将发生深刻的转变。同时，创新创业教育将逐渐分类化，由单一课程体系细分为新技术创新与创业、家族创业、妇女创业、大型机构创新和创业等分支。

目前，我国研究型大学毕业生创新创业情况还不是很理想，突出表现为创新创业的呼声高、意愿高，但是创新创业活动的参与度低、成功率低、项目技术含量低、创业促就业实效低等。目前我国大学生创新创业教育尚处在起步探索阶段。

第三章　当代大学生创新创业价值观与精神能力培育研究

第一节　当代大学生创新创业价值观研究

一、核心概念

（一）价值与价值观

1. 价值

对于"价值"一词，我们并不陌生。但是什么是"价值"呢？汉语中的"价值"，原始定义为物品交易的价格、价钱。英语中的"价值"源自拉丁语 valere，表示"是好的"之意。西方经济学中，"价值"用来描述物品的效用或者交换中的比价关系。而进入哲学、社会学等领域的"价值"，就相对抽象了。继文德尔班建立了价值哲学后，许多学者对价值的定义从不同角度进行了探究。罗国杰先生对学界关于价值的一般含义进行了梳理，表现为六种学说："实体说"和"属性说"用客观事物本身或者事物所具有的属性来定义价值；"人本说"用人的兴趣或者需要来界定价值；"意义说"和"效用说"用客体对于主体所具有的意义或者有用性来解释价值；"关系说"从主体和客体的关系角度来理解价值。[①] 这些观点，对于人们科学认识和把握价值的哲学内涵都具有一定学理意义，

---

① 罗国杰．马克思主义价值观研究[M].北京：人民出版社，2013：5.

但许多观点包含着一些不全面、不科学的因素。

对于价值的一般含义，要在马克思主义的指导下，放置在人类实践活动基础上来理解。在马克思看来，价值与"物的对人有用或使人愉快等的属性"有关。同时，只有客观事物满足主体的需求时，价值才表现出来。因此，价值是主客体之间一定关系的反映，表明了主体对客体的需要，客体具有满足主体需要的属性。价值具有的相互关联的基本规定性体现在它的主体性和客观性、实践性和历史性、绝对性和相对性上。价值的主体性体现为价值是满足人的需要，只存在于人的世界中。价值的客观性体现了主客体关系中，价值与主体的需要相联系，但这不意味着价值是主观任意的，价值的存在也有其客观基础，那就是客体必须具有的能够满足人的需要的属性。价值具有实践性和历史性。正是在实践的基础上，人类社会才能生存、发展。实践也是人类认识的基础，在认识、实践，再认识、再实践的过程中，人类也在不断提高、实现自身价值。价值的实践性特征，又决定了它是一个历史的范畴，具有历史性。价值还具有绝对性和相对性。在人类的社会生活中，价值普遍存在。就整个人类历史发展过程来说，价值也是具有恒常性和历久性的。在不同时期，人的认识和实践能力不同，会导致主体对客体的有无价值以及价值大小产生不同的评价，因此，价值也是相对的，是绝对性和相对性的统一。

2. 价值观

价值观问题得到多学科研究者的关注，哲学家、教育学家、人类学家、社会学家、社会心理学家等从不同角度对此进行了探索。但总的来看，价值观不是经验事实和科学判断，它揭示的是一种意义关系。

价值观是主体对客体有无价值和价值大小的立场与态度的总和，是人们对事物的好恶、美丑、是非、好坏、善恶等观念中最核心、最稳定、最根本的内容。它最重要的功能，就是构成人们内心深处的评价系统，能成为人们心目中用以评量事物意义、权衡得失、决定取舍的指南。

（二）大学生创新创业价值观

1. 大学生创新创业价值观的内涵

有关创新创业价值观的内涵，王占仁教授指出："我们提出的创新创业价值观是中国特色社会主义创新创业价值观,其精髓是讲求实效、创造价值,基础是社会主义集体主义,核心是为人民服务。"①该定义在价值哲学的基础上突出了创新创业价值观的中国特色社会主义本质,拓展了创新创业价值观的内涵,进一步深化了对创新创业价值观的研究。这为本研究提供了很大启发和新的研究思路。创新创业教育是我国提出的一个具有中国特色的新概念,创新创业价值观作为创新创业教育不可或缺的重要组成部分,理应体现中国特色,体现中国特色社会主义本质。

因此,在借鉴前人研究成果的基础上,本书将大学生创新创业价值观界定为:大学生主体基于自身需求和国家、社会需要,在创新创业实践基础上,对创新创业目标的认识以及在创新创业时采取的价值判断和选择标准,是社会主义核心价值观在创新创业上的体现,以创造价值、讲求效率公平为出发点,以大学生个体的全面发展为最高价值理想,以是否推动社会发展和维护人民根本利益为评价标准。

2. 大学生创新创业价值观的结构

价值观的结构是用来描述价值观体系内部诸要素之间相互联系和相关依存关系的概念。任何价值观体现的都是一定主体的价值观,都反映主体自身一定的社会存在及生活经历。创新创业教育中的价值观主体,是在创新创业教育价值关系中,对创新创业教育有需要的主体。主体有什么样的需要,就决定了什么样的创新创业教育有价值。罗国杰先生认为:"根据主体范围的不同,大体可以将价值观的一般结构划分为两个层次:社会价值观和个体价值观。"②依据该观点,本书将创新创业价值观分为创新创业社会价值观和创新创业个体价值观。

(1)创新创业社会价值观。创新创业社会价值观反映了国家、社会对创新创业的价值需求。创新是社会进步的灵魂,创业是推动经济社会发展、改善民生的重要途径。一般来说,社会分为政治、经济、文化三个领域,创新创业社会价值观也相应地分为创新创业的政治价值观、创新创业的经济价值观和创新创业的文化价值观。创新创业的政治价值观

---

① 王占仁.创新创业教育与思想政治教育的关系论析[J].深圳大学学报(人文社会科学版),2018,35(1):111-115.

② 罗国杰.马克思主义价值观研究[M].北京:人民出版社,2013:152.

规定了大学生所开展的创新创业要为社会主义服务、为人民服务，要在创新创业中实现自我发展和为国家社会服务的统一。创新创业的经济价值观就是在坚持社会主义经济制度基础上建设市场经济，兼顾效率与公平，在创新创业教育中树立公平价值观、效率价值观和诚信价值观。创新创业的文化价值观就是在创新创业教育中，注重弘扬中华优秀传统文化，彰显中国特色，形成大众创业、万众创新的创新文化，促进社会的可持续发展。

（2）创新创业个体价值观。创新创业个体价值观反映了个体的价值需求，即人的自由而全面的发展。创新创业教育着眼于培养具有开创性的个人，突出地强调主体性，并将这种主体性转化为广大学生创新创业的主体行为、生活方式和人生态度。

（3）创新创业社会价值观与创新创业个体价值观之间的关系。个体价值观和社会价值观之间并非截然分开和对立的，而是相互依存、相互影响、相互转化的关系。创新创业社会价值观和个体价值观之间也是一种相互依存、相互影响、相互转化的关系。从内容上来说，创新创业社会价值观和个体价值观是相通的。创新创业个体价值观组成创新创业社会价值观，但也总是一定创新创业社会价值观之中的个体价值观。从来源上来说，客观的社会存在是创新创业社会价值观和创新创业个体价值观共同的基础。"物质生活的生产方式制约着整个社会生活、政治生活和精神生活的过程。不是人们的意识决定人们的存在，相反，是人们的社会存在决定人们的意识。"①当前，我国实施创新驱动发展战略所需要的创新型人才，需要依靠高等教育培养出来。创新创业教育正是适应这种时代背景而产生的新的教育理念和模式。从生成和运行上，创新创业社会价值观和个体价值观相互影响。创新创业社会价值观通过教化手段影响个体价值观的养成和变化，使创新创业价值观在个体层面与社会层面达成一致。个体是需求的直接体验者，创新创业教育对个体的影响，在个体的利益和需求方面体现出来，并且这种影响在社会成员中达到一定程度的普遍性之后，创新创业社会价值观的新范式就产生了。

---

① 罗国杰.马克思主义价值观研究 [M].北京：人民出版社，2013：156.

二、大学生创新创业价值观的理论基础

（一）马克思关于人的自由而全面发展理论

人的自由全面发展是马克思主义追求的最高价值目标。在《资本论》中，马克思所描述的共产主义社会是一个"以每一个个人全面而自由的发展为基本原则的社会形式"，阐述了人的自由而全面发展是共产主义社会的本质特征，并指出实现自由全面发展的唯一方法是教育和生产劳动相结合。人的自由全面发展具体包括全面发展和自由发展两个维度。全面发展指整体性的、非片面的发展，从广度上强调人的发展的丰富性；自由发展指自觉的发展、自主的发展，从人的解放程度上强调人的发展的超越性。

在实施创新驱动发展战略背景下，我国创新发展亟需大批创新型人才。创新型人才培养正是马克思"人的自由而全面发展"学说在当今时代高等教育中的具象化。马克思通过探寻人类历史的规律，提出了人的自由而全面发展的理想，但这是原则性的意见，他并没有提出具体的标准。只有将人的自由而全面发展理想和基本精神加以现实化，才能得出符合现阶段我国社会发展水平的教育目的的价值取向。党的十九大从战略高度强调"创新是引领发展的第一动力，是建设现代化经济体系的战略支撑"，为新时代加快建设创新型国家和世界科技强国指明了方向。创新驱动实质上是人才驱动。大学生是最具创新、创业潜力的群体之一。创新创业教育正是以转变教育思想、更新教育观念为先导，突破传统教育单向型、灌输式的被动接受，以创业为基本指向和落脚点，注重创新教育的应用性、实践性和针对性，关注学生未来的发展和素质提升，突出学生的广泛性、主体性，教育内容的丰富性、实践性，服务于学生的自由而全面的发展。

作为创新创业教育的重要组成部分，大学生创新创业价值观的培育就是要帮助大学生认识到创新创业是什么、创新创业为何、创新创业何为，以及创新创业对于个人和国家的意义，通过发挥大学生创造性的潜力和本能，激发其自我超越的主体性精神，培养具有开创性的个人，帮助大学生实现自由而全面的发展。大学生创新创业价值观研究正是基于

马克思关于人的自由而全面发展学说，对"为谁培养人""培养什么样的人"和"如何培养人"问题的时代回应，对于提升大学生对创新创业价值的认知和认同，提升大学生的创新精神、创业能力和社会责任感具有深刻的指导意义。

（二）马克思关于青年择业的思想

在人的一生中，尤其是青年阶段，职业选择事关个人发展前途，甚至可能成为人生的重要转折。对于如何选择职业，马克思在《青年在选择职业时的考虑》一文中做了明确阐述，介绍了青年择业的价值观、方针和原则，以及青年马克思立志"为人类的福利而劳动，为人类的解放而斗争"的选择，这些论述对于当代大学生开展创新创业也具有非常重要的指导意义，有利于大学生树立科学世界观和革命人生观。

首先，青年择业的基本原则。一个人的择业会受到多个因素的影响，如个人的性格特点、优势特长、专业领域等，所以，青年在择业过程中，还要进行科学充分的个人职业能力评估，最终选择适合个人特点、自己喜欢的职业。如果经过冷静的观察，认清了所选择职业的全部分量，了解它的困难后，仍然对它充满热情，仍然爱它，觉得自己适合于它，就可以选择它，那时既不会受到热情的欺骗，也不会仓促从事。

其次，青年择业的价值目标。马克思指出："在选择职业时，我们应遵循的主要指针是人类的幸福和我们自身的完美。"[①]也许全人类的幸福对青年择业来说遥不可及或者极不现实。但是，青年在择业过程中兼顾自我发展的"小我"和国家社会发展的"大我"还是很现实的，特别是青年作为当前创新创业的生力军和社会主义事业的建设者应发出前所未有的力量，从而实现"小我"与"大我"的统一，这种统一不但不矛盾，而且能够相互促进、共同发展。尤其是为国家社会、同时代人的幸福工作，会不自觉地激发个体的价值感、崇高感，促使个体在实现个人利益与集体利益的统一中真正达到完美。正如马克思所说："如果我们选择了最能为人类福利而劳动的职业，那么，重担就不能把我们压倒，因为这

---

① 中共中央马克思恩格斯列宁斯大林著作编译局.马克思恩格斯选集：第一卷[M].北京：人民出版社，1995：459.

是为大家而献身。那时我们所感到的就不是可怜的、有限的、自私的乐趣，我们的幸福将属于千百万人，我们的事业将默默地，但是永恒发挥作用地存在下去，面对我们的骨灰，高尚的人们将洒下热泪。"①马克思关于青年择业的价值观、方针和原则等思想告诉青年人，在择业时要将个人利益和集体利益、个人价值和社会价值紧密结合起来，使其成为自身择业的理想追求。

（三）中华优秀传统文化中的创新创业思想

文化与教育有着十分紧密的关系。我国是一个历史悠久的国家，拥有5 000多年连绵不断、博大精深的中华文化，滋养着中华民族，使之生生不息、发展壮大。中华优秀传统文化中很多思想理念和道德规范，不论过去还是现在，都有其永不褪色的价值。包括儒家思想在内的中华优秀传统文化中蕴藏着解决当代人类面临的难题的重要启示。在所有需要我们继承、发扬的中华优秀传统文化中，有三种思想更值得当代大学生在创新创业、全面发展的道路上去发扬光大。

1. 自强不息、厚德载物的思想

民族精神是中华民族绵延发展的深层动力和总体精神，《周易》中的"天行健，君子以自强不息；地势坤，君子以厚德载物"两句话，可以说是中华民族精神的集中表达。

"天行健，君子以自强不息"，激励人们刚强不屈、奋发有为。也正是在这种精神激励下，中华民族在遭受挫折的时候，都能保持奋发向上的昂扬斗志和坚强意志。这种自强不息、奋进有为的精神得到了儒家学派的进一步发挥，人们常常用孟子的《生于忧患，死于安乐》篇中"天将降大任于是人也……"的名句来激励自己和他人克服困难、坚定意志、奋斗不息。司马迁在《史记·太史公自序》中也列举了西伯、孔子、屈原、左丘、孙子等诸多此类事例，司马迁本人也以自请宫刑、忍辱苟活、成就《史记》成为奋斗不息的典范。

"地势坤，君子以厚德载物"，激励人们增厚美德、容载万物。中国

① 中共中央马克思恩格斯列宁斯大林著作编译局.马克思恩格斯选集：第一卷[M].北京：人民出版社，1995：459.

传统文化向来注重修身，"修身"是基础，是根本。儒家思想的核心要义之一就是使自己形成高尚人格。"修身齐家治国平天下"，只有从"身"开始，才能实现到"家"到"国"再到"天下"的循序渐进。"修身"要"德""才"兼修，重在修"德"。司马光在《资治通鉴》中论证了"德"与"才"的辩证关系，进而区分了何谓圣人、愚人、君子、小人，并以此作为用人原则，充分说明了"德"的重要性。

创业维艰。创业的过程中会遇到诸多艰难险阻、问题障碍，只有保持自强不息的奋发精神，才有可能在困难中突破重围、成功创业。而创办企业首先要面对市场经济环境，市场经济的典型特征就是它的"契约精神"，就是市场主体双方在竞争的基础上要葆有信用，只有这样才能保证交易的正常进行。因此，要想在市场经济中创业成功，除了必须具备各种能力外，也必须讲品行、重德性、讲信用、诚实经营，否则难以在市场中立足。"自强不息、厚德载物"的思想在培养大学生强烈的创新创业意识的同时，也有助于打牢大学生创新创业的思想道德基础。

2. 精忠报国、振兴中华的思想

精忠报国、振兴中华是爱国的具体表现。爱国主义作为民族精神的核心，孕育了中华民族的思想品格和精神风骨，精忠报国的爱国情、坚定不移的报国志、顽强拼搏的爱国行在我国传统文化中俯拾皆是。孟子的"乐以天下，忧以天下"、范仲淹的"先天下之忧而忧，后天下之乐而乐"，体现了"以天下为己任"的责任感和使命感，将国家的利益摆在首位；文天祥的"人生自古谁无死？留取丹心照汗青"、林则徐的"苟利国家生死以，岂因祸福避趋之"，无不彰显了为民族、国家鞠躬尽瘁、死而后已的精神……在历史的长河里，爱国主义也沉淀在每个中国人的心里，成为凝聚亿万中华儿女为民族、为国家奋斗的强大精神支柱。新时代赋予了爱国精神新的内涵，对大学生而言，就是要在爱国主义精神的指引下，不断增强创新精神、创新创业能力，成为祖国发展需要的创新型人才，把青春梦融入中国梦，担负起实现中华民族伟大复兴的历史使命。

3. 革故鼎新、与时俱进的思想

创新是根植于中华优秀传统文化的内在精神。《诗经》上有句诗说：

"周虽旧邦，其命维新。"也就是说周虽然是旧邦，但其使命依然在革新。《大学》中记载："汤之盘铭曰：'苟日新，日日新，又日新。'"是说在沐浴用具上刻上鼓励人不断追求革新、日新又日新的铭文，可见对革新的高度重视。《周易》说"不可为典要，唯变所适"，意思是《易经》这本书不可作为教条性的典籍，只能把其阴阳变化之理应用于生活，体现了要适应变化、与时俱进的思想。革故鼎新、与时俱进就是要在辩证地吸收积极因素、去除消极因素的基础上，进行合理创造，就是要以"顺乎天而应乎人"为原则——"顺乎天"就是要顺从客观规律和历史潮流，"应乎人"就是要尊重人民的意愿。今天，创新成为引领发展的第一动力，也成为大学生群体适应知识经济时代发展的首要素质。大学生在创新创业过程中，要坚持创新引领创业，开展创新型创业，将创新作为一种生活方式、人生态度。

三、凝练当今大学生创新创业价值观主要内容的原则

（一）坚持继承性与时代性相结合

继承弘扬民族优秀传统文化、借鉴吸取世界各国有益文化一直以来都是文化建设的永恒主题。大学生创新创业价值观的凝练，一方面要继承中华民族优秀传统文化中所包含的独立自主、崇尚理性、和而不同等有益于创新人才培养和创造力提升的丰富资源，另一方面要吸收世界发达国家在创新创业教育和实践中总结出来的、反映创新创业规律和价值的内容，同时还要关照时代元素。伴随中国特色社会主义进入新时代，创新成为引领发展的第一动力，向创新创业要活力，通过创新创业实现新的经济增长点，是现实所需，更是现实选择。创新的竞争是人才的竞争。以创造之教育培养创造之人才既是服务国家发展战略的需要，也是我国高等教育创新发展和办好人民满意的高等教育的需要。因此，新时代大学生创新创业价值观既要坚持继承与借鉴，体现民族性与世界性，又要展现新时代特点。

（二）坚持一般性与特殊性相统一

社会主义核心价值观从国家、社会、个人三个层面反映了社会主义制度的本质特征。在所有社会价值目标和价值体系中，社会主义核心价

值观居于统领和支配地位，对所有公民和不同的社会群体提出了宏观价值观要求，具有一般性、广泛性、代表性的特点，体现了群体利益的最大化，是行动的准绳。大学生创新创业价值观是由对创新创业的认知和一定社会责任等要素结成的相对稳定的价值取向，大学生持有什么样的创新创业价值观，决定了他们以什么样的态度对待创新创业，也决定了他们作为创业者为社会提供什么样的产品、服务以及对社会的贡献大小。大学生作为"大众创业、万众创新"的生力军，其创新创业价值观关乎创新创业的良性发展，关乎中国经济的发展方向，甚至关乎中国梦的顺利实现。大学生创新创业价值观要符合社会主义核心价值观的基本要求，但又需要有自身的特点，两者之间是局部与整体、特殊与一般的关系，前者被涵容在后者之中，同时又具备自己独特的时代特征、发展特征。因此，新时代大学生创新创业价值观主要内容的凝练，也是一般与特殊的统一，一方面要体现出社会主义核心价值观的基本精神与导向，另一方面要体现出对大学生创新创业的价值指引。

（三）坚持理论性与实践性相一致

创新创业价值观不但要具有深刻的理论说服力、深厚的情感感召力，更要具有切实的实践操作性，只有这样才能真正被大学生普遍理解和全面掌握，真正使大学生内化于心和外化于行。理论反映现实。当前，高校创新创业教育功利化倾向，部分大学生对创新创业庸俗化的理解以及在创新创业价值目标上的功利性、自我性呼唤着创新创业价值观跳出理论，来面对创新创业实践中的问题并做出有效回应。理论指导现实。新时代大学生创新创业价值观的建构，应以马克思主义的立场、观点、方法为指导，以现实问题为线索，以鲜活的创新创业活动为基础，着重破解大学生在创新创业过程中日益凸显的重经济价值、轻精神价值，重个体利益、轻社会责任等问题。新时代大学生创新创业价值观是来自现实又要回到现实的一种价值目标，其形成、发展需要建立在马克思主义价值理论基础之上，要从当前大学生创新创业的现实出发，不断强化创新创业价值观的理论魅力和实践效力，提升创新创业价值观的理论创造力和现实解释力。

（四）坚持理想性与现实性相呼应

创新创业价值观既然要反映创新创业的内在本质和价值目标，让大学生在创新创业中正确地对待物质财富、精神财富、社会发展等，促使其做出正确的价值判断和行为选择，同时为高校创新创业教育提供合理的价值取向，便应当使凝练出的价值范畴既具有理想性又具有现实性。教育不仅能够促进个体发展，还能促进个体谋生。创新创业教育是"生存"教育与"发展"教育的统一。"生存"作为人的基本生活状态，是通过获得物质资料、物质利益以延续生命，而"发展"作为人的较高层次生活状态，则是通过获得意义和价值以延伸生命。创新创业本来就是一个创造价值的过程，在创新创业教育中，一方面要教给学生"生存"之道，另一方面要帮助学生感知生活价值的意义，以实现物质财富创造与人生价值展现的统一。所以，新时代创新创业价值观的凝练，应当源于"生存"又高于"生存"，同时体现"发展"。如果仅仅局限在"生存"上就没有吸引力，发挥不了激励作用，但是如果仅仅局限在"发展"上，就像空中楼阁、镜花水月一样不现实。创新创业价值观应该集"生存"与"发展"于一体，体现理想性与现实性的呼应。

四、当代大学生创新创业价值观的主要内容

（一）家国情怀

从古至今，家国情怀都是有识之士最浓烈的精神底色。几千年来铭刻于骨、融化于血的爱国精神使一代又一代中国人奋不顾身地投入建设和保卫祖国的伟大事业中来。新时代大学生需要将这种浓烈的家国情怀在创新创业中延续和发扬。

首先，坚持爱党、爱国、爱社会主义的统一。《新时代爱国主义教育实施纲要》（以下简称《纲要》）指出："当代中国，爱国主义的本质就是坚持爱国和爱党、爱社会主义高度统一。"中国共产党 100 余年的历史、新中国 70 余年的历史就是一部筚路蓝缕不断创造历史伟业的创业史。作为社会主义事业的建设者和接班人，当代大学生要在这段创业史中深刻认识中国共产党为什么"能"、马克思主义为什么"行"、中国特色社会主义为什么"好"，深刻认识历史和人民选择中国共产党、选择马克思

主义、选择社会主义道路、选择改革开放的历史必然性，深刻认识我们国家和民族从哪里来、到哪里去，树立起坚定的中国特色社会主义道路自信、理论自信、制度自信、文化自信，树立起在创新创业中为中国特色社会主义共同理想而奋斗的信念和决心，自觉成为中国特色社会主义制度的拥护者和捍卫者。作为一个历史范畴，爱国主义的具体内容也因所处时代的不同而不同。因此，爱国主义教育也要在具象化、细微处下功夫。

其次，坚持个人主义与集体主义的统一。《纲要》指出："要把国家富强、民族振兴、人民幸福作为不懈追求。"全心全意为人民服务的根本宗旨和集体主义的基本原则，是马克思主义价值观最核心的内容，所以，大学生在创新创业实践活动中要树立"先集体、后个人"的集体主义思想，把人民的利益、国家的利益、民族的利益始终放在个人的利益之上。在市场环境中，受逐利行为的影响，拜金主义、享乐主义、唯利是图、坑蒙欺骗、自私自利的思想会不同程度地影响大学生的创新创业行为，使其面临个人利益与集体利益的选择困惑。集体主义的基本原则意味着一种宽广的爱国情怀。对于作为社会主义建设者和接班人的大学生而言，服务国家、服务人民意味着把激昂的青春梦融入伟大的中国梦。实践表明，如果没有对国家、民族和人民的热爱，没有对社会责任的自觉担当，没有宏大使命的内在驱动，大学生就很难迸发出持续、强劲的创造动力，很难实现更高层次的创业成功。因此，大学生在创新创业中，要牢固树立社会主义集体主义价值观，坚持个人主义与集体主义的统一，只有这样才能不断地锤炼意志品质、厚植爱国情怀、提升道德境界，成为一个高尚的人、一个纯粹的人、一个有道德的人、一个脱离了低级趣味的人、一个有益于人民的人。

最后，坚持自己的理想同祖国的前途、自己的人生同民族的命运的统一。伴随中国特色社会主义进入新时代，尤其是在全球范围内掀起了以工业一体化、工业智能化以及互联网产业化等先进科技为代表的"第四次工业革命"的背景下，创新驱动、科技进步成为推动我国跨越式发展、高质量发展、建设创新型国家的重要驱动器。从"创新是引领发展的第一动力"到"释放全社会创新创业创造动能"，习近平总书记为创新发展持续注入强大的思想动力；从"青年学生富有想象力和创造力，是创新创业的有生力量"到"把创新创业教育贯穿人才培养全过程，以创造之教育培养创造之人才，以创造之人才造就创新之国家"，习近平总书记对青年人投身创新创业擘画蓝图；从"希望你们……在创新创业中增长智慧才干，在艰苦奋斗中锤炼意志品质，在亿万人民为实现中国梦而进行的伟大奋斗中实现人生价值，用青春书写无愧于时代、无愧于历史的华彩篇章"到"青年一代有理想、有本领、有担当，国家就有前途，民族就有希望"，习近平总书记对青年人在创新创业中展示才华、服务社会，努力培养创新型人才寄予厚望。在实现"两个一百年"奋斗目标的历史交汇期，实现中华民族伟大复兴的中国梦，投身创新创业，在创新创业中融入祖国发展进步的伟大事业，主动担当、奋发有为，是时代赋予当代大学生的光荣使命。新时代，建立爱国主义教育体系，要在明理、共情、弘文、力行上下功夫。当代大学生生正逢时，投身创新创业大潮，融入国家发展大局，以创新创业行动促进爱国行为养成，在创新创业过程中弘扬爱国主义精神，完成自我价值实现的"小我"与为国家和人民服务的"大我"的统一，就一定能够创造出不愧于时代的业绩。

（二）敢闯会创

创新创业教育就是要在促进创新创业实践中，帮助大学生巩固专业知识、综合知识，培养"敢闯会创"的价值观念。

敢闯：首先，表现为敢为人先的精神。就是要敢于尝试，敢于探索，敢于创新；就是敢于领风气之先，领潮流之先；就是有胆有识、占尽先机，取得发展的主动权。在创新创业教育中，大学生要树立敢为人先的精神，敢于突破常规，敢想敢干，不怕失败，实现自我超越，"要有逢山开路、遇河架桥的意志，为了创新创造而百折不挠、勇往直前"[①]。其次，表现为坚韧的创业意志。创业具有很高的风险。创业的过程中会遇到诸多艰难险阻、问题障碍，只有意志坚强的人才能克服这些困难并获得最终成功。

---

① 习近平.在同各界优秀青年代表座谈时的讲话[N].人民日报，2013-05-05（2）.

　　会创：首先，倡创新。习近平总书记指出："创新是一个民族进步的灵魂，是一个国家兴旺发达的不竭动力，也是中华民族最深沉的民族禀赋。在激烈的国际竞争中，惟创新者进，惟创新者强，惟创新者胜。"[1]青年人思想活跃、精力充沛、易于接受新鲜事物，是创新创业活动的主体。大学阶段正是为创新打基础的关键期，高校要建立行之有效的大学生创新精神培养体系，帮助学生树立创新意识，并将其内化为自觉追求。其次，善创业。大学生思维活跃，知识水平较高，创新能力较强，理应成为创新型创业的主力军。而机会型创业正是充满创新的创业行为。机会型创业着眼于新的市场机会，拥有更高的技术含量，有更为广阔的成长空间，不仅能解决自己的就业问题，而且能解决更多人的就业问题，真正推动经济可持续增长和社会发展。因此，对大学生而言，学会运用创新知识开展机会型创业，对促进自身发展和社会进步都有巨大的现实意义。当然，鼓励大学生开展机会型创业，也不否定依靠自身劳动、自食其力而进行的生存型创业，毕竟，生存型创业不仅解决了自身的就业问题，也减轻了社会的就业压力。最后，能创造。追求真理和创造价值是人类实践活动的两大原则和根本尺度。按照马克思主义的观点，价值从本质上来说是被创造出来的，创造价值是人类活动所追求的基本内容。创新创业作为人的实践活动，其本质也是创造价值。正如彼得·德鲁克所说："无论出于何种个人动机——追逐金钱、权力还是猎奇，或是追求名誉、希望博得他人的认同——成功的企业家都会试图去创造价值，做出贡献。他们的目标非常高。他们绝不会仅仅满足于对现有事物加以改进或修正，他们试图创造出全新且与众不同的价值和满意度，试图将一种'物质'转换成一种'资源'，试图将现有的资源结合在一种新型的、更具生产力的结构里。"[2]创新创业的本质在于创造价值，这里的"价值"既包括经济价值，即财富，也包括社会价值和人生价值。在此就不难理解为什么很多大学生开展创新创业的初衷是挣钱、创富。创业创造的价

---

① 习近平.在欧美同学会成立一百周年庆祝大会上的讲话[N].人民日报，2013-10-22（2）.

② 彼得·德鲁克.创新与企业家精神[M].蔡文燕，译.北京：机械工业出版社，2007：31.

值首先就体现为经济价值，创业首先作为一种经济行为而存在，大学生也只有先在创新创业中实现经济独立、自食其力，之后才能创造更高层次的价值。因此，大学生想在创新创业中挣钱、创富并不是一件可耻的事情。我们不反对大学生在创新创业中创富，毕竟物质基础是大学生实现全面发展的现实需求。但是，我们反对将创富作为个体创新创业的唯一目标、终极目标，而忽略了个体的社会责任，抑或是将创新创业成果置于损害集体利益之上。所以，大学生在创新创业中要创造经济价值，更要创造社会价值。在创新创业中体现社会责任感，不只是要满足物质生活的需要，还要满足美好生活的需要，不仅要解决生产力落后的问题，还要解决不平衡不充分发展的问题，最终通过创新创业推动经济社会发展、改善民生。

（三）勇于奋斗

创新创业的过程中不仅有来自外部的诸多压力和困难，也有来自创业者自身的相互矛盾情况和两难问题"当创业者 20 岁时，'驱动力与精力'最高，而'智慧与判断力'最低，而当创业者 50 岁时，这两项数值则完全颠倒过来"[①]。因此，大学生不仅要保持永久奋斗的好传统，更要在创新创业实践中不断强化"勇于奋斗"价值观，克服创新创业中的各种困难，在创新创业中不断促进自身全面发展。在创新创业中勇于奋斗，具体包括艰苦奋斗、公平竞争、团结协作三个方面。

首先，艰苦奋斗。艰苦奋斗是中华民族的优良传统，中国共产党带领中国人民进行革命和建设的历史，就是一部艰苦奋斗的创业史。从创业到不断再创业，红船精神、井冈山精神、长征精神、延安精神、西柏坡精神、大庆精神、"两弹一星"精神、抗洪精神、抗震救灾精神、载人航天精神、塞罕坝精神……都包含着艰苦奋斗的革命情操，体现了艰苦奋斗的精神面貌。历史和现实的经验也告诉我们，创业维艰。大学生创新创业的实践必定充满风险、艰辛。较之以往的一夜暴富，现在的创业已经很难在短时间内实现财富急剧积累，企业进入稳定发展期至少需要

---

① 杰弗里·蒂蒙斯，小斯蒂芬·斯皮内利.创业学[M].6版.周伟民，吕长春，译.北京：人民邮电出版社，2005：169.

5～10年的持续努力。杰弗里·蒂蒙斯和小斯蒂芬·斯皮内利曾这样描述创业者的旅程："想象一下，这就像一次要经过不同地形、经历各种天气条件的旅程。这个历程不仅有充满阳光、笔直平坦的高速公路，也有迂回曲折、上下起伏的羊肠小路，这些小路可能会把你逼入绝境，沿途你也可能是在渺无人烟时耗尽了汽油，或在你最想不到的时候车胎爆了，而这就是创业者的旅程。"①从这段描述中，可以很直观地感受到不确定性和紧迫感时刻伴随着创业者。可以想象，在大学生创新创业过程中，诸多的问题、障碍、艰难不可避免，因此，大学生只有保持艰苦奋斗的精神，吃苦耐劳，勤勉节俭，奋发进取，不断克服困难，才能实现创新创业的梦想。

其次，公平竞争。大学生创新创业必然要进入市场经济中，市场经济是一种契约经济。一切市场交易关系都是契约关系，这种关系体现为交易的双方在拥有一定经济资源基础上，承认对方拥有平等权利。社会主义市场经济中，各经济主体都要遵循一定的法律条文、市场标准、商品交易规则，只有这样，市场交易才能有序进行。在创新创业价值观培育中强化公平竞争精神，有利于大学生在创新创业行为中遵纪守法、遵守契约，在法治底线下发挥智慧、自由创造，开展正当的创新创业活动。

最后，团结协作。就创新而言，在当今这样一个信息爆炸、技术革新迅猛的社会，仅凭一个人的知识和能力很难完成高精尖科技创新，科研团队是实现重大创新的前提，是高质量完成重大项目的必备因素，所以，科研创新尤其要发挥团队协作的力量。创业也是同样的道理。如果一项创业活动仅有创业者个人或者其亲属参与，那么其发展的规模和前景可能相当有限。新企业发展应该是一种团队合作的行为，众志成城，力量大，成果也大。尤其是在今天属于知识创新型的创业活动，很少能够仅靠创业家一人完成。团队创业的成长速度要高于个人创业。团结协作精神的锻炼将有力克服大学生在创新创业中的单打独斗，对于每个人的成长成才也至关重要。成功的创业者大多是出色的社会活动家，他们善于与人打交道，能够在集体中与人自如地交流、交往，并积极主动地

---

① 杰弗里·蒂蒙斯，小斯蒂芬·斯皮内利.创业学[M].6版.周伟民，吕长春，译.北京：人民邮电出版社，2005：162.

与人合作、互助。创业者通过合作，能取人所长，补己之短；通过交流，能够获取各方面信息。

五、大学生创新创业价值观的培育策略

（一）激发大学生创新创业价值观培育的主体自觉

1.自主学习创新创业知识

真正的教育开始于自我教育。顾名思义，自我教育就是自己教育自己，但是这种教育建立在主体的有意识基础上，是主体的主动性、积极性在学习中的具体体现。大学生创新创业价值观不是凭空产生的，它要建立在一定的创新创业知识基础之上。知识虽然不能直接地被视作美德，但知识却是美德的基础，因此，大学生创新创业价值观自我教育首先开始于对创新创业知识的自主学习。特别是在信息化日益发达的今天，网络为大学生进行创新创业自主学习提供了极大的便利。创新创业慕课、创新创业典型在网络上很容易就能找到。面对丰富的资源，大学生更需要发挥主动性、积极性去学习。当然，在获得了创新创业相关知识后，大学生还需要对这些知识进行包括感觉、知觉、记忆、想象、思维和语言等在内的认知过程的主动加工处理，从而形成对创新创业的初步认知。具体包括以下内容。

第一，专业知识。打造新时代创新创业教育的升级版，就要实现创新创业教育与德智体美劳的结合，其中就包括与专业的结合，这是促进创新创业教育深入发展的保障，因此必须加强大学生对专业知识的学习。一些高科技项目也是依托于实验室的孵化，在风险投资商的助力下，实现真正的市场化。没有专业知识做支撑的创新，即便实现了商业化，也会因技术成本低、科技含量低而极易被模仿，进而被淘汰。因此，强化专业知识学习，尤其是那些能帮助创业活动深入发展的专业知识，对于大学生的创业更是至关重要。

第二，创业基础知识。创业是一项专业性很强的社会活动，必须依托专业的创办和管理企业的知识。在决定成为一名创业者时，就要选择创业机会、评估创业机会、组建团队、拟定计划书、筹措资金、实施企业运营和成长管理等，这些都需要创业者具备专业的创业知识，否则很

难实现公司的筹建与运营。

第三，综合知识。当今社会，人文社会科学等综合性知识发挥着越来越重要的作用。在创新创业过程中，大学生具备了专业知识，只能说有了进行创新创业的基础，但是，有基础不等于能创业或创业成功。创业是一个充满风险的过程，大学生还要掌握一定的综合知识，为创业活动保驾护航。一方面，全面的综合知识能够帮助大学生在创业过程中立足；另一方面，创业应该讲求科学精神和人文精神并重，只有建立在人文关怀基础上的创新创业才是最有价值的。因此，加强对综合知识的学习能够为学生提供更为全面的知识储备，对其个性发展和创造性培养具有积极的促进作用。

2. 主动内化创新创业价值观

大学生创新创业价值观取决于个体内在的自觉建构。知识只有内化为价值观，也就是创新创业知识转化为关于创新创业的价值观念，才能发挥作用。因此，大学生在自主学习了创新创业知识后，还要经过"价值整合—体认接受—心理行为"的过程，将创新创业知识内化为创新创业价值观。首先，要对接收到的创新创业价值信息进行整合。这些价值信息不断地刺激影响着大学生主体，他必须主动地对这些信息进行分析、理解、判断，形成对创新创业的初步认知。其次，对创新创业价值信息体验、体认。体验是大学生主体对创新创业的情绪感受和实践反思，是一种认知和心理过程，它因个体的不同而具有独特的、直观的个性特征。大学生要把这种情绪感受和实践反思融入自己的思想认知图式，促进和强化创新创业信念的形成。经过体验后，大学生会对创新创业体验结果进行选择性认同，即体认，它是比体验层次更高的、包含认同接受的深层次意识活动，实现学生对教师教学内容的重构。最后，对创新创业价值信息接受内化。经过对创新创业信息的整合认知、体验体认，大学生获得了有关创新创业的多个维度的价值认知和体验，并进行重新解释与建构整合，最终形成对创新创业价值的真理性认识，将创新创业信息转化为创新创业价值观念和价值判断标准，在创新创业"应该是"的价值目标指导下，实现由知到行的转化，促进创新创业行为的发展。这一过程，正是大学生不断发挥主体性，实现以新的创新创业观念体系替代旧的、不科学的创新创业价值观念体系的过程，实现对创新创业更高层次的理解与认知的过程。

3. 体验创新创业的积极情感

在创新创业上的情感体验，是创业者在创业社会实践活动中表现出来的对事业的兴趣、爱好和憎恶，对大学生创新创业价值观的生成起着重要的催化作用。如果大学生在创新创业活动中体验到积极的情绪、情感，如快乐、满意、喜爱、荣耀等，他们就会主动克服遇到的困难，坚定对创新创业的追求，从而促进和强化创新创业信念的形成。反之，如果体验到消极的情感，他们就会产生对创新创业信念的不确定，从而影响创新创业信念的形成。因此，在创新创业价值观的培育中，大学生要更多地体验创新创业的积极情感，尽管可能会了解到一些创新创业的失败案例，或者自身经历了创业的失败，也要在这些失败中汲取经验教训，克服因失败而产生的恐惧感，将其化作继续进步的动力，凝聚坚定的创新创业正能量。

4. 在实践中践行创新创业价值观

价值观的生成是一个内化和外化相统一的过程，价值观只有内化为个体的价值追求，外化为个体的自觉行动，才能真正发挥作用。大学生创新创业价值观亦是如此。实践正是打通主观世界与客观世界的"转换器"。实践不仅是人的自我肯定、自我发展的手段、途径，还是人和人的世界得以同生同荣的机制、根据。大学生通过社会实践，在改变环境的过程中，认识自我，认识社会，认识自我和社会的关系，从而树立正确的奋斗目标和价值取向，认清形势，明确使命，增强社会责任感，达到改变自我的目的。当然，这里所说的"实践"，涵盖范围非常广：既包括到实践教育基地、创业示范基地、校友企业等参加社会实践，也包括参加"挑战杯""创青春""互联网+"等大赛；既包括在校的模拟演练，也包括到大学科技园、大学生创业苗圃开展创业实战。比如，创新创业类竞赛不仅锻炼了大学生的创新思维、商业思维、创新创业能力，还提高了大学生团队合作、项目运营等专业技能，更促进了大学生创新创业价值观由"观念"到"行动"的转变。"互联网+"大学生创新创业大赛中的"红色筑梦之旅"项目不仅对接革命老区经济社会发展需求，助力精准扶贫脱贫，还为创业青年提供了传承延安精神、涵养创业精神、了解国情民情的机会。创业模拟体验以软件模拟和案例分析的方式，使创业者通过角色模拟体验创新创业过程，还原实战，将自身的创新创业观念与情景中可能遇到的问题结合，并思考解决方案，随着问题的解决来肯定创新创业观念中正确的部分，修正错误的部分。

5. 形成创新创业自觉

大学生将创新创业价值观转化为几次或偶尔的行为表现并不能说明成功实现了创新创业价值观教育目的，还必须要多次强化其创新创业行为，最终形成创新创业行为习惯和自觉。学者王占仁指出："创业自觉就是个体在对创业本质及规律深刻反省和科学领悟的基础上，做到自觉认同、自觉反思、自觉选择、自觉创造，强调主体自我认同与反思的'自主能力'和主动选择与创造的'自主地位'。"① 我们借用其研究成果，认为大学生在创新创业价值观培育的主体构建中，经过知识学习、价值内化、情感投入、实践外化、积极评价后，还要形成创新创业自觉，通过内在自我认同与反思、外在主动选择与创造，释放出创新创业的内生动力，改变自己在创新创业教育中出现的"看客"心态和做派，从而做到知行合一。

（二）建设与专业相结合的融合型创新创业价值观培育课程

融合型创新创业价值观培育课程也是要面向全体学生的，但与通识型创新创业价值观培育课程不同的是，该类型课程更强调学生的学科背景，其目标是更好地帮助学生"敢闯会创"，引导学生将创新创业与学科专业深度融合，实现创新创业价值观对学科专业的价值引领。

专业教育能够帮助学生习得系统的专业性知识，在学生成长中的作用和地位具有不可替代性。但是综合考量学生成长所需要的知识体系，单纯的专业知识教育亦存在不足之处。大学生创新创业价值观教育与专业教育深度融合，其目的是更好地育人，通过活化学生的专业知识，立足专业开展创新活动，引导学生提升实际应用的智慧和社会责任感，弥补单纯专业教育的不足，最根本的目的是实现"价值引领"与"知识传

---

① 王占仁."广谱式"创新创业教育概论[M].北京：人民出版社，2016：38.

授"的统一，培养具有开创性的全面而自由发展的个人。

一是明确培养目标。大学生创新创业价值观培育与专业教育深度融合要寓于专业培养方案之中，充分显现在教育教学的全过程。因此，要调整专业培养方案，将创新创业价值观教育内容融入其中，在专业教学中增强学生创新精神、创业意识、创新创业能力的培养。

二是转变育人理念。当前，新一轮产业革命和科技革命蓄势待发，拥有了创新，就拥有了发展的主动权。高校也必须以创新求发展，人才培养要与经济社会发展、创业就业需求紧密对接。专业教师需要转变育人理念，主动承担起创新创业价值观教育职责，引导学生处理好在专业学习中可能存在的价值冲突。

三是创新课程设计。创新创业教育与专业教育深度融合，其实质是对学科教学过程中学科知识的一种"重构"或"再组织"，使课程兼具专业特色和创新创业内涵。教师要及时向学生介绍本学科领域的前沿问题、相关产业发展的前沿成果以及在创新驱动发展战略下本专业的发展方向和路径，开展本专业热点创新性探讨和创业案例分析，鼓励学生从专业的视角挖掘创业点、搜集创业信息案例，在课堂上进行分析，帮助学生增强专业认同感、以专业服务社会的责任感、依托专业进行创新创业的使命感。此外，创新创业对知识的广度和深度要求都非常高，除了专业知识、科学精神的培养外，专业教师还要注重对学生人文精神的教育，让学生认识到创新发展，尤其是科技创新要建立在人文精神之上，建立在对国家民族、对人的生存意义、价值、精神的追求和确认上。要进一步改进教学方式，将专业教育实习实践平台与创新创业实训平台结合起来，在优化资源配置的同时，既增强学生的专业实践能力，又不断提高学生的创新创业能力。

四是对学生进行发展性评价。改变当前课程中的"唯分数论"，改变对学生的考核仅以考试分数为依据的方式，转向注重对学生实践能力，特别是创新能力的评价。教师要加强对课堂的控制，注重培养学生运用本专业知识解决实际问题的能力，让学生以案例的方式分享利用专业知识开展的创新实践，进而实现对学生的发展性评价。当然，在发展性评价中也要尊重差异性、多样性，可以通过学生自我评价、教师评价和考试评价结合的方式，引导学生重视创新创业能力的培养。

（三）搭建以众创空间、创业园等为载体的参与体验平台

大学生创新创业价值观教育的知识、意识、能力和精神，只有转化为学生的实践，在创新创业实践中达到知行统一，并通过实践不断强化，最终固化为创新创业自觉，才最终达到了创新创业价值观教育的根本目的。实现知行合一，必须注重学生的主体体验，因此，各高校都通过建设众创空间、创业园、孵化器、虚拟创业等各类参与体验平台，让学生在参与体验中获得创业的感性认识与经验积累，实现对创新创业价值的体验、认同、内化。

众创空间是一种新型的创新创业服务平台，通过市场化机制、专业化服务、资本化运作，为创业者提供工作空间、网络空间、社交空间和资源共享空间以及创新创业过程中需要的专业服务，具有低成本、便利化、全要素、开放式特点。众创空间一方面可以为对创新创业感兴趣的大学生提供专业的创新创业教育服务，另一方面可以为有创新创业项目的大学生提供商业模式构建、工商注册、政策咨询、法律咨询、投融资接洽等全方位创新创业服务，帮他们真正实现创新创业项目的落地。通过这种"真刀真枪"的实战演练，大学生能够真正体验到创新创业的关键环节，在这个体验过程中，学与做实现了高度统一。众创空间浓厚的创新创业文化氛围能够潜移默化地影响大学生，提升大学生创新创业精神，同时，当大学生在创业过程中遇到困难时，也能够得到志同道合的人的鼓励，这在培养大学生的创新创业意志、坚定大学生的创新创业决心上具有很大的激励作用。此外，众创空间导师因其成功创业者和投资人的身份，往往会受到大学生的崇拜，这种榜样的引领作用和导师对大学生创新创业者精神上的鼓励和启迪，对于大学生树立创新创业价值观亦具有重要的推动作用。

不同于众创空间的"真刀真枪"演练，创业园则主要是为大学生创业项目提供场地和硬件设施，同时也提供一些信息服务、培训指导等服务。目前我国大多数城市都建有大学生创业园。创业园在为大学生创业项目提供较为全面、低成本、有效率的软硬件环境和降低创业风险方面具有重要意义。一些创业园，如温州大学生创业园，在功能规划、布局规划、运行机制规划等方面为其他创业园的建设提供了很好的参考范例。当然，并不是所有的创业园都运转良好，有些创业园因目标定位不清晰、专业化不足、对入驻创业项目的推动作用不明显、园区空置现象严重等问题而名存实亡。

除以上两种，大学生创新创业价值观培育的参与体验平台还有很多，在此不再枚举。尽管体验参与平台的名称不尽相同，但它们都有一个共同的功能，就是为大学生创新创业提供参与性和成长性的机会和平台，帮助大学生在实际体验中升华创新创业价值认知，激发创新创业热情，锻炼创新创业能力，提升创新创业内生动力，从而形成科学的、正确的创新创业价值观。

（四）加强大学生创新创业价值观培育的组织领导

一是成立大学生创新创业教育专门机构。其主要职责一方面在于科学定位大学生创新创业价值观培育目标、体系，将创新创业价值观培育放在学校人才培养方案中统筹考虑；另一方面是作为高校开展创新创业价值观教育的重要载体和实施机构，能够在师资队伍、课程建设、实践平台等方面统合全校资源。

二是理顺领导机制。大部分高校的创新创业教育中都有教学、就业、团委、学院等部门参与，要建立健全这些参与部门的协调机制，形成"校领导主抓，专门机构实施，多部门协同"的大学生创新创业价值观培育格局，确保大学生创新创业价值观培育在课程、实践等环节中的同向同频。

三是构建"专门机构—学院—班级"创新创业价值观教育运行体系。学校层面，以专门机构为依托，强化顶层设计，合理规划大学生创新创业价值观培育目标，建立政策、机制、组织、资源保障，开展评估激励。学院层面，提高对创新创业价值观教育重要性的认识，鼓励专业教师将创新创业价值观课程融入专业教育中，在专业课程上激发学生的创新意识、创业精神、社会责任感。组织学生参加创新创业竞赛、社会实践、项目孵化等实践，帮助学生在实践中树立正确的创新创业价值观。班级层面，在组织全体学生参加"通识型""融合型"创新创业价值观教育的同时，针对部分有创业意向的学生，重点开展"精英型"创新创业价值观教育，通过有关创新创业专业知识学习、创业模拟实训等实践活动，帮助他们将意向转化为行动，并在创业行为中坚定创新创业价值追求，实现知行合一。

（五）建立大学生创新创业价值观培育评估激励机制

建立完善的大学生创新创业价值观教育评估激励机制，既能发掘教育中的优势亮点，又能发现不足，以评促建，保障大学生创新创业价值观教育的有效开展。同时，在评估基础上开展典型宣传奖励，树立标尺，能促进教育效果提升。

一是完善评估体系。目前，大学生创新创业价值观教育作为创新创业教育的一部分，还没有得到足够重视，高校对其教育内容、教育方式还没有成体系的思考、设计，更缺乏系统的评估激励办法。因此，要建立科学合理的评估激励体系，建立具有指导性、可操作性的评价指标，包括教育目标、教育内容、教育路径、教育者素质等多个方面，以考评来促进对大学生创新创业价值观教育的重视与开展。

二是建立专门教育督导组。和其他学科有教学督导一样，高校要建立大学生创新创业价值观教育督导制度，定期开展教育情况督导，了解和把握教育者的教育水平，及时发现教育过程中存在的问题，针对问题给予解决的建议，提出下一步发展方向，以改进与完善大学生创新创业价值观教育。

三是建立激励机制。完善的创新创业价值观教育激励机制关键是要对各参与主体进行激励，发挥积极情感教育的激发作用，引发不同主体参与创新创业的热情。大力选树教育典型和创新创业典型，对于表现突出的部门和个人给予相应的物质奖励和精神奖励，形成鼓励创新创业、表彰创新创业的良好氛围，进而提升实际教育效果。

第二节　当代大学生创新创业精神的内容与培育意义

一、当代大学生创新创业精神的内容

（一）以锐意进取为核心的创新精神

大学生创新创业精神的灵魂是创新精神，创新精神的要素有批判精神、科学精神、开拓精神及自主精神。创新精神是敢于质疑旧事物的思维方式，是社会发展的不竭动力，是国家发展进步的源泉，具备创新精神也是大学生成长和发展的重要条件。随着全球经济发展的突飞猛进，再加上我国社会发展的需求，创新精神在我国将是一个永不过时的话题。在我国"大众创新，万众创业"社会背景下，创新型经济已经初见端倪，要培育创新型高等人才，创新精神起到的作用显而易见，大学生创新创业精神内涵中重要的一项就是以锐意进取为核心的创新精神。如美团网的联合创始人、高校毕业生王兴，历经了校内网、饭否网两次失败后，眼光独到、善于创新的他于 2003 年首创美团网，在激烈的竞争中脱颖而出。大学生创业者王兴的美团网能取得成功，重要原因是他自始不断地进行创新。因此，大学生创新创业精神培育要以创新精神的培养为阵地，为中华民族伟大复兴提供宝贵的人才血液。

（二）以求真务实为基础的奋斗精神

奋斗精神是我国人民的优良传统，也是我们党的一大优良传统，中国人民抗日军事政治大学（简称抗大）在教育原则中规定，要注重品德锻炼和道德教育，要求学员在学习、工作、生活中践行艰苦奋斗、刻苦奉公、不怕牺牲的精神。奋斗精神是勇于斗争的精神、顽强克服困难的精神、在逆境中奋发向上的精神。大学生创新创业精神的依托是奋斗精神。在大学生中大力弘扬奋斗精神、大兴艰苦奋斗之风，十分重要而紧迫。奋斗精神使人一步步接近自己的创业设想，是莘莘学子实现梦想的推动力。

（三）以团队协作为前提的合作精神

大学生创新创业精神培育的重要一环是培养高校大学生的合作精神。创业者寻求团队合作的重要目的就是弥补自身的不足。当今大学生如果没有合作精神，成功创业将非常困难。很多创新创业成功案例的背后都有一个团队在起着重要的作用，创业英雄的背后都站着一个强大的团队，阿里巴巴、Google、Apple 这些创业成功案例的背后无不是创业团队的形成、发展、强大的合作过程。思维发散、朝气蓬勃的新时代大学生更应该形成合作精神，表现为形成团队，将努力凝聚起来，团队拥有一致的目标，同舟共济，共同承担风险与责任，知识共享，信息共享，优缺点互补，彼此尊重，这样的合作式的创业，其成功的概率要远远大于"独闯江湖，单打独斗"的创新创业形式。这种合作精神的价值意义在于提高大学生的耐受力，耐受力就是抵抗和应对挫折的一种能力。有合作精神的大学生团队可以更好地适应社会创新创业环境，主要体现在商机的捕捉、经验的交流提高、商业风险的降低、创业生存能力的提升等方面。综上，团队合作是高校大学生创新创业时一种比较理想的方式方法。

（四）以开拓进取为动力的冒险精神

冒险精神是一种探索新事物的勇气，是一种执着不服输的精神，是一种开拓进取勇往直前的精神。风险作为一种历史现象，将伴随社会发展的始终。大学生创新创业需要冒险精神，当今任何创新创业行为都是存在风险的，风险和机遇是共存的，市场环境瞬息万变，停滞不前、一味追求旧事物的稳定安全，最后只能在残酷的市场竞争中被淘汰。大学生要善于突破僵化的思维。创新创业精神包含了一种永不认输的精神，大学生创业者往往是"逆水行舟，不进则退"。直面风险并且在风险中稳步前进需要高校大学生具备冒险精神，冒险精神不仅仅是一种顽强坚韧、勇于探索的意志，更是一种善于把握机会的卓越品质。冒险精神不是一味地鼓励冒险，而是科学地冒险，是一种风险的识别能力、风险的判断能力、风险的掌控能力和当风险转化成现实困难时的危机处理能力。冒险精神也可以促进创业者的企业在市场中不断地更新和升级，没有冒险精神的创业者很有可能因为眼前的些许成功就止步不前，错过最好的时机，最终被市场淘汰而失败。综上，冒险精神在大学生创新创业精神中扮演着发动机的角色，促使创业者朝着成功的方向大步前进。

（五）以肩负责任为使命的担当精神

培育大学生的担当精神，是新时代、新战略、新安排对大学生的精神要求，能使大学生坚定民族使命、提升社会责任感、成就美好的人生。大学生在充分开发自身内在创新创业潜能的同时，应该具有社会责任感，有敢于担当的精神，这对大学生成才、就业、服务社会具有重要意义。大学生的这种肩负责任的担当精神主要体现为爱国主义情怀、强烈的社会责任感、正确的自我价值观。大学生培养创新创业的担当精神需要把创新创业和祖国的需要结合起来，把振兴祖国、奉献社会作为目标，要持续关注国家的发展。社会是一个共同体，人与人、人与社会必然要发生各种联系，社会以个体为组成要素，为个体的发展提供基础与保障，社会的发展直接影响个体的利益，社会的强大影响个体的发展。社会担当精神要求大学生正确处理好个人、集体与国家的利益关系，自觉维护社会利益，所以大学生创新创业精神的内涵包括大学生的社会责任意识和担当精神。

（六）以吃苦耐劳为基石的拼搏精神

吃苦耐劳精神是指在创新创业过程中能忍受贫困清苦的生活，能经受磨难的考验，不怕困难、勇往向前的精神。常言道，吃得苦中苦，方为人上人。既然要吃苦，那么得先认识吃苦，因为认识的深度决定行动的力度。我们作为个体在社会上要有一席之地，就必须面对各种各样的困难和挫折，因此要学会自立。而学会自立，就要学会吃苦。人生的路途好比攀登山峰，起初摩拳擦掌，一边欣赏美景，一边跨过障碍。然而，越是往上爬，越觉得吃力，其中有路途的坎坷、自身的体力耗损，以及无法预知的风险。很多人面对困难重重、步履维艰的情况会在半路选择放弃，而最终能够到达山顶的人，往往是那些面对困境依然选择坚持到底的人。成功的路上并不拥挤，只有坚持下去，把困难和挫折都克服之后，才能登上山之巅，领略无限美好的景色。所以在平时的学习、生活中，我们要意识到吃苦是一种财富，是一种资本，并在学习、生活中自觉坚持。学校方面可以扩大大学生参加暑假社会实践活动的名额比重，争取让更多的学生有机会得到磨炼，培养学生吃苦耐劳的精神。

二、当代大学生创新创业精神培育的意义

（一）对大学生创新创业精神的形成具有导向作用

大学生创新创业精神培育对全面科学地引导大学生创新创业精神的形成有促进作用。大学生创新创业精神培育需要渗透于高校教育的各个环节。大学生创新创业精神培育对大学生创新创业精神的导向作用在基础方面着重体现为创新创业理念培养、创新创业文化素质培养、创新创业合作精神培养。大学生创新创业精神培育注重对大学生创新创业先进理念的培养，使大学生敢于打破常规，敢于否定旧事物，对新事物能够掌握其市场规律和其发展前景。在实际高校培育过程中，大学生创新创业精神培养表现为参加创新创业大赛、制订模拟商业计划书等。在创新创业文化培养方面，大学生创新创业精神培养主要体现在校园文化建设方面。高校具有特定的文化气息和精神环境，让创新创业文化渗透到高校校园文化中去，对大学生创新创业精神的形成有着重要作用。创新创业合作精神的培养应形成团队、知识共享、信息共享、彼此尊重，主要体现为形成高校大学生创新创业联盟、大学生创新创业协会、大学生创新创业俱乐部等。大学生创新创业精神培育对大学生创新创业精神的导向作用在道德方面着重体现为爱国主义情怀、自我价值观、社会主义道德观。大学生创新创业精神培育把践行爱国主义精神与创新创业结合，其意义在于引导大学生不忘报国之志，把个人的发展与中华民族伟大复兴的中国梦结合，通过高校的创新创业精神培育实践，在创新创业的实践中认识自我价值，形成正确的自我价值观。

（二）对大学生创新创业能力的提高具有促进作用

大学生创新创业能力的提高对国家和民族具有重要意义。大学生创新创业精神培育是以高素质创新创业人才培养为根本旨归的一种崭新培育方式，对大学生创新创业能力的提高起着至关重要的作用，主要体现为有利于转变大学生的就业观念，树立大学生的创新精神，增强大学生的创业意识，帮助大学生掌握创新创业方法、形成克服困难开拓进取的品质。从大学生创新创业精神内涵的角度分析，大学生创新创业精神涵盖了锐意进取的创新精神、求真务实的奋斗精神、团队协作的合作精神、

开拓进取的冒险精神、肩负责任的担当精神等。大学生创新创业精神培育客观上提高了创新创业能力中的创新能力、组织协调能力、随机应变能力、团队合作能力、预见风险的能力、组织决策能力，为大学生在创新创业的道路上走向成功打下了坚实的基础。

（三）对建设创新型国家具有助力作用

加快建设创新型国家作为党和国家的重大战略决策，具有深远的意义。大学生作为推动社会进步的栋梁之材，应该具备强烈的社会责任感，投入祖国建设中，自主创新创业，发挥自身潜力，成为创新型国家建设的主力军。建设创新型国家的关键毋庸置疑，必然是人才。"国以才立，事以才兴"，人才是社会发展的重要生产力，高校的根本任务是立德树人，即弘扬高尚品德，使学生德才兼备。高校是一个精神的理想园，应该让每一位大学生都能自由全面地发展，为建设创新型国家输送具备创新创业精神的大学生。这种具备创新创业精神的大学生表现为拥有自主创新创业意识、具备创新创业基础知识和能力、有理想有担当有激情、在创新创业中能加强自我修养。"无德不能怀远"，无德不可能具备创新创业精神，如果缺少德行，那么即使他具备能力，对社会、国家而言也毫无意义。大学生创新创业精神培育可以引导大学生在创新创业的实践中形成积极的社会主义道德观，使大学生德才兼备。综上，高校进行大学生创新创业精神培育将为创新型国家建设提供大量宝贵的具备创新创业能力、德才兼备的人才。

第三节 当代大学生创新创业能力结构分析

创新能力主要是指发现新问题、提出新方法、建立新理论、发明新技术的能力，是创新型人才必须具备的基本能力。培养创新能力重在培养创新思维能力、动手操作和实践活动能力及最终解决问题的能力。创业能力是指能够顺利实现创业目标的特殊能力，包括专业技术能力、经营管理能力和社交沟通能力、分析和解决实际问题的能力、把握机会和创造机会的能力等。大学生创新创业能力是大学生在学习知识和积累经验的基础上，对所学理论知识进行系统和科学加工，从而产生新思想、新概念、新知识、新方法，并应用它们创造性地解决新问题的能力。创新创业能力结构是指一个人所具备的能力类型及各类能力的有机组合，是创新创业者能够完成创业所必备的能力，它是由知识、技能、经验等多个要素构成的系统结构，在这个结构中，各要素相互作用，对创新创业的事业发挥作用。大学生创新创业仅凭一时的创业激情是远远不够的，还需要具备新创企业的能力，否则难成大事。我国大学生创新创业能力结构中的要素分为一般要素和特殊要素两大类。

一、我国大学生创新创业能力结构中一般要素分析

一般要素包括社会交往能力、组织领导能力、分析决策能力、抗挫能力四个方面。

（一）社会交往能力

社会交往能力是妥善地处理与公众（政府部门、新闻媒体、客户等）之间的关系，以及协调下属部门成员之间关系的能力。人的本质在其现实性上是一切社会关系的总和，因而人的本质属性是人的社会属性，决定了人们以群居的形式生活。单独的一滴水无法承受太阳暴晒、狂风呼啸的考验，但是，当它融入一片广阔的江海，便能永不干涸。犹如一个人，只有在社会之中才可以充分发挥他的社会作用。良好的人脉关系对于创业者来说是非常重要的资源，人脉包括了血缘、业缘、友缘、学缘等，人脉也可以称为社会交往关系，在机会识别、资源获取以及企业合法性获得等方面都起着举足轻重的作用。因此，社会交往能力对于大学生创新创业来说，是不可或缺的能力。创业者在社会交往中需要树立互利共赢的核心原则，而人际关系的稳固根基是信誉，这是人际交往关系可持续发展的基本保障。创新创业者应该做到妥当地处理与外界的关系，尤其要争取政府部门、工商及税务部门的支持与理解，同时要善于团结一切可以团结的力量，求同存异共同发展，做到不失原则、灵活有度，善于将原则性和灵活性结合起来。

总之，大学生创新创业者要搞好内外团结，处理好人际关系，建立一个有利于自己创业的和谐环境。大学生创新创业者要从进入大学校园

开始，有意识地提升自己的社会交往能力。例如，利用课余时间多参加社团与社会实践活动，或者每周结交一个陌生人，并且要有意识地提高交往的质量，逐步拓展人脉关系。社会交往能力强的人，可以在关系网络中游刃有余，解决别人难以解决的问题，大大提高工作效率，并且能与周围的伙伴愉快地形成合作关系，进而产生强大的凝聚力。

（二）组织领导能力

组织领导能力是为了有效地实现预设目标，灵活地运用各种方法，把各种力量合理地组织和有效地协调起来的能力，包括协调关系的能力和善于用人的能力。组织领导能力是个人的知识和素质等基础条件的外在综合表现。组织领导能力主要体现在以下几个方面。首先，组织能力。要想创业成功，必须依赖一个成功而高效的组织。加强团队管理，必须具备较高的组织管理能力。大学生创新创业者还要学会运用各种方法来激励员工，使员工形成较强的向心力，促使组织目标顺利实现。其次，指挥决策能力。创新创业者要培养有效地协调和配置人、财、物等各方面资源的指挥能力，而决策能力是保障创业成功的重要前提。决策能力是在掌握内部环境和外在环境的基础上，对重要问题进行快速有效的分析判断，进而做出正确决策的能力。再次，沟通能力。创业者要具备良好的沟通能力，能够营造和谐的团队氛围，和同事、客户形成良好的互动关系，还要能提高组织内外部的凝聚力，以便更好地促进协同合作关系。最后，情绪控制能力。作为大学生创新创业者，其自身情绪好坏的外露，将严重影响到团队成员的工作情绪和工作热情。因此，不管在何种情况下，大学生创新创业者都应该尽量把不良情绪控制在不影响其他成员的范围内，特别是愤怒的时候，更不适宜进行重大决策。

（三）分析决策能力

分析决策能力是创新创业者根据主客观条件，因地制宜，正确地确定创新创业的发展方向、目标、战略以及具体选择实施方案的能力。在实践中，创新创业者要根据当前事物的发展趋势及整个外界大环境发生的变化，实时做出相应的调整。创新创业者的决策能力通常包括分析和判断能力。大学生要创新创业，首先要运用一定的方法技巧，对零散的事物进行系统分析，从中发现其他相关的因素并逐步理顺事物之间的各种关系，找到影响事物发展的关键症结。大学生在创新创业的过程中，要从错综复杂的现象中发现事物的本质，找出存在的真正问题，分析原因，从而正确地处理问题，这就要求创新创业者具有良好的分析能力。判断能力是能从客观事物的发展变化中找出因果关系，并善于从中把握事物的发展方向的能力。分析是判断的前提，判断是分析的目的，良好的决策能力是良好的分析能力加果断的判断能力。决策是在综合分析的基础上所做出的决断，确定事物发展的方向。一个善于决策的人，并不是对事情有了十足的把握后再做决定，而是当机会大于等于百分之六十的时候，就敢于做出决策。决策要从整体出发，权衡利弊，当机立断，把握大局。

（四）抗挫能力

抗挫能力是人们克服、战胜在从事有目的的活动中遇到障碍和阻力，致使个人目标不能实现，个人的需要得不到满足时产生的内心体验的一种能力。人生在世，不如意之事十之八九。大学生也常会遇到学习上的困难、同学之间产生矛盾等，难免会产生一定的挫折感。实际上，成才之路就是一个不断战胜挫折和不断前进的旅途，因此大学生要有所作为，就必须正确看待挫折、克服挫折，不断提高自身抗挫折的能力。首先，需要正确辩证地看待挫折。每个人的人生道路上都无法避免挫折的出现，对于挫折，我们将它看作一把双刃剑，既可能为我们的发展带来阻碍，也可能促使我们吃一堑，长一智，变得更强大。所以我们要适当调整自己的期望值，选择最佳方案，即使遇到挫折，也要坦然面对，调整好心态，将挫折看成自我锻炼的机会，努力去克服挫折。其次，需要培养坚强的意志。意志是人们自觉地确定目标并根据目标调节、支配自身行动，克服困难并实现预定目标的心理过程，而坚强的意志是一个人适应现实、求得生存和发展所必不可少的奠基石。

二、我国大学生创新创业能力结构中特殊要素分析

特殊要素对创新创业能否成功起着决定性的作用。我国大学生创新创业能力结构中的特殊要素有专业技术能力、经营管理能力、市场营销能力、把握机会和创造机会能力、财务能力。

（一）专业技术能力

专业技术能力是创业者掌握和运用专业知识进行专业生产的能力，即具备的企业管理知识，如国际金融、财会等方面的专业知识，企业管理经验和新创企业所涉及的技术、工艺知识，必备的外语、计算机及网络基础知识，以及行业相关的法律、法规等基本知识技能。财会知识，包括货币金融知识，信用及资金筹措知识，证券、信托及投资知识，财务会计基本知识，外汇知识等。企业管理经验是创业者在创业过程中，以及新创企业管理活动中实践锻炼和经验的积累。经验只有在亲身经历的过程中有意识地去培养，并按一定的思维模式去实践，才会慢慢转化为自己的东西。因此，大学生在创新创业的时候要切忌眼高手低，要注重实践，只有这样，才能不断积累经验。俗话说，"隔行如隔山"。新创企业所涉及的技术、工艺知识，必备的外语、计算机及网络基础知识等行业专业知识各不相同，而专业知识是创业成功的关键因素，因此在目前社会高度分工的情况下，大学生要进行创新创业需要全面学习与自己专业相关的知识，包括产、供、销等方面的内容，并且准确把握创业活动中的专业知识。在宏观的社会大背景下，政府对于创新创业持支持态度，鼓励大学生进行创新创业，并出台了一系列优惠政策；颁布和完善了相关的法律法规，为大学生创新创业创造了一个良好的社会环境。例如，在登记注册、小额贷款、税费减免、员工待遇等方面，政府部门为大学生创新创业提供了便利；相关法律的出台同样为大学生创新创业提供了法律保障。

（二）经营管理能力

经营管理能力是对人员的选择、使用、组合和优化，以及对资金的聚集、核算、分配、使用、流动进行相关管理的能力。创业者所创办的企业，其生产经营的各个要素都是要靠人的参与才能发挥作用的。要使员工为实现创业目标而努力奋斗，使他们始终保持旺盛的士气和高昂的热情，以主人翁的精神投入创业实践活动，创业者需要掌握人力资源开发与管理的技巧和艺术。经验管理能力在现代社会中的地位和作用不断提高，管理的现代化对大学生创新创业者的经营管理能力提出了更高的要求。若大学生创新创业者只有先进的专业技术知识，而没有与之匹配的先进经营管理能力，其创新创业活动会被限制。创业活动一旦正式启动，就进入了企业管理和市场营销的通道。可见，经营管理是创新创业活动的重要环节。社会劳动分工越来越精细，以及企业规模的扩大，对创新创业者的经营管理能力提出了更高的要求，所以创业者必须具备一定的经营管理能力。一旦确定了创新创业目标，就要组织实施，而为了在激烈的市场竞争中有立足之地，必须学会经营管理。首先，学会质量管理，始终坚持质量第一的原则。质量是生产物质产品、从事服务业和其他工作的生命线，创新创业者必须树立牢固的质量观。其次，学会效益管理，要坚持效益最佳原则。效益最佳是创业的终极目标。在创业活动中做到充分发挥人、物、资金、场地、时间的作用，使创新创业活动有条不紊地运转。

（三）市场营销能力

市场营销能力是指企业通过向顾客提供能满足其需要的产品和服务，进而实现企业目标的与经营理念和战略管理活动相关的能力。市场营销能力涉及市场预测与调查、消费心理和特点、产品定价策略和促销策略、销售的渠道及方式等。营销是创新的基础，有优秀的营销理念即充分了解市场、产品，制定正确的战略目标之后，才有资格进行创新。对于一个创新企业来讲，市场营销是创业成败的关键。首先，产品定位。营销策划涉及捕捉市场机会、挖掘市场细分、选择目标市场、制定定位策略和传播定位观念。其次，营销组合策略。市场营销组合是企业在锁定的目标市场上，综合考虑大环境竞争情况，对企业自身可以控制的因素优化组合，以完成企业的任务。再次，渠道策略。对于创新创业者来说，考虑到创业成本，可以选择低成本的分销渠道，如直接邮购、电话销售、互联网销售和自动售货这几种。最后，促销策略。新创企业初期的知名度较小，能运用的资源也相对缺乏，这时可以选择人员直接推销和选择适当的媒体进行推广。

（四）把握机会和创造机会能力

创新创业者是由创业机会驱动来进行创业的，而创业机会来自市场环境中存在的某种不足，创业者能以更好的方式提供更好的产品或者服务来弥补这方面的不足，进而获得盈利的可能性。大学生创新创业是从发现、把握、利用某个商业机会开始的。创业机会的识别是对创意进行筛选从而形成商业概念的过程。先知先觉是一个创新创业者必备的条件，要求创新创业者要发现新的、潜在的机会，培育并把握这个机会。创新创业者具有对外界变化的敏感性，因此他们才能很好地抓住机会，实现自我的目标。大学生创新创业者要发现、识别创业机会，首先需要了解形成特定创业机会的原始动力。只有把握了引发创新创业机会的原始动力，随时关注这类动力的变化，才能及时发现现有的创新创业机会，及时辨识潜在的创新创业机会，及时预测未来的创新创业机会。引发特定创业机会的原始动力主要有新技术的进步、消费者偏好的变化、市场需求和市场结构的变化、政府政策方针的调整以及国内外环境的变化。如果大学生创新创业者能敏锐地发现这些变化，就能够发现机会、把握机会，进而率先赢得创业的先机。辨识潜在的创新创业机会要从某个创业机会的各方面来发现其吸引人和不吸引人的方面，并对其商业前景加以判断。进行创业机会的辨识，是为了在众多的机会中，通过综合分析、判断、筛选，发现可以利用的创业商业机会。从部分创业者的经验中可以发现，抓不住机会固然没法创业，但是抓错机会也无助于创业成功。由此可见辨别创业机会的重要性。

要对创业机会进行正确辨识，需要从以下几个方面进行分析和判断。

首先，分析判断特定创业机会的原始市场规模，即特定创业机会形成之初的市场规模。它决定新创企业最初阶段投资活动可能实现的销售规模，决定着创业利润空间。通常来说，原始市场规模越大越好，因为一个新创企业即使占领了很小的市场份额，只要原始市场规模够宽广，也很有可能获得比较大的利润。但是，什么都有两面性，当原始市场规模较大时，提供更多的机会会吸引大量的竞争者，甚至不乏强有力的竞争者。对资本能力、技术能力、运营能力较低的新创企业来讲，情况是不容乐观的。因此，针对资本能力、技术能力、运营能力较强的新创企业来讲，原始市场规模越大越好；相反，资本能力、技术能力、运营能力较弱的新创企业，比较适合原始市场规模较小的区域。因为原始市场规模较小的区域，其竞争对手也相对较少和较弱，并且资本能力较弱的新创企业可以根据市场的成长性和进程不断地调整自己，使自己适应市场的成长。

其次，特定创业机会存在着时间跨度，特定创业机会的性质决定了一切创业机会都存在于某段有限时间之内。通常来说，创业机会存在的时间跨度越长，新创企业调整适合自己发展的战略及整合市场的空间就越大，这样有利于新创企业后续壮大发展。特定创业机会的时间跨度是动态变化的，随着行业需求和商品需求的变化而相应变化。例如，有替代性商品和替代性行业出现时，其特定创业机会的时间跨度很有可能缩短。

最后，良好的创业机会具有稳步增长的市场需求，可以获得发展所需的关键资源，可以通过创造市场需求来创造新的利润空间，特定的创业机会风险是明朗的。第一，良好的创业机会具有稳步增长的市场需求。在前景市场上，前 3～5 年的市场需求要稳步且快速增长，新创企业才有较大的盈利空间，进而快速成长壮大。第二，技术资源、信息资源、公共关系资源和资本资源是发展所需的关键资源，为新创企业的发展提供了保障。第三，通过创造市场需求可以创造新的利润空间，那么新创企业要占领市场和获得利润，需要依靠自己去开发新的市场需求。例如，随着现代社会科技的发展，洗衣机的发明和普及就是通过创造市场需求来创造和扩大利润空间，占领市场，获取额外的利润空间。第四，特定的创业机会风险是明朗的。创新创业者能搞清风险的具体来源及其结构，把握风险、规避风险，进而降低风险带来的损失，提高风险收益。对创业机会辨识能力较强的企业来说，可以寻找到更多的创新机会，使得新创企业选择更有竞争优势的突破性创新方式。创新机会是创新企业战略管理的关键因素。机会识别与开发能力的一个重要特征是对机会有着敏锐的警觉性和具备洞察潜在商机的意识。机会识别就是洞察那些具有潜在商业价值的初始创意，要求创业者具有警觉性和洞察潜在商机的意识。大学生创新创业者能够敏锐地识别和捕捉到创新创业机会，做出与众不同的决策，正是这种识别能力的差异才使得创业机会显现时，大部分人没有及时感知，只有少数人才能发现。

（五）财务能力

财务能力是指创业者具备财务管理、识别账目的能力。在现代化经验管理的时代，财务信息对创业者掌握企业的经营状况及预测未来的经营前景具有重要作用，因此创业者需要具备财务能力。首先，需要了解不同的资金筹集方式方法。因为不同来源的资金，其使用时间的长短、成本的大小都不尽相同，需要创业者在筹集资金的时候考虑其资金结构的合理性、所担风险和资金成本的大小等因素，从中选出最有利的筹资方案。其次，需要做好对资金的整体控制和调节。创业者需要重视资金的控制、调度、核算和分析方面的工作，增产节约和增收节支。在资金运转过程中，要及时组织资金偿付债务，避免资不抵债的情况发生；还要根据现有的资金，把握投资的机会；同时要建立健全资产管理责任制度。最后，要实行财务监督，维护财经纪律。财务监督是根据国家和财税局的相关政策，借助价值形式对企业活动所进行的控制和利润分配，其目的在于执行国家的财经纪律，进一步促进企业规范经营。

第四节　当代大学生创新创业精神培育与能力培养对策

一、健全课程体系

高校在培育大学生创新创业精神和提升大学生创新创业能力的过程中，客观上要重视和考虑每个学生的个体差异性，使每个学生在社会环境中都能够全面发展。首先，将选修课和必修课建设成三级创新创业课程体系，将专业教育和创新创业教育、知识技能和创新创业实践有效衔接起来。一级为创新创业基础理论通识课程，面向全体学生开课，主要培育大学生创新创业兴趣意向、开拓进取精神，以及丰富大学生创新创业相关知识；二级为创新创业专业理论融入式课程，面向已有创意或创新产品原型的学生，主要培养大学生自主创新精神，提升大学生社会交往能力、职业技能和组织领导能力等多方面能力；三级为创新创业实践高级课程，面向已开展创业实践的学生，主要针对已经着手去创业的大学生，着重培养他们的分析决策能力、经营管理能力、市场营销能力以及道德素质中的诚实守信和社会责任感等品质。其次，推动线上线下相结合，强化创新创业教育的影响力。线上推出创新创业教育新模式，邀请参编教材的知名教授拍摄慕课、微课程视频及利用"互联网+"来推广，并且将慕课的视频放到学校的学生自助平台上，让学生根据自己的兴趣选择性地学习。线下通过平时的课堂学习市场营销、企业管理、创新创业政策等内容。最后，注重教学反馈，通过数据库生成大数据，掌握学生总体与个体学习需求和规律，采取针对性的策略，满足学生的学习需求，及时调整资源结构，实现基于大数据分析的精准化教学、实验式教学，及时反馈学生学习效果，提升学生学习质量。

在课程组织上，由于传统的大班教学模式下学生个性没有得到充分发展，因此，要将创新创业课程的组织形式改为小班教学模式。采用小班教学模式，教师有充足的时间和精力来关注学生，可以有针对性地弥补不足之处，以达到最佳的教学效果。另外，可以面向全体大学生以选修课的形式开设创新创业通识基础理论课程，如"企业家精神""创业心理学""创新创业的理论与实践""创业管理学"等课程。面向有较强创新创业意向和潜质的学生开设创新创业专业和实践课程，如"经济管理""创业实践""机器人仿真制作创新"等课程，提高学生的专业理论水平，培养其实际运用的能力。

在课程的评价体系上，由于创新创业教育具有复杂性和多维性，因此要建立人性化的发展性多元评价体系。学校方面应逐步改革旧的评价体系，弱化对学生学分成绩的结果性评价，弱化学生对成绩的追求，引导学生选择真正有益于自身发展的课程。

课程体系是实现人才培养的有效途径，推动创新创业教育课程体系的完善，需要逐步建立起有效的课程体系，以此来满足大学生不同的需求，具体来说就是要健全创新创业基础理论、创新创业专业理论和创新创业实践的课程体系。

（一）创新创业基础理论课程

创新创业基础理论课程是面向不同专业和不同学科的大学生都要开设的普及性和通识性的课程，包括"创业基础""创业学导论""创业营销""创业融资学""管理学""创造学"等课程。这些课程中融汇了创新创业理念和精神，是创新创业基础理论课程的精髓。大学生通过这样的课程学习，能够增长创新创业理论知识，为后期的创新创业实践活动奠定基础。

（二）创新创业专业理论课程

有了创新创业基础理论课程做铺垫，接下来就要学习创新创业专业理论课程，并将二者结合起来。在创新创业专业理论课程中要注重拓展性基础课程，教师在讲授专业课程中，要结合学生实际需求有针对性地讲解创新创业知识。例如，在专业课程设计方面，要重点突出实务和设置教学目标模块，后者包括职业能力模块、毕业设计模块、专业设计模块等。通过强化专业类课程，培养并提高学生专业领域的创新创业能力。面对不同的专业特点，还需要讲授创新创业的预估成本、市场需求量等内容。

（三）创新创业实践课程

创新创业实践是创新创业课程的核心，其如何开展直接关系到创新创业者能力的提升问题。高校可依托专业实验室、创新创业实验室、大学科技园、大学生创新创业园和小微企业创新基地等实践基地开展实践课程。首先，应开展创新创业实践训练项目，使我国大学生在学习理论知识的同时，能将所学的创新创业理论知识运用到创新创业实践项目中去，亲身体会创新创业的实践过程。其次，要整合学校、区域、校友等各项资源，引导学生到校友企业、公司进行实训，深入了解创新创业企业的实际运作，聆听成功校友、企业家创新创业成功经验，进一步提升自身创新创业能力，拓宽创新创业视野。

创新创业实践课程大致可分为两类。

一是模拟教学的实践课程。随着科技的不断进步，各学科的教学实践均引进了模拟教学，模拟教学在培养大学生创新创业能力方面具有一定的优势。学校方面需要建立模拟实验室，让学生通过模拟训练、模拟创新创业等课程的实践环节，学习企业成本计算、财会管理等相关知识，并掌握创办企业和运营企业的各项活动流程。

二是产学研相结合的实践课程。产学研相结合是指产业、学校、科研机构相互配合，发挥各自优势，形成强大的研究、开发、生产一体化的先进系统并在运行过程中体现出综合优势。产学研相结合的方式能为学生提供真实的实践场所，使其学到创业所需的市场分析、企业管理等技能。

二、改革教学方法

我国高等教育基本上采取的是统一的教学模式、统一的刚性教学计划等，创新创业教育主要也是采用单一的灌输法，偏向对理论知识的讲授和考核。若要使大学生创新创业教育取得有效的结果，就必须改革课堂上单一的教学方法，进行多元化教学，营造出一种自由互动的教学气氛。

（一）案例教学方法

案例教学方法是以一个或者几个独特而具有代表性的创新创业实践典型案例作为教学内容，利用生动形象的形式，给人以身临其境的感觉，便于学生学习和理解。教学过程中要一改从前的教师在课堂上"唱独角戏"的情形，教师要学会运用案例组织教学，要掌握课程的进度，引导谈论的方向，并与学生共同探讨问题，广开言路，使学生在了解和熟悉他人创业经验中增长知识才干。教师要将鲜活的事例展现在学生面前，运用案例来剖析市场经济规律，进而开拓学生思路，激发学生的创新创业兴趣意向。

（二）体验式教学方法

体验式教学方法目的在于培养学生的独立自主、创新等品质，它是一种通过营造自由的教学氛围，激发学生内心的情感，并以学生自我体验为主的教学方法。在师生互动的教学过程中，引起学生对学习的积极性，让创新创业教育学习成为学生主动进行的事情，将学生认知过程和情感体验过程有机结合，让学生在体验式教学中学习创新创业相关知识。

体验式教学方法的核心在于激发学生的情感和兴趣，它是以学生为主、教师为引导的教学方法。教师设计一种体验的模式，引导学生从复杂的环境以及不确定的风险之中走出来，激发学生的创新创业兴趣和创新性思维，从而培养他们的创造性思维。

（三）启发式教学方法

启发式教学法是教师运用各种教学手段，采用启发诱导的办法，使学生积极主动地学习，帮助学生获取知识。在教学过程中，从学生实际情况出发，教师提供问题的创设，以启发学生的思维为核心，调动学生的积极性，启发学生独立思考、发现问题，最终解决现实问题，从而培养大学生的分析决策、经营管理等实践能力。教育学家曾明说过，最有效的学习方法就是让学生在体验和创造的过程中学习，这比"填鸭式"教学方法所取得的效果更明显，不施加压力，让学生在体验氛围中愉快地学习，这样学生可以慢慢养成主动学习的习惯。

三、强化科研支撑

我国创新创业初期的相关科研借鉴国外的经验及成果较多，但要想持续成长，必须加强自身科研能力，积极在实践中总结摸索的经验，为我国创新创业教育提供理论基础。

高校的创新创业训练项目面向全体学生，全程引导从入学到就业的创新创业实践，建立自主探索类、目标导向类、校企合作类等分类指导体系，形成以关键技术划分的协同创新群，实现跨项目、跨年级、跨学科的交叉融合。实验室科研基地要面向本科生开放，建设实践中心、校外人才培养基地，并与企业建立联合实验室，形成多层次的创新创业科研实践支撑体系。

学校牵头搭建投融资平台，提供定期路演机会。依托挑战杯、中国"互联网+"大学生创新创业大赛等竞赛活动，"以赛代练"，提升学生的创新创业心理素质、知识素质和创新创业相关的能力素质。学校每年在全校范围内，针对参加创新创业活动的学生组成试点班，进行理论教学、项目实践、导师帮扶的系统培养。学校每年组织校内特训营并与企业联办游学营，为学生提供了解创办企业、学习创业知识以及熟悉创业过程的良好机会，为有创业潜质的学生开展创业实践奠定坚实的基础。

四、加强师资队伍建设

由于我国创新创业教育起步较晚，其师资队伍普遍存在着专业化水平不高、比较缺乏相关的实战经验等问题。师资队伍的建设是长期性的，要不断补充优秀的高素质人才，同时对高校现有的创新创业教师的培训也非常重要，这些都需要实践的积累。我国将建成万名优秀的创新创业导师人才库。学校在师资队伍的建设方面要转变观念，创造各种机会提高创新创业教师队伍的水平。

首先，加强对创新创业教育师资队伍的培训，逐步改变现有创新创业教师的教育理念，改善他们的教学方式方法，改变他们的心态，使他们始终保持积极开放的心态，自觉汲取新知识，探索新方法和新途径。创新创业教育的教师还可以去企业中接受创新创业培训师的培训。学校要为教师提供相应的创业机会，提高教师的创新创业意识和精神，增加现有教师的实战经验。

其次，聘请一批有影响力的创新创业专家定期来校采取系统讲学、案例讨论、举办论坛等方式对教师进行教学指导，增加创新创业教育师资队伍的实际经营和管理经验。

再次，建立基于创业实践项目拓展的师资协助团队。一个完整的拓展创业实践项目涉及经济管理、企业管理、工程技术等多个领域，需要各方面通力合作。而高校需要开展有关教学内容的选择、制定阶段性发展目标等工作。

最后，加强高校之间创新创业教师队伍的交流与合作。高校可以互换教师到对方的创新创业部门授课，各高校创新创业教师可以举行座谈会进行经验的交流与学习，可以涉及培养模式、培养方法或者在创新创业实践中遇到的问题等。

五、培育创新创业文化

创新创业文化是敢于开创事业的思想意识以及相应的价值观念和鼓励创新创业的社会心理的总和。良好的创新创业文化有助于培育大学生的创新创业精神，塑造大学生的优秀品质。创新创业文化是对学生进行隐性教育的最好媒介，学生的个性与所处的创业文化环境是分不开的。高校的创新创业教育最终能否卓有成效地开展起来，依赖于适合创新创业教育的大学文化是否能创建和形成，只有具备浓厚的大学生创新创业教育文化氛围，才能激发大学生的创新创业热情。

培育大学生创新创业文化不但是社会经济发展对高校提出的新要求，也是高校自身发展的迫切需要。一个人的成长受到周遭环境的影响，高校的创新创业文化氛围对大学生的影响也是潜移默化的。而高校创新创业文化环境的形成也不是自发的，需要政府、社会和高校协同培育。作为一种培育的文化，它在观念层面上必然需要知识精英率先进行创造，然后再逐渐推广、普及、提高，因此高校无疑应该成为培植创业文化的重要阵地。高校应充分利用广播、校园网、校园宣传栏、标语等形式积极营造出创新创业浓厚的文化氛围，让大学生在校园里接受文化熏陶，培养自身创新创业兴趣意向，进而为增强自身的创新创业精神打下基础。

（一）开展校园创新创业文化活动

开展以创新创业知识讲座、创新创业模拟大赛以及宣传政府、学校颁布的与大学生创新创业相关的各类优惠政策等为主的校园创新创业文化活动，使我国大学生进一步认识创新创业。学校应每年开展校园创新创业文化活动，如举办创新创业沙龙、创新创业工作坊、相关技术培训、成果交流会等活动，打造具有本土特色的创新创业活动品牌，不断激发学生创新创业兴趣和热情。

（二）开展创新交流活动

大学校园是一个开放式的环境，各种思想文化在这里碰撞并得到发展。高校通过全面开展创新创业访谈、创新创业论坛及创新创业沙龙等一系列创新交流活动来提升大学生的创新创业精神和创新创业能力。

第一，邀请创新创业成功者来校举办座谈会。为了拉近学生与创新创业的距离，学校可以运用校友资源，邀请那些创业成功的校友来校当创新创业教育的客座教授，让他们讲述个人创业经历，分析其中成功与失败的缘由；还可以让在校大学生去他们的公司体验创新创业的激情与艰辛，在交流中学习，激发大学生的创业兴趣。

第二，定期举办年度大学生创新创业论坛，为学生提供经验交流和成果展示的机会。邀请成功创业者和知名学者共同参与，让他们走进论坛分享实践实战经验，讲述创新创业故事，与学生进行交流与探讨，让更多学生成为创新创业的"粉丝"。通过论坛建立一种面对面的直接交流机制，向学生传授有关创业和企业的基本知识和技能，并帮助学生对创新创业形成全面的认识，培育大学生的创新创业精神。

第三，参加创新创业交流活动。让学生参加世博会、创意产业博览会等创新实践成果展示交流活动，与境内外百余家大学和企业开展交流，在交流互动中感受前沿创新创业成果，培育其创新文化素养。

（三）建设学生创新创业社团

学生社团是学生以共同兴趣为基础形成的非正式群体，往往活跃于高校的方方面面，起先锋带头作用。因此通过创新创业社团带动学生创业不失为一条很好的途径。我们要突破高校以专业为基础组成班级为正式群体的单一群体形式，建立创业型学生社团，使不同专业、不同年级的学生可以充分交流，促进学生创新创业知识的交流与活动的开展。特别是高校团委要积极鼓励学生社团举办形式多样的创新创业活动，来提高大家的创新创业精神和创新创业能力，利用学生社团自我管理和自我教育的功能，将创新创业教育融入学生社团活动当中，在活动中促进学生创新创业意识和创新创业实践能力的提高。

创新创业型学生社团服务于大学生全面发展的需要，不断提高学生创新创业的体验度和参与度。高校要致力于将创新创业社团打造成一个整合校内外信息、技术、资本和市场等资源，为学生提供创新创业资源的平台；帮助学生孵化科技成果，引导学生创新创业行动的重要实践载体。鼓励和扶持科技创新创业类学生组织和学生社团建设，打造学生科协、创新社团等多个创新类社团，促进有创新创业兴趣的学生相互沟通，提前体验市场、模拟创新创业。加强创新创业社团骨干的培训，增加创新创业基金投入，加强对创新创业俱乐部和创新创业导师队伍的建设等，鼓励高校教师进行有关创新创业的学术研究，建立校内专业教师和校外企业家联合指导的双导师制，激发大学生创新创业兴趣，促进大学生组织领导能力、社会交往能力的提高。

六、健全创新创业保障工作

（一）强化高校组织保障

把创新创业教育纳入高校教育改革发展的重要议事日程，成立以校长为组长，各学院院长为组员，教务部门牵头，学生工作处、团委等有关部门共同参与，多部门齐抓共管的创新创业工作小组。每年召开创新创业工作会议，设立创新创业工作专项资金。在创新创业教育领导小组的统一部署下，由创新创业教育工作小组总体推进和统筹协调全校的创新创业教育工作，形成多部门联动、沟通协作、全方位协同推进的局面。例如，由教务处牵头开展学生的创新创业教育，由团委牵头筹备创新创业活动和竞赛，由学生工作处负责动员学生参与创新创业活动，由学校的创新创业园负责创业孵化项目。通过发挥高校组织的保障作用，采用多个部门联合齐抓共管的方式来开展创新创业教育，可以有效地培育大学生创新创业意识，进一步提升大学生的综合能力素质。

（二）推动各方面的协同创新

推动创新创业教育各方面的协同创新机制发展，充分发挥校际专业群建设项目作用，构建体系模块化、内容分级化的实验教学开放共享平台。实施协同育人计划，推动高校与企业、科研院所等建立战略联盟，促进专业链与创新链、课程内容与职业标准、教学过程与实践环节衔接发展。依托人才培养基地，探索校校协同、校企协同、校地协同"三个协同"的育人机制。积极吸引社会资源和国外优质教育资源，共同开展创新创业人才培养。第一，加强校校协同创新，通过与国外有关高校合作成立国际创新创业学院，同时邀请国际知名专家、成功企业家以及著名投资人开展创新创业教育与培训；第二，加强校企协同创新，成立由知名企业家与投资人组成的创新创业教育专家咨询委员会，聘请各行业专家组建创新创业导师库，向他们咨询学校创新创业教育的相关知识，从而为学生创新创业实践提供专业辅导；第三，加强校地协同创新，充分利用当地产学研合作平台、研发机构及技术创新联盟，建设相应的学生创业实践基地，并在服务地方的经济社会发展的同时提升学生创新创业能力。

（三）完善高校的创新创业激励机制

制定并落实鼓励创新创业教育教学的激励制度，激发广大师生从事创新创业的热情和动力，切实推进高校创新创业教育工作。完善高校的创新创业激励机制，成立创新创业奖励基金，奖励在创新创业工作中贡献突出的个人和团队，并增加评奖评优比例用于表彰创新创业优秀教师。奖励在创新创业课程建设、创新创业实践及研究等领域做出显著成绩的教师，制定符合教师劳动收入的薪酬制度，落实创新创业师资的工资福利等各项政策，切实保障创新创业师资的利益。鼓励高校教师吸纳学生参与科技创新项目，实行教师带领或指导学生开展创业项目、参与课题研究可折算工作量的相关政策，同时，对于在科研项目上有申报与立项的教师可给予优先照顾。此外，进一步完善教师专业技术职务评聘和绩效考核标准，将创新创业教育业绩作为教师专业技术职务评聘、岗位聘用和绩效考核的重要依据，加强创新创业教育的考核评价。支持高校教师和科研人员带领学生创新创业，鼓励教师参与创新创业教育的科研、教学与实践工作。建立实行成果转化激励机制，支持高校教师转化其科研成果并将其产业化。

（四）完善创新创业教育相关的政策

加大政府对创新创业教育的扶持力度，制定激励师生参与创新实践的政策。首先，高校在学生培养方案中创新考核方式，提高创新创业教育的实效性。根据学生学习心理，采用分段、通关、积分的考核方式，层层推进。课程考核以创意形成、展示真实或虚拟创业过程为主，辅以教师点评、同学互评，引导、鼓励学生将创新创业知识学以致用，重点考查学生运用知识分析、解决问题的能力。其次，高校设置必修创新创业学分，提高创新创业实践学分比重，实行创新创业课程免修制度，将创新创业实践纳入推荐免试研究生加分政策，将指导创新创业实践纳入教师考核和职称评审体系，实行创新创业优秀指导教师奖励制度等。

在全国各地对大学生就业失业进行实名登记，要打破基于户籍制度形成的就业服务管理模式，并允许自主创业的大学生异地登记并在登记地享受相关税收优惠、行政事业性收费减免、小额担保贷款及贴息、创业服务等扶持政策。全面落实大学生创业孵化基地房租减免、资金扶持、培训和中介等优惠政策。高校实施"创新创业弹性学籍"的管理制度，针对有创新创业意愿的学生，实施弹性学制，放宽修业的年限；允许创业团队主要成员学籍在学校规定的基础上再延长年限，从而解除创业学生的后顾之忧。高校要提升服务水平，有条件的高校可以建立大学生创新创业活动中心，对涉及大学生创新创业的申报审批工作实行一站式办理，简化办事程序，提高服务效率。在高校聚集地建立大学生创新创业服务中心，实施点对点、一对一的精细化定制服务，因地制宜建设大学生孵化基地、微企园，形成政企合作、校企联合、企业入股等多方参与的发展模式。

第四章 大学生创新创业教育创新路径研究

第一节 校企合作下的大学生创新创业教育

一、校企合作的内涵

校企合作是指教育机构与各行业在人才培养、科学研究和技术服务等领域开展的各种合作活动。"生产—学习—合作"意味着大学和企业正在培养大学生方面，研究科学、发展技术、经营生产方面，与大学生交流、分享彼此的资源、信息方面，以及平等互利的其他方面，相互补充，共同成长。

本书认为，校企合作是指教育机构与各行业在培养大学生、科研教育、开发技术和服务社会等领域开展各种合作活动，它的目的是用资源互补发挥机构、企业与学校的优点和潜力，实现大学与企业之间的双赢。

最近几年来，国内校企合作发展迅速。在国内经济结构调整和升级的背景下，特别是目前各高校非常倡导创业教育，利用校企合作来实现创业教育受到学生等主体的热烈欢迎。但是，根据我国目前创业教育的发展现状，校企合作效果并未达到预期。所以，要提高校企合作对国内高校创业教育发展的促进作用，一定要探索校企合作中的内在规律、发展过程和特点，然后从其发展阶段和特点出发，提出国内创业教育发展的策略。

二、大学生创新创业教育应用校企合作模式的可行性

一方面，应用型大学的特征是培养应用型高层次人才、侧重应用知识和应用研究，与经济、行业、生产一线及地方社会生活紧密联系，这就使得教室真实化（有利于应用知识的掌握和应用研究的展开）、内容实践化（有利于对接市场一线和地方）、教师优良化和学习主动化（实践型的教师和主动的学生有利于培养应用型高层次人才）成为应用型大学发展的内在要求。另一方面，校企合作可以在教室、教师、内容和学习方式的完善方面提供帮助。因此，应用型大学的内在要求和校企合作的帮助能够有效地对接起来，从而使应用型大学利用校企合作发展创新创业教育十分可行。

（一）校企合作使创新创业教室真实化

创新创业活动的现实指向性非常强，校企合作能够给创新创业教育提供真实的教学场所（工厂或公司）。

首先，真实化的教室有利于提供真实的知识，甚至是在传统的教室里无法复制、无法传授的知识。假设创新创业活动的内容是开一个商铺，教师固然可以在教室里面模拟出一些相关的产品或活动，利用教室设备当作商铺来经营商品，由教师和学生共同客串演出销售和购买的经营活动，但这个场景始终是模拟而非真实的环境。学生置身一个真实的销售公司，可以更丰富、更立体地学习如何经营店铺。

其次，真实化的教室有利于提供真实的创新创业前情感体验。毫无疑问，创新创业需要情感投入。在传统教室中教师可以向学生灌输创业的理念和激情，传输"创业可以培养克服困难、团结合作精神"的道理，但这些灌输需要一个基础，即学生本人的亲身体会。教师的热情不是学生的热情，教师的经验也不是学生的经验。随着企业课堂的真实化，学生可以更真切地投入热情和获得经验，从而使得创新创业成为可能。

最后，真实化的教室有利于提供真实的创新创业后情感体验。学生在课堂上对于理论的回答只存在对错之分，并不产生直接利益后果。工厂环境是真实的社会、真实的市场和真实的客户。学生在企业工作中所执行和操作的每一个环节都可能产生客观而真实的后果，这可以促使大

学生更严肃认真地对待自己手上的工作。如果学生在企业工作时发现某产品或者某服务的缺陷，经过思考研究和改进后解决了问题、满足了社会需求，给企业带来了实实在在的市场和利益，这种成就、自豪感远非课堂教学可比拟。

（二）校企合作使创新创业内容实践化

首先，教学内容获得过程实践化。传统教学更强调理论知识，学生自己动手的机会少，从书本得来的知识没有经过亲自检验，"纸上得来终觉浅"。校企合作把教学场景从教室搬到工厂车间，能改变这种状况。以船舶相关知识为例，企业实实在在的船舶能够让大学生获得直观的印象，并通过操作掌握船舶的工作原理、组成结构、控制调整等，从而消化和掌握课本知识，为创新创业提供重要的知识储备。

其次，教学内容运用过程实践化。传统的课堂教学传授之后怎么运用、运用到什么程度往往是教学大纲的抽象规定和要求，学生常常只能靠想象来运用。校企合作中处于生产、服务一线的大学生所提出的问题是他们自己发现的问题，解决方案也真正是属于他们自己的方案。校企合作下的真实任务向大学生提出了真实的问题，促使他们融会贯通知识并将其用于实践，在这一过程中他们的思考能力和运用能力得到了提升，有助于提升创新创业教育效果。

（三）校企合作使创新创业教师优良化

首先，教师的优良化体现为数量的增长。创新创业师资队伍的扩展不仅仅体现为工厂职员通过企业合作走上教师岗位，具有创新创业热情的大学生在工厂一线接触到的每一个人都是潜在的创新创业教师，每一个人的工作环节和工作任务都有可能激发大学生创新创业的火花和灵感。

其次，教师的优良化体现为教师素质和能力的提高。在师资构成上，专业教育的教师虽具有扎实的专业知识背景，能够担负起理论教学的任务，但其创业教育的知识与技能却天然不足。通过校企合作，高校可以鼓励专业教师采取挂职锻炼、服务一线岗位和共建教师实习实训基地等方式锻炼教学能力，也可直接从合作企业引进师资。由于他们的教学取材于自己的亲身经历，具有具体和生动的特点，更能被大学生接受，更能引起大学生共鸣。

（四）校企合作使创新创业学习主动化

首先，面对知识时学习的主动化，从"要我学"到"我要学"。创新创业知识的起点在市场和社会需求，把准市场和社会需求也能让创新创业教育更接地气。无法想象大学生坐在教室里能对市场和社会需求有准确、全面的了解。校企合作提供了对接市场、了解社会需求的机会，倒逼大学生为了满足社会、市场需求而主动学习知识。

其次，面对教师时学习的主动化。在传统的教学模式中，教师与学生的关系往往是灌输与被灌输的关系。师生互动受到约束。第一，师生的互动内容狭窄。师生交流受教学目标中规定内容和知识的限制。第二，互动的方式单一。理论问答占主体，动手操作少。第三，互动时间短。一个教师在课堂上面对众多学生，与每个学生进行互动的时间不可能宽裕。通过校企合作进入工厂或企业的学生，可以和教师形成一对一的师徒亲密关系，师傅边做边教，学生边做边学，可以摆脱教学大纲的机械约束。师徒间可以随时就工作中遇到的问题进行互动，师生互动的频率与深度大大提高。

三、大学生创新创业教育应用校企合作模式的必要性

（一）大学生是创新创业教育的接受者

大学生是创新创业教育的接受者，在大学期间开展创新创业教育的目的主要在于培养大学生的动手能力与创新精神，从而提高大学生的就业率。对接受创新创业教育的学生来说，首先要知道创新创业教育是需要自主性的，由于大学生是创新创业教育的接受者，大学生在创新创业教育上成为不可忽视的人群，大学生也需要与创新创业教育中的教师、企业等主体相互沟通，共享教育资源，以此来提升自己的参与性。

创新创业教育可以激发大学生的主动探索精神。在思想上，应对大学生创新创业教育提高重视，了解安排大学生创新创业教育的初衷。在创新创业教育的过程中学生应该与教师相互配合与合作，充分利用企业提供的信息，了解企业的优势，结合自己的专业和兴趣参与实践。大学生应该在创业教育过程中发挥自己的主动性，以在创业的过程中获得更大的空间，同时激发自身创新创业的兴趣。

（二）高校是创新创业教育的主阵地

高校是大学生创新创业教育的主阵地，承担着创新创业人才培养的重要职责。一方面，高校要转变教育理念，将创新创业教育作为培养和促进大学生综合素质全面提升的助推器，纳入专业教育和文化素质教育教学计划与学分体系，在注重文化素质教育的同时，也要在专业教育中注重理论知识的传授和实践技能的训练，使专业教育与创新创业教育相结合、创新创业实践活动与专业实践教学有效衔接，不断培养、提升学生的创业意识、创业精神、创业能力。另一方面，高校也要加强创新创业教育师资队伍建设，培养一支专业素质高、教育手段新、实践能力强的师资队伍。比如，引导教师积极开展创新创业教育方面的理论和案例研究，支持教师到企业挂职锻炼，定期组织教师培训、实训和交流，等等。

（三）企业为创新创业教育提供实践平台和资金支持

企业是大学生创新创业的参与者，在和高校的合作中，高校为学生提供创业教育资金和实验平台，企业则与高校合作进行资源共享，为学生搭建校外实践平台，还要与高校进行信息沟通，从而促进科研成果的创新，同时企业为学生提供的平台也有利于企业的进一步发展，也会为企业带去活力。因为创新创业教育课程与实践的双重要求，大学生自主创业也需要更多的资金，企业在和高校合作的基础上为高校提供资金，再由高校提供给学生，从而扩大了大学生创业的资金渠道，保证了大学生教育资金的充足。

四、校企合作下大学生创新创业教育的特征

（一）理论与实践相结合增强创新创业教育的针对性

首先，理论联系实际，有助于大学生形成成熟的思想观念。马克思主义理论运用在中国的精髓是"实事求是"，马克思主义在中国的本质是对真理的追求。中国共产党的思想路线是，一切从实际出发，理论联系实际，实事求是，在实践中检验真理和发展真理。大学生创新创业教育也要学习和遵守这个准则。

从实际出发，没有社会实践作为铺垫的大学生创新创业只是纯粹、简单的理论说教，是无力而苍白的，缺乏行动的土壤。高校教育中大学生要做到"扣好第一粒扣子"，树立正确的价值观念，必须实现理论与实践的统一。简而言之，通过亲身参与实践的过程，在校园学习和社会实践活动中，运用理论联系实践的方式使课堂和课本中所学的理论知识能够指导实践，并不断深化，将感性的认识和理性的思考结合起来，达到知行合一。同时，创新创业教育有利于解答大学生学习、工作和生活中的疑问，增强创新创业教育的有效性和针对性。回望历史，不论是在高校还是在社会发展的过程中，理论与实践的结合，认知和行动相联系，都能够对大学生的成长成才起到推动作用。因此，实践一方面有利于大学生树立正确的价值观，提升思想觉悟，获得身心发展，增进对社会的正确认知和理解，是帮助大学生成为合格公民的重要渠道；另一方面，当其走入工作岗位、建设家庭时，实践有利于其将真善美、爱岗敬业及尊老爱幼的美德等观念植根于内心深处，从而使其拥有良好的人生和职业追求。

其次，理论与实践结合，能够激发学生主观能动性，使优良的思想品德内化于心、外化于行。马克思主义基本原理的实践论中将实践作为检验真理的唯一标准，为大学生创新创业教育奠定了理论基础。实践不仅可以有效提高学生的能动性和创造性，而且能够检验学生对知识学习和理解的程度，修正学习的偏差，增强学习的效果和针对性，进而再指导理论知识的学习。但是，相对而言，一般高校的创新创业教育是单一的、片面的，将创新创业理论教育与实践分割开来，导致系统化、全面化的创新创业教育变得孤立而封闭，缺乏针对性和有效性。大学生拥有活跃的思维、开阔的视野和较强的动手能力等，理论与实践脱离会使大学生的成长和发展阶段之间存在一定差距，不符合其身心发展规律。在这样的情况下，大学生的认识和思想容易失衡，慢慢地他们就会丧失对创新创业教育的热情和兴趣，严重的将产生叛逆心理和行为，创新创业教育也将难以实现教育的效果和意义。

将校企合作与大学生创新创业有机结合起来，有利于改善理论与实践脱节的现象。一方面，学生在学校接受创新创业教育的理论知识；另一方面学以致用，将学习的知识运用到企业的实践和生产中，通过全面、系统、完整的实践归纳总结出理论学习中的不足，找到因果，逐步提升自身的综合素养。因此，校企合作下大学生创新创业教育人才培养模式，能使大学生坚持发挥自身的主观能动性，培养独立人格和向上的人生态度，在学习中领悟真理的意义，在实践中强化对理论的认知，从而发挥了创新创业教育激发人的最大潜能的作用，增强了其针对性。

（二）高校与企业互补突出创新创业教育的有效性

高校的教育与企业的发展在人才培养目标和任务上有着共同性，只是在教育内容和方式上因各自的特征存在差异。因此，高校与企业合作，能够使资源优势互补、相互配合，强化合作协同培养学生的创新创业教育，达到切实的实效目标。分析大学生创新创业的有效性，在大学生创新创业教育过程中，以思想政治教育、实践实习等为载体，对接受教育的大学生进行价值观的引领、技能的指导等，以达到优质的教育结果。

首先，高校与企业合作，有助于创新创业教育乐学乐教、乐教乐研。高等教育虽然采取开放式、包容式的教育方式，但是其教育环境是相对单一的，长期采用"填鸭式"的教学方法和灌输式的教学手段，止步于理论层面的教育，抽象而枯燥，这样的教学容易带来教育目标和效果的剥离，弱化了学生自身的主观能动性，在全面性、整体性层面相对薄弱。诚然，企业在创新创业教育层面有不足之处。宏观而言，高校大学生创新创业教育的主要困境是封闭、孤立，欠缺对个人主观能动性的重视；企业在大学生创新创业教育中主要是缺少理论教育的系统性，达不到预期的教育效果。在校企合作大学生创新创业人才培养模式中，高校和企业优势互补，互通有无。严谨有序的实践和喜闻乐见的企业文化有机结合，从而将大学生创新创业的兴趣激发出来，乐学乐教、乐教乐研，让学生在宽容、舒适的环境中接受了教育，在有形无形处强化了教育。这样不仅仅改善了高校教学侧重理论说教导致教与学脱节的现象，而且弥补了企业实践中大学生创新创业教育缺少理论指导的缺憾，增强了大学生创新创业的实效性，达到了良好的教育效果。

其次，高校与企业合作，将理论和实践结合更能有效地让学生把学到的理论知识运用到实践中去，可以直接使大学生对大学生创新创业教育有直观体验与感悟。在过去的很长一段历史时期，高校的大学生创新创业教育是纯理论的"填鸭式"教学方式。一方面，学生本身没有创新创业方面的经验，觉得创新创业离自己还很遥远，持消极态度，而高校的创新创业教育理论较为空洞和抽象，单凭教师的讲解，学生很难能够领会，致使大学生创新创业教育达不到预期的效果，也很难在学生间形成对创新创业展开讨论的学习氛围。另一方面，社会经济形式的快速发展与产业结构的不断调整，导致教材理论内容跟不上社会的变革，滞后于社会的发展，无法解决学生当前遇到的矛盾与困惑，导致大学生创新创业教育无法发挥出其应有的功效，同时缺乏对社会发展的时效性。而在校企合作模式的推动下，大学生接受创新创业教育的理论后，亲身感受企业的实践现场，结合社会现实状况便能够将抽象的理论具体化，并产生思考。通过学生的亲身体验以及学生间的充分交流与深刻感悟，再加上高校与企业教师的正确引导，学生在思想上自我反省，在行为上自我修正，便会重新审视创新创业教育的重要性，这样就达到了开设创新创业教育课程的目的，激发了学生为将来步入社会能够更快更好地适应社会而努力学习创新创业知识、提高专业技能和职业素养的热情。由此便切实地提高了大学生创新创业教育的功效与实效。

最后，高校与企业合作，有利于通过创新创业教育激发学生形成正确的"三观"意识。大学生创新创业教育的时效性在一定意义上来说体现现实目标的实现程度，大学生创新创业教育通过学生的自我认识、自我肯定而提高其积极性、主动性和创造性。在校企合作培养模式下，高校和企业不同的生活环境、文化环境、年龄结构以及企业紧张忙碌的工作、严苛的生产制度、复杂的人际关系，还有学生面临的就业压力与竞争环境，使学生的学习生活受到了强烈的冲击。这就需要我们在大学生创新创业教育中充分地尊重、理解和关心学生，做到既教授学生学习理论知识又引导学生保持乐观向上的心态，从而在激发学生学习热情的同时，培养学生形成健全的人格，奋发向上、乐观豁达的心态和坚韧不拔的意志。

五、校企合作下大学生创新创业教育的路径

（一）校企合作下大学生创新创业教育的宗旨与功能定位

1.校企合作大学生创新创业教育的宗旨

校企合作下大学生创新创业教育的宗旨是以学校里的专业为基础，以社会为背景对大学生进行教育。方式主要以培养为主，培养学生去适应时代更新的步伐，通过培养人才和学校、社会开展的活动，去展现不同的优势，以此促进企业和学校的发展。

2.校企合作下大学生创新创业教育的功能定位

众所周知，大学生就业难，既有大学生的主观原因，也有客观原因。目前，高校教育具有全面大众性和开放性，高校毕业生已不再是外界的稀缺人才。而校企合作的目的主要是让学生适应变成一个社会人的过程。企业主要对社会经济和社会发展展开调查，而学校主要负责根据这些材料，开展对人才的培养。企业应该为学生提供技术设备，提高大学生的实践能力，不仅有利于自身的资源扩张，也可以为学生就业提供更大的空间。

（二）立足自我发展从自身特点出发的创新创业教育体系

1.借力企业巩固大学创新创业教育的大众化价值追求

首先，充分利用企业的场地和设备开展创新创业实践教学，让企业在高校创新创业的课程教学中扮演重要的角色。企业可以提供充分的教学场地，也可以提供充足的教学设备，让每个学生通过必修课程的方式和企业有亲密的接触，强化创新创业意识，积淀创新创业知识，发展创新创业能力。

其次，积极邀请企业师资参与大学创业训练营、创客沙龙等进阶活动。在现实中并不是每个学生都有条件、有意愿进行创新创业活动。创新创业实践教学面向全部学生，是一种创新创业的启蒙教育，进阶活动则带有一定的选择性，主要吸引有浓厚创新创业兴趣的大学生。可以积极邀请企业师资参与到对这部分学生的辅导中来，利用经验优势，进行有针对性的指导。

最后，用企业资金促进大学生创新创业园、创新创业学院的发展。

目前我国绝大部分大学都开办了大学生创新创业园，虽然在园区名称、管理方式、职能定位、入驻标准、服务群体方面存在区别，但一般都依托具体项目，采用市场化运作方式，是大学生创新创业能力提高的助推器。人们也已经认识到，创新创业学院是高校全面深化创新创业教育改革的一个重要平台。因此，让企业资金推动高校创新创业园和创新创业学院的发展是一种趋势。

2. 利用校企合作动力强化大学创新创业教育的应用导向

首先，结合企业的市场推动力，夯实创新创业的起点，强化大学创新创业教育从市场中来的应用导向。市场需求是创新创业的重要起点，有市场需求就会有满足市场的创新创业。虽然我国研究型高校也开展校企合作，创新创业教育也对接市场，但这些高校为数不多，而且与行业、市场之间的关联度也不够。我国高等教育的真正主体是大量应用型大学，这类大学的应用特色和企业的市场需求导向相结合，能够大大加强创新创业教育的应用导向。

其次，结合企业的市场拉动力，谋划创新创业教育的终点，强化应用型大学创新创业教育到市场中去的应用导向。绝大多数学生在校期间，并不具有创业条件。因此大学的创新创业教育并不是让大学生在大学阶段就创业，而是让大多数学生先就业、好就业、就好业，并利用在高校积累的能力，在市场就业中实施创新。

3. 借重企业突出大学创新创业教育的地方特色

高校大力加强与地方企业的合作。一是"走出去"，地方企业一般都能够把握本地市场需求、反映地方经济优势与特点。大学要积极对接地方企业的技术专家、行业管理专家、企业家、创业成功校友，熟悉地方经济，以地方特色塑造大学创新创业教育的个性。二是"请进来"，地方企业具有专业化、本土化而又实践经验丰富的队伍，他们具有转化成高校"双师型"创新创业教育师资的潜力，能为高校创新创业教育的发展提供有力支撑。三是要丰富合作形式，深化与本地企业的合作，让本地企业参与高校创新创业教育的培养方案制定、课程设置、教学考核评价等，从而使创新创业更具地方特色。

（三）扬长避短发展企业主体地位突出的创新创业教育

1.改变观念，加强企业协同开展创新创业教育的主体积极性

校企合作中高校的动因主要有增加师生能力提高的实践机会、加强专业设置和课程教学的社会适应度、获得外部资金援助、促进技术转化四个方面。企业的动因主要有降低研发成本、提高员工能力水平、应对市场竞争、创新产品和服务。这种差异形成的不同利益导致长期以来校企合作呈现"一头热、一头冷"的现象。企业的顾虑主要包括：学生经验不足产生产学矛盾；企业获得的回报有限，缺乏深度校企合作的耐心与主动性。在这种背景下，大学要主动改变观念，增强企业动力，消除企业顾虑，在人才培养方向上积极向企业靠拢，培养企业真正用得上的人才。

2.抓住重点，放大企业改变创新创业教学模式的价值

首先，着力依靠校企合作推进创新创业教学场所的多元化。我国教育教学场所主体上仍处于"黑板＋讲台＋桌椅"的状态。高校虽然通过安装现代化电子设备和新媒体设备拓展了知识传播方式，但仍需扩大和建设多元化教育教学场所。校企合作为打破封闭教学空间、建设开放多元的创新创业教学场所提供了机会。一是企业和高校合作建立实践基地。高校受到财力制约，校企共建教学基地是盘活自身资源、拓展创新创业教学空间的良好选择。二是在某些情况下，企业本身就能够成为创新创业教学的场所。

其次，大力依靠校企合作推动创新创业教学内容的任务化。传统教学模式重理论轻实践，项目化教学既教理论也教实践。校企合作项目化教学使理论教学和专业实训融合在一起。例如，完成电路系统设计项目涉及问题分析、资料查阅和整理、模块化设计与验证。"步步为营"完成项目的方式使教学具体化、过程化，对大学生综合素质的培养和创新创业能力的提高大有裨益。

3.坚持育人，实现创新创业教育的校企优势互补

企业不是教育机构而是生产组织，优势是对市场变化敏感。高校不关心利润，优点在于通过教育促进学生长期、全面、健康发展。校企合作下大学发展创新创业教育要做到两点。一是在价值理念上坚持创新创业教育的长期育人底色，防止创新创业教育的短期化和过度功利化，强调在努力培养动手操作技能和工作适应能力强的现代"工匠"的同时，培养有独立精神、有创新理想的人才，让创新创业教育走在正确的方向上。二是在实践操作中肯定企业的合法利益诉求，充分利用校企合作带来的市场、师资、场地、设备、技术，辅助高校自身创新创业教育能力的提高。

基于以上分析，大学要突出创新创业教育中企业的地位可以采取以下具体做法。一是领导层在战略上重视企业在大学发展中的地位，加强对企业合作重难点问题的研究；二是二级学院在执行中利用创新创业专业知识优势落实与企业的合作；三是二级学院与企业要以实践教学为主要合作形式。

（四）协同育人发展学生能力导向中心的创新创业教育体系

高校创新创业教育目的不仅在于培养创业精英，还在于培养更多具有创新思想、意识、素质的人才（人文素质和能力）；不仅在于培养少数掌握深奥知识和理论的研究者，还在于培养更多能创新性转换知识和运用知识的"工匠"（知识转化和运用能力）；不仅在于培养能够在在校期间创业或者出校门不久就能创业的创业人才，还在于培养善于在生活和工作中发现问题、思考问题和解决问题的（"问题"能力）长期学习者和创新者。

1. 善用企业环境培养创新创业需要的人文素质和能力

在创新创业过程中，人文素质和能力必不可少。创新创业者需要领导与决策能力，即便是只有一两个人的小店铺或家庭企业也不例外。创新创业者还需要具备建立优势互补的团队进行技术创新以在市场竞争中取胜的能力。创新创业者需要和他人进行良好的沟通，善于聆听不同人的意见并处理分歧，这都是重要的人文素质和人文能力。校企合作为人文素质和能力的培养创造了机会。工厂和企业的实践项目、实践教学等有利于大学生习得丰富的日常经验，并经过自我内心的判断比较、积淀升华，最终将人文素质和能力内化定型成稳定的人格心理和行为规范。

2. 能用企业任务培养创新创业需要的知识转化和运用能力

创新创业与知识的转化和运用能力内在相关。所谓知识转化能力，是指通过一系列思维活动如分析综合、推理判断等，使知识转化为新的思想观点或方法技能的能力。所谓知识运用能力，常常表现为成功适应和利用各种环境，用知识指导实践并取得事半功倍的效果。能否熟练地转化并最终运用所学知识，直接关系到人们各种活动的成败与效率。实际上，这两种能力本身就是一种创新活动和创新过程。因为第一种能力是知识从一种形式转变为另一种形式，第二种是从理论知识向应用知识转变。

知识转化和运用能力的提高，主要取决于刻苦学习理论知识和勤于实践学习。校企合作可以在这两个方面都提供条件，在引入企业任务的情境下，学生会完成接受任务、独立完成任务、进行成果展示和学习总结评价等一组完整的工作过程。在这一任务完成过程中，由于课程知识向岗位任务转变、课程内容向职业能力转变、教学情境向工作情境转变，大学生的理论和课堂知识也得到了充分的转化和运用，真正做到了理论融于实践，动脑融于动手，做人融于做事，在所学与所用之间建立了一个近乎零距离的通道。因此，大学可以用企业任务培养创新创业需要的知识转化和知识运用能力。

3. 巧用企业难题培养创新创业需要的终身学习能力和"问题"能力

创新创业与终身学习能力有不可分割的联系。英国教育家耶克斯利认为终身学习是社会每个成员，为适应社会发展和个体发展的需要，贯穿一生的持续学习过程。管理学家彼得·杜拉克在《创新与创业精神》一书中，宣告我们正迈入创业型社会，终身学习在21世纪是基本的生存素质和创新创业前提条件。校企合作为终身学习提供了条件。例如，英国为在职人员创立了开放大学、部分时间制研究生制度、专业博士学位制度以提供深造机会；法国国立技术学院面向在职科技人员；日本大量技术人员和管理人员是由企业内部高等工业学校、职工业余学校或者研修机构培养的。

创新创业与问题意识和提问题的能力也息息相关。问题是创新的起点和基石，也是创新的动力源。教会学生发现问题和提出问题也许是素质教育和创新创业教育的终极靶标。校企合作为大学生的"问题"能力培养提供了途径。在解决企业工作任务时，学生也许会碰到暂时无法解释的现象和问题，产生刨根问底的精神，从而学会运用创新思维解决问题。因此，应用型高校可以巧用企业工作中的难题，培养学生创新创业需要的终身学习能力和"问题"能力，最终实现学生创新创业能力的提高。

基于以上分析，大学突出能力中心的创新创业教育具体做法包括以下三种。一是修改创新创业管理制度，体现能力和素质培养思想；二是培训创新创业教育师资，提升指导能力；三是解决重点难点问题，落实项目制实践教学。

（五）大力加强持续高效的育才工作机制

1. 合理的竞争机制

首先，合理的竞争包括企业之间的竞争。我国企业在研发投入上总体偏少，很多企业认识不到参与高校创新创业人才培养的重要意义，校企合作缺乏动力支撑。大量证据表明，合作伙伴关系中信任和价值观的契合度往往比成本或业务增长等经济利益考量更重要。因此高校联合企业共同开展创新创业教育时，不能盲目和随意选择合作企业，而是要选择可靠稳定的合作伙伴。要通过合理的竞争机制，筛选出那些高度认同创新创业人才价值，愿意为培养创新创业人才提供长期支撑，并符合大学学科发展定位的企业进行合作，同时通过竞争机制让不符合条件的企业退出合作关系。

其次，合理的竞争包括教师之间的竞争。教师之间应该允许合理的竞争。校企合作是一个有效培养创新创业师资的途径，但同时也是筛选、重组和优化创新创业师资的机会。高校应该通过教师之间的竞争，把那些真正愿意且有能力或者有培养前途的创新创业教师留在队伍中，而让既无必要专业知识，也无实践经验的创新创业教师离开岗位。

最后，合理的竞争还包括学生之间的竞争。客观上我们不得不承认一个事实，并不是所有的学生都合适或者都愿意创新创业。例如，从创新的角度来说，创新的本质在于突破"现在"的约束；从创业的角度来看，创业本质上也是不满足于"现在"就业的结果。但并不是所有的大学生都具有超越"现在"就业的能力和意愿。因此，有限或优质的创新创业教育资源和机会，应该通过合理的竞争，为真正合适的大学生服务。

2. 深入的合作机制

首先，用规范的制度保障合作深入。规范的制度一是要明确校企协同开展创新创业教育的内容，如实践教学、研究合作、机构共建、资源共享等；二是规定合作中的权责，如投资比例、收入分配、专利归属、风险划分等；三是制定具体措施，如创新创业教学组织方式、管理制度、机构人员、质量评价等。

其次，用丰富的形式引导合作深入。要在创新创业教育培养目标、课程体系设计、专业设置与调整、教学条件与教学方法改革、实习安排、技术与产业的合作开发、质量评估等方面发展尽可能丰富的合作形式。

最后，用务实的态度推动合作深入。校企双方需要在合作中持续动态地解决一个又一个问题。如果校企中的任何一方不具备做实事化解矛盾的能力，那么校企合作就会始终"热"不起来、"活"不起来。校企合作的深入基于务实地解决问题，做自己力所能及之实事。

3. 高效的反馈机制

首先，明晰反馈责任。在合作反馈机制中，第一个常见问题是互动反馈存在盲目性。合作成员不知道应该收集何种信息，哪些是重要的异常信息，获取的异常信息需不需要反馈，向什么人反馈，等等。在创新创业教育校企协同育才体制中，企业、学校与大学生都有义务和责任，将自己获得的重要信息及时通报给其他方，因此首先要明晰反馈责任。

其次，增强反馈能力。在合作反馈机制中，第二个常见问题是互动反馈随意性较大。面对获取的信息，有的选择性部分反馈，有的避重就轻反馈一些无关紧要的信息，有的被动应付导致反馈的内容毫无价值，有的甚至干脆不反馈。在创新创业教育校企协同育才体制中，为了规避这个问题，要加强三方反馈能力，使教材编写、教材师资、市场需求、学生反应、成果转化等各个环节和过程中的重要信息都能得到及时反馈。

最后，优化反馈渠道。在合作反馈机制中，第三个常见问题是互动反馈的效率较低。信息反馈中的每个细微环节都影响反馈的效果，比如纸质表格还是电子表格的选择、同一种表格审批的层级数量、反馈的处置时间有无明确要求，都会导致一些反馈信息超期，或者是有的信息即使反馈给了负责人和负责部门，也收不到回复的情况。因此，要减少反馈环节和层级，简化反馈程序，优化反馈渠道，只有这样才能让参与合作的校企双方和大学生都能及时传送和获得重要信息，取得创新创业教育的良好合作与发展。

第二节　思想政治教育引领大学生创新创业教育

一、大学生思想政治教育概述

（一）大学生思想政治教育的内涵

思想政治教育产生于 20 世纪 80 年代，是一门以马克思主义基本理论和中国特色社会主义理论体系为指导的综合性专业。对于思想政治教育的内涵，不同学者有着不同的阐述，比较具有代表性的是邱伟光和张耀灿在《思想政治教育学原理》中做出的如下陈述："社会或社会群体用一定的理论观念、政治观点、道德规范对其成员施加有目的、有计划、有组织的影响，最终使他们形成与社会需求相应的思想品德。"本书认为，创新创业教育中的大学生思想政治教育主要指的是高校创业教师或思政教师以及辅导员等教育工作者运用价值观教育、人生观教育和道德观教育对大学生施加一定的影响，最终使得大学生形成符合社会需要的良好品质，如有理想、有担当的价值观，符合国家发展需要的创业人生观，有良好品德和规范创业行为的道德观的过程。

（二）大学生思想政治教育的目标

大学生思想政治教育的目标反映着我国的社会性质与发展需求。新时代，我国大学生思想政治教育的目标是坚持以人为本，培养德智体美劳全面发展的高素质人才。大学生思想政治教育针对所有在校学生，促进他们健康成长，注重培养其报效祖国、为人民服务的社会责任感，敢于进取的创新精神与处理问题的实践能力。大学生思想政治教育的主要目标是对大学生进行思想意识、道德观念、政治素养等多方面的塑造和培育。具体可以分为以下几个方面。

1.强化政治宗旨

培养大学生的政治意识，包括爱国主义思想培养、坚持党的基本路线培养和奉献社会价值观的培养等。

2.提高理论涵养

即通过向大学生传授马克思主义理论、毛泽东思想、邓小平理论等重要思想，充实大学生的理论基础，扎实大学生的理论功底，进而推进大学生树立正确的世界观，并促进大学生对科学思想的运用。

3.增强为广大群众办事的思想

树立大学生走近人民、服务人民的思想意识。教育大学生从自身做起，从点滴做起，树立全心全意为人民的服务理念。与此同时，还要培养大学生自立自强和艰苦奋斗的精神，以此来塑造大学生的奉献精神和社会责任意识。

4.塑造优秀道德品质

优秀的道德品质不仅有利于大学生的学习和生活，对于大学生往后的工作也大有裨益。高校要注重对大学生热爱祖国、热爱集体、勤劳勇敢以及大公无私等优秀道德品质的培养。

5.培育良好的审美情趣

良好的审美情趣指的是有正确的审美观，可以区分事物的优劣美丑。思想政治教育也要鼓励大学生在往后工作中结合本身专业所学创造出符合大众审美的优秀精神产品。

6.树立正确的劳动观念

让大学生理解和形成马克思主义劳动观念，认识到通过劳动可以创造美好生活，懂得尊重劳动者，知道劳动不分高低贵贱。

（三）大学生思想政治教育的任务

大学生思想政治教育的任务是其目标具体化的结果，它是大学生思想政治教育目标实现的重要保障。大学生思想政治教育的任务主要包括以下几个方面。

1.思想教育

对大学生进行思想教育是思想政治教育最根本的任务，它包括对大学生进行世界观教育、人生观教育和价值观教育。世界观教育指的是通过思想政治教育活动引导大学生树立马克思主义世界观，即培养大学生形成科学的辩证唯物主义和历史唯物主义世界观。人生观教育包括以下几个内容：第一，解决大学生在生活中遇到的人生问题，回答人生是什么、人为什么活着、要怎样活着等问题；第二，把大学生从享乐主义、悲观主义、权力意志主义中剥离出来，着力于培育大学生服务社会的意识，引导大学生形成马克思主义关于全心全意为人民服务的人生观。大学生价值观教育指的是帮助大学生形成集体主义价值观。集体主义价值观强调的是在遇到利益分歧时，集体的利益要高于个人的利益，而且个人利益要服从集体利益，保证集体利益的优先实现。

2. 政治教育

政治教育是大学生思想政治教育的主旋律，在整个思想政治教育过程中处于主导地位。政治教育主要包括爱国主义教育以及党的基本路线、理论、方针以及政策教育。爱国主义教育包括国家历史文化教育、国防建设教育和民族自信心教育等，它是社会主义核心价值观的重要内容，对大学生进行爱国主义教育可以让大学生了解祖国的历史文化、河流山川和兴衰发展，进而激发大学生的民族认同感、自豪感和责任感，促进中华民族的团结。除了爱国主义教育，党的路线和方针教育也是政治教育的重要内容。进行党的基本路线、方针等教育可以让大学生明白我们要建设一个怎样的社会主义国家，要实现什么样的社会主义共同理想，进而可以推动我国改革开放和社会主义建设的进程。

3. 道德规范教育

道德规范教育是培养大学生精神文明的重要手段，它包括社会公德教育、职业道德教育以及家庭美德教育。社会公德是指人在一定的社会环境中应该遵守的行为准则，它是维护社会和谐有序的最基本的道德要求。社会公德教育主要包括教导大学生爱护环境、遵守秩序和热心公益等。职业道德教育倡导大学生在今后的工作中要爱岗敬业、奉献社会，同时还注重培养大学生的职业道德操守以及规范大学生的职业行为。家庭美德教育则是教育大学生要尊老爱幼、勤俭节约。加强大学生道德规范教育，培养大学生的道德修养，注重大学生高尚品格和职业道德的培养对大学生的成长发展具有积极意义。大学生道德规范教育最终目的是促使大学生形成良好的社会道德行为，所以在进行理论知识灌输的同时，高校思政教育者应注意引导大学生将自身形成的新思想外化为良好的行为，从而产生良好的教育效果。

4. 法制教育

德润人心，法安天下。法制是维护社会和谐稳定的基本保障，也是现代文明的制度保障。高校在思想政治教育课堂中通过宣传法律知识、讲解法制案例，引导大学生学习各级各类法律法规，以增强大学生的法律意识，让大学生成为一个遵法、懂法、守法、用法的新时代青年。

5. 劳动教育

劳动教育被确定为中国特色社会主义教育的重要内容，是全面发展教育体系的重要组成部分。高校应加强学校教育与社会生活、生产实践的直接联系，发挥劳动在个人与社会之间的纽带作用，引导大学生认识劳动、认识社会，以此促进大学生的全面发展。

二、大学生思想政治教育与创新创业教育的关系

（一）大学生思想政治教育是推动创新创业教育发展的有效途径

1. 思想政治教育可以激发大学生的创新创业意识

具备创新创业意识是一个创业者从事创业活动的首要条件和内在动力。大学生创新创业意识的激发不是一朝一夕的事情，而是一个复杂的、长期的系统工程，需要学校、家庭和社会的多方面努力。培养大学生的创新创业意识是创新创业教育的重要着力点。教育者通过培养大学生的创新创业意识，可以激发大学生的创业动机，并驱动大学生为实现创业目标、创业理想而不懈奋斗。往往创新创业意识越强烈，大学生创新创业动力越足，创业成功率就越高。但是创新创业意识不是先天存在的，大学生创新创业意识的形成需要教育者不断地开发和引导。大学生是否具备创新创业意识是关系到创新创业教育是否可以成功开展的重要因素，也是关系到创业活动能否成功的关键因素。强烈的创新创业意识是大学生开展创业实践活动的先决条件。大学生思想政治教育非常注重对大学生开拓创新品质、艰苦奋斗精神和理想目标的培养和引导，对激发大学生的创新创业意识有着重要的作用。

2.思想政治教育可以引导大学生树立正确的创新创业价值取向

随着改革开放的深入与互联网的发展，西方大量消极的文化如洪水猛兽般向中国涌入，如新自由主义、享乐主义等思潮均对当代大学生造成巨大的影响。当前大学生遭受着多元文化的强烈冲击，然而此时大学生心智尚未完全发展成熟，社会阅历也尚浅，辨别是非对错的能力比较弱。在这个纷繁复杂的社会环境下，如果没有正确的价值取向，大学生在创业过程中就很可能偏离正确的创业方向。"三观"教育是思想政治教育的重要内容，有利于推动大学生树立正确的创业观，让大学生形成正确的价值取向。正确的创业价值观可以对大学生创新创业实践活动起到价值引领作用，不仅可以指导大学生确立创业方向，还可以规范大学生的创业行为，让大学生做出正确的选择，使得大学生创业行为符合国家和社会发展的需要，让大学生个人创业行为建立在实现社会价值的基础之上。此外，大学生的创业价值取向可能会因为社会环境的变化而发生动摇，高校思想政治教育工作者要加强大学生"三观"教育，防止大学生受到消极文化的影响。

3.思想政治教育可以帮助大学生确定合理目标做好职业规划

大学生创新创业应根据自身实际情况，在充分认识自身优缺点的情况下做出长期系统的规划，不能一时冲动或者盲目跟风。科学的规划可以帮助大学生在创业的道路上少碰钉子，少走弯路。引导大学生结合自身实际情况和社会发展的需要制定与之相适应的科学规划，是高校创新创业教育的重要内容，也是高校思想政治教育的重要内容。大学生创新创业不仅要有坚定的创业意志和全面的创业能力，还需对未来进行规划，提高自身抵抗风险和判断是非对错的能力。在进行职业生涯规划时，大学生要充分认识到以下三个问题：自己的特长在哪？自己的职业理想是什么？自己将要如何实现人生理想？对于高校思政教育工作者而言，在引导大学生进行职业生涯规划时要教育引导学生对自身进行准确定位，找出自己的优缺点，引导学生不好高骛远，要根据自身实际确定合理目标，帮助大学生制订行动计划，并对每一个行动计划的时间和顺序做出安排。高校思政工作者在对大学生进行职业生涯规划教育时，要注意充分利用思政教育资源，积极发掘创新创业教育内容，提高对大学生进行职业生涯教育时的亲和力和针对性。高校思想政治教育工作者还要积极地发掘具有较强创业潜质的学生，把他们当成重点培养对象，鼓励其参加各类创业实践活动，引导他们进行职业规划。

4.思想政治教育可以规范大学生创新创业行为

规范大学生的创新创业行为是促进大学生在创新创业道路上走得更稳更远的重要手段。在创新创业过程中，大学生需要进行生产、销售、管理、雇佣工人以及纳税等一系列创业行为活动。但是由于大学生社会经验缺乏，对法律法规的熟知度欠缺，再加上许多大学生本身功利心比较强，把获取利益当成了创新创业的首要目标，因此他们在创新创业过程中很容易禁不住利益的诱惑做出违反法律法规的不规范行为。规范的创新创业行为是大学生创业成功的重要保障，不规范的行为不仅对大学生的创新创业产生消极的影响，也对国家和社会不利。因此，高校要重视对大学生创新创业行为的规范。但是规范的创新创业行为的培养不是一朝一夕的事情，需要经过长时间的培育和引导方可形成。规范的创新创业行为的引导涉及大学生正确的创新创业价值观的树立、创新创业动机的引导、良好道德素质的培育以及法律法规的普及等，而单单依靠创新创业教育是无法有效地引导大学生在创新创业过程中做出合理规范的行为的，还需要通过对大学生进行思想政治教育加以辅助，以此来增强规范大学生创新创业行为的实效性。

创新创业教育偏向于理论知识和实践技能教育，对大学生创新创业行为的规范作用是有限的。因此，高校教育工作者应注重发挥思想政治教育的引导作用，将职业道德教育融于创新创业教育中，发挥职业道德教育对大学生创新创业行为的规范作用，通过思想政治教育来填补创新创业教育在规范大学生创新创业行为中的不足。对于一个优秀的创新创业者来说，不仅要具备良好的创新创业素质和能力，还要具备良好的职业道德、职业素质。职业道德指的是从事某个行业的个人应该具备的和行业特征相适应的职业素质和道德要求。在我国，职业道德的基本定义是诚实守信、遵纪守法、爱岗敬业、服务社会。高校在进行思想政治教育时可以上述道德标准对大学生进行引导，规范他们的创新创业素质和行为。

此外，由于没有系统学习法律法规的经历，很多大学生法律意识淡薄，在创新创业过程中容易无意识地触犯法律，导致创新创业活动无法有序进行。为避免此类情况的发生，高校除了要培育大学生的职业道德外，还应向大学生普及创新创业相关法律。高校应利用好思想政治教育的资源，在培养大学生的法律意识的同时，引导大学生对与创新创业相关的法律知识进行学习。例如，加强对《中华人民共和国专利法》《中华人民共和国劳动法》《中华人民共和国环境保护法》等法律法规的学习，培养大学生成为一个知法守法的合格创业者，教育大学生在遵法守法的前提下开展创业活动，学会运用法律的武器来维护自己的各项权益。

（二）大学生创新创业教育是思想政治教育的时代要求和重要载体

1. 大学生创新创业教育是思想政治教育的时代要求

大学生思想政治教育以"三观"教育、公民素质教育和爱国主义教育等作为主体内容，注重大学生思想道德素质的培养。当然，这些都是大学生必须具备的素质。但是随着经济社会的发展，我国的社会环境发生了巨大的改变，对大学生也有了新的要求。在大学生就业难问题日益突出和国家实行创新驱动发展战略的社会大背景下，培养德才兼备的高素质创新型人才既是顺应大学毕业生的需要，也是顺应国家和社会发展的需要。高校作为人才培养的主要阵地，在培养创新型人才方面应发挥积极的作用。大学生思想政治教育的内容是根据经济社会的发展和大学生自身思想道德状况而制定的，面对社会环境和社会形势的改变，仅靠传统的思想政治教育内容是远远不够的。高校思想政治教育应顺应时代发展，优化教育内容，增加具有时代特征的教育内容。本着"立德树人"、与时俱进的教育理念，培养创新型人才成为新时代思想政治教育的新目标，高校应在思想政治理论课中融入创新创业教育。创新创业教育不仅可以缓解大学生的就业压力，解决大学生的实际问题，还能为国家培养大量创新型人才，满足了国家的需求。因此，高校应注重在思想政治教育中融入大学生创新创业精神、品质及价值观念教育，把培养创新思维和创业能力纳入思想政治教育的目标体系中。

2. 大学生创新创业教育是思想政治教育的重要载体

第一，将大学生思想政治教育融入创新创业教育中，有助于提高思想政治教育的针对性。大学生思想政治教育强调社会的需要，和大学生实际情况的结合还不够紧密，无法很好地解决大学生实际的需求问题。大学传统的思政课堂由于大多以理论知识讲授为主，大学生学习积极性差，教学效果不尽如人意。大学生创新创业教育则和思想政治教育有着比较大的区别，它更多时候是从学生需求出发，因材施教，而且在教学模式上也注重理论和实践相结合，在实践中提升大学生的素质。将思想政治教育融入大学生创新创业教育中，不仅可以提高思想政治教育的针对性，满足大学生在创新创业精神品质上的实际需求，还可以让大学生在实践过程中将内心的优秀道德品质外化为实际行动，增强大学生思想政治教育的效果，扩展新时代大学生思想政治教育的途径。

第二，将大学生思想政治教育融入创新创业教育中，有利于提高思想政治教育的实效性。现如今大学生思想政治教育主要以理论教育为主，实践教学的缺乏制约了思想政治教育的发展。当前许多高校意识到了实践教学的缺乏，在思想政治课中设立了实践教学课，但是由于缺乏实践载体和实践经费，思想政治教育中的实践环节很难开展或者达不到预期的效果。将大学生思想政治教育融入创新创业教育过程中可以有效地解决思想政治教育缺乏实践教学的问题。大学生创新创业本身就是一项实践活动，大学生要想获得创业的成功不仅需要具备优秀的实践技能，还需要有优良的创新创业品质。将思想政治教育融入其中发挥价值引领作用，一方面可以提升大学生的创业能力，另一方面可以解决大学生的实际问题。现如今，随着就业压力的增大，越来越多的学生走上了创新创业的道路。思想政治教育要抓住这一历史机遇，将自身融入创新创业中，加强大学生的创新创业品质培养，解决大学生创新创业中功利化观念强、意志力薄弱以及好高骛远等突出问题，以在此过程中凸显思想政治教育的实际价值，让大学生认识到思想政治教育的重要性。

三、思想政治教育引领大学生创新创业教育的对策

（一）融合思想政治教育育人功能，提升创新创业教育思想认识

1. 提升创新创业思想认识

要有效提升高校创新创业教育水平，首先要提升的就是对创新创业

教育的思想认识，可以通过教授马克思主义基本理论和党的最新理论成果提升大学生创新创业意识。高校是传播马克思主义理论成果、开展学生思想政治工作的一线阵地，承担着传播马克思主义思想和培养中国特色社会主义接班人的任务，这就要求高校在进行马克思主义思想教育的同时关注学生的创新创业思维的培养。在党的最新理论成果中，"创新"被列为五大发展理念之首。从改革开放至今，我国能够取得现在的瞩目成就与创新是分不开的，实现中国梦、实现中华民族伟大复兴这两个伟大目标需要大量的创新型高素质人才，因此高校在培养人才时除了要培养其优秀的科研能力外，还需要培养人才坚定的理想信念、正确的价值观、良好的道德素养和自主创新创业的意识。高校可以以思想政治教育为抓手，将马克思主义和党的最新理论成果融入创新创业教育中，通过培养学生优良的思维方式指导实践来提升学生的创新创业思想认识。

2. 强化创新创业意识

通过理想信念教育强化创新创业意识。理想和信念是人对于未来目标的向往和追求，是一个人"三观"的一种体现，具有提升人主观能动性的作用。我党从最初的十几人发展到现在 9 000 万人左右的大党，从最初的星星之火到现在的为人类命运共同体而努力，归根结底是因为拥有并且坚定远大的理想和崇高的信念。崇高的信念必须建立在对马克思主义理论的深刻理解之上，必须建立在对社会发展规律的深刻理解之上。面对经济全球化，各国之间的竞争归根结底是人才、是青年的竞争，因此必须抓好青年人才的培养，尤其是思想政治理论素质和创新创业意识的培养，激发全民族的创新精神，培养出符合国家需要的创新型人才来承担起创新型国家建设的重任。所以对各高校来说，重视对于大学生的创新创业精神的培养就显得尤为重要。培养大学生开拓创新和冒险精神需要高校在开展创新创业教育时加入一定程度的理想信念教育，使大学生树立正确的人生观、价值观，从而使得大学生在毕业之后能够适应社会的发展和变化；鼓励大学生为实现中国梦而积极探索、勇于创新，从而提升大学生主动选择创新创业的积极性。

3. 调适创新创业状态

通过心理教育调整创新创业心态。当今社会，大学生就业难已经成为一个普遍的问题，如果大学生不能调整好心态，认清这将是目前且长时间都将面对的一种形势，那么将限制自身的发展。要想更好地改变当前现状，勇于投身创新创业是一个不错的突破口。众所周知，创新需要灵感和勇气，创业需要坚持和机遇，因此具备良好的心理素质是能够成功创新创业的前提，也是在创新创业中遇到困难时的精神支柱。高校在进行创新创业教育时，不仅仅要传授学生创新创业的知识，还需要培养学生良好的创业心态。首先，要给大学生树立信心，要鼓励大学生勇于创业，敢于创新，不怕挫折，勇敢前行。其次，要帮助大学生认清创业。创业不是一帆风顺的，遭受致命打击也是有可能的，因此在创业之前要做好充足的准备，资金、理论知识、心理都要考虑到。

（二）运用思想政治教育激励方法，完善创新创业教育人才培养体系

1. 调整创新创业教育教学内容

完善创新创业教育人才培养体系，首先就要调整创新创业激励教学内容。榜样示范法是有效提高学生思想认识和品德修养的一种有效的教学方法。高校在开展创新创业教育中，可以充分采用思想政治教育中的榜样示范法，选取合格的榜样提高学生的积极性，激发学生的兴趣。在选取校内外典型时，要选择贴近学生生活实际的人，切不可脱离学生的认知世界，这些榜样人物的事迹，要能使高校学生欣然接受他们身上所具备的精神和人格魅力。另外，要采取多种多样的方式在校园内开展榜样示范活动，充分利用校园网、微信公众号、政治教育、党团活动、班会、讲座、海报等方式在学生中广泛宣传所选取的优秀人物事迹，并且邀请榜样人物现场讲座、网络授课，让学生了解一线的创新创业经验，少走弯路。

采用分析典型案例、探究典型的意义，从而开展大学生创新创业教育的案例分析法有助于总结创新创业过程中的经验。分析成功案例的过程，有助于增强学生创新创业的信心，提升学生主动摄取相关知识的积极性，帮助学生找到适合自身的创新创业道路。分析失败的案例，有助于对学生提前预警，在实际操作的时候学生就可以避免相同的问题，少走弯路；并且，在实际创业过程中一旦出现了案例中所提及的问题，由于提前做好了预案，可以提升学生的心理承受能力，让学生以坚定的信心渡过难关，从而提升创业成功率。因此，高校在开展案例分析时要多角度、多维度选取案例，既要选择成功案例，也要考虑失败案例；既要选择个人创业案例，也要包含社会团体案例。

2. 营造创新创业教育文化氛围

人生活的环境往往会影响人的决策，思想政治工作者经常利用环境影响人的思想和感情，如鱼肚中的"陈胜王"、望梅止渴、毛泽东的《星星之火，可以燎原》……无数案例证明了环境激励法能带来巨大收益。环境激励法是多种多样的，包括集体感染法和竞争激励法等。

人具有社会属性，这说明我们总是生活在集体中，集体的氛围和意愿总是在不经意间影响着我们自己。一个学校、一个班级如果有浓厚的创新创业氛围，将不断激励这个集体中的成员开展创新创业工作，也会为成员开展创新创业工作提供强大的动力。高校要利用校园资源营造良好的学校创新创业氛围，成立合适的社团提升学生参与的广度，提高学生创新创业的兴趣。要充分利用校园广播和网络平台，加大对创新创业的正面宣传，推动学生开展创新创业工作。要出台相关政策给予学生创新创业支持，有意向创新创业人员提供政策的倾斜，设置政策讲解员，为学生讲解政策，提供帮助。

竞争激励法指利用学生不甘落后的心理营造竞争的氛围从而使得竞争激励发挥效果。通过同学之间的竞争可以激发个人的积极性，同时带动整个集体奋发向上。在人与人之间的竞争中，通过"比学赶帮超"，大家互相促进、互相学习，学习他人优点，改善自身缺点，从而树立起创新创业的学习氛围，产生创新创业意识，这样的氛围有助于创新创业型人才的快速涌现，能提升创业成功率。

3. 增加创新创业社会实践活动

"纸上得来终觉浅，绝知此事要躬行。"拥有了一定的理论知识，如果不开展实地教育、实际操练，那么所学的知识都是死知识，将无法应用到社会实践中。高校在开展创新创业教育时，除理论学习外还应该开展一定的参观见学。定期组织师生参观多种自主创新创业的公司，帮助大学生形成直观的认识，使大学生将所学知识和工作实际对应起来，反过来将继续促进理论知识的学习。深入企业进行参观见学，有助于大学生了解一手的创新创业必备知识、企业管理的全过程、创新创业中面临的困难和挑战，从而吸取经验，为将来的成功创业打好基础。同时，教师在参观的过程中可以了解企业所需人才的各类素质和必备技能，推动创新创业教育的课程设计、教学改革，从而在日常教学中更加具有针对性，使学生能够做好充分的准备。

思想政治教育强调实事求是，创新创业教育亦是如此。高校在开展创新创业教育时要注意采取市场调研方法，多调动学生的积极性，主动分析市场所需的创新点。要采取市场调研法，通过问卷、采访、网上咨询等方式对市场进行全面调研，深入了解国家、社会所需的创新项目。如果不了解市场的需求，盲目选择创新，最后很难走向成功。只有根据市场的变化感知机遇和挑战，才能够及时把握商机。

（三）构建"政企校"创新创业教育合力，提供更多保障

1. 鼓励社会资源和资本的介入

丰富的社会资源的介入将大大激发大学生从事创新创业工作的热情。社会资源带来的最直观的影响就是极大地丰富了高校创新创业教育内容，学生能从多个渠道，通过多种方式得到优质资源，并且也一定程度上减轻了学校关于开展创新创业教育实践方面的压力。据统计，大学生面临的资金问题已经排在了创新创业问题的前三位。近几年政府出台了大量的优惠政策，但是刚开始创新创业的大学生，除了有来自家庭资助的资金外，很少有其他资金来源，大多都缺少启动资金。目前社会资本介入大学生创新创业项目的热度依然不足，仍然有很多好的项目因为缺乏资金的注入而搁浅。现阶段，要建立健全投资机制，拓宽资金来源，加强社会资本同大学生创业项目之间的联系，尽可能让大学生能够得到社会资本的援助。

2. 加强政策扶持

首先，应当完善各项扶持大学生创新创业的政策，加大扶持力度，为大学生创新创业提供有力的金融支持，创造宽松、稳定的政策环境；其次，大学生创新创业缺乏法律的支持，国家应尽快制定完善的大学生创新创业法律体系，加强法律法规的建设；最后，高校应该完善激励机

制，教育学生先重视学业，在完成学业的基础上进行合理的创新创业，各高校也应该对创新创业人员实行一定程度的政策倾斜，加大激励力度。

（四）优化大学生创新创业教育的思想政治教育方法

1. 共性指导和个性化培育相结合

如果在教学过程中只进行共性教育、共性指导，那么学生的个性就容易被抹杀；相反，如果只进行个性化培育，那么一些共性问题也就难以得到解决。因此，高校应处理好大学生创新创业教育中共性指导和个性化培育的关系，探寻两者的辩证关系，将共性指导和个性教育进行合理有效的结合，形成协同育人的教育模式。

大学生自身存在许多共性问题，如将近一半的学生缺乏创新创业的想法，大部分学生缺乏创新创业的信心和勇气；在面临就业时，许多学生缺乏职业生涯规划，往往在创业或就业问题上徘徊不定；还有一些学生，创新创业意识非常强烈，创新创业积极性高涨，但是本身创新创业素质不高，导致在创新创业过程中四处碰壁。对于大学生在创新创业中存在的共性问题，高校首先应对全体学生进行共性指导与通识教育，针对学生普遍缺乏创业意识、创业精神等问题，积极引导大学生树立创新创业意识，激发大学生的创新创业精神，并在此过程中培育大学生的创新创业素质和能力，提高大学生的创新创业素质，积极发挥思想政治教育在大学生创新创业教育过程中的引领作用。

由于家庭环境和成长经历的不同，每个人学生都有着不同的背景。每个大学生都是独特的个体，他们在思维方式、创新创业素质、执行能力和交际能力上都有一定的差异，专业特长也不尽相同。为实现大学生创新创业教育的全面健康发展，在对大学生进行通识教育的同时也要根据大学生本身的差异进行个性化培育。在对大学生进行个性化培育时，应发挥思想政治教育的引领作用，区分层次，因材施教。因此，高校在进行大学生创新创业教育时，需针对不同年级、不同需求、不同层次的大学生群体给予差异化教育和个性化指导。比如，依据不同年级学生的特点安排不同的教学内容，给他们量身打造个性化"菜单"。针对低年级的学生，要着重培养他们的创新创业意识和创新创业积极性，根据他们的特点来制订教学内容和教学计划，让他们了解创新创业大环境，激起他们的创新创业兴趣；对于高年级的学生，则是要注重对他们创新创业能力和品质的培育，并引导他们树立正确的创新创业价值观，制定职业生涯规划。针对需求不同的学生，可以在开设公共基础课的同时开设选修课程，如金融知识课、实践操作课、国家政策解读课。这样一来，有创新创业意向的大学生就可以根据自己创新创业的需要选择不同的课程。水平较低的学生可以进行基础理论知识学习；水平较高、专业能力较强的学生可以通过选修课程来得到高水平的指导。针对具有高水平创新能力和优秀创业实践能力的大学生，学校可以专门开设一个研修班，派驻专业教师进行培训，并给予特殊的政策扶持，让创新创业精英可以得到高水平的指导。

2. 教师的主导作用和学生的主体地位相结合

以往大学生创新创业教育多以教育者为中心，把教育重点放在"灌输传授"的过程上，受教育者的主体地位未被充分尊重，以至于大学生在创新创业教育过程中无法充分发挥自身的独立自主性和自觉能动性，导致创新创业教育效果不佳。为提高教育效果，新时代大学生创新创业教育应坚持教育和自我教育相结合的教育模式，在充分发挥教育者的引导作用下，调动大学生的学习积极性。高校创新创业教育工作者对大学生开展的创新创业教育主要是起引导的作用，教育者要以大学生为主体，通过教育引导学生认识自身优缺点，让大学生进行自我教育、自我管理，对自身的弱项进行强化学习，这才是提高大学生创新创业综合素质的关键。

因此，高校要转变传统的以教师为中心的"灌输式"教育理念，尊重大学生在教育过程中的主体地位，树立以学生为主体的指导思想，满足大学生的实际需要，促进大学生个体的发展，激发大学生的创新创业意识和创新创业潜能。然而，尊重大学生主体性并不是放任其发展，而是要凸显教师的主导性，加强对学生的指导，通过引导，让大学生独立自主地进行学习和处理问题，以此来发挥大学生的主观能动性。通俗来说就是转变学生以往的被动学习方式，引导大学生进行自主学习。通过教师的指导，大学生清楚创新创业过程中所要具备的能力和素质，认清自身的不足，激发学习动力和兴趣，确立创业方向，通过自主学习不断提高和完善自己的知识结构和综合能力。在此过程中，教师也要给予恰当的指导和信任，让大学生在掌握方法的基础上，有一个独立自由的学习空间，可以自主、自由地按照自身的需求进行学习实践。

3.传统教学方法和现代网络技术相结合

大学生在创新创业过程中的优秀道德品质和正确的价值观是不会自发产生的，教育者必须不断地向大学生灌输相应的理论知识才可以提高大学生的思想觉悟。传统的教学方法可以充分发挥教师的主导作用，教师在课堂中可以对大学生进行创新创业价值观、道德品质、行为习惯等相关理论的灌输，有效地提高大学生的创新创业品质和综合素质。所以说，传统的教学方法在推动思想政治教育对创新创业的价值引领方面意义重大。但是传统教学强调以教师为中心，难免会忽视学生在学习中的主观能动性，不利于学生自我查漏补缺。因此，在延续传统教学方法的基础上也应探索新教育方法。

近年来，随着移动互联网技术的迅猛发展，互联网成了一个方便、快捷的信息交流和共享的平台，成了大学生获取信息资源的重要途径。与此同时，互联网也成了高校思想政治教育的有效载体，受到越来越多高校教育工作者的重视。在此背景下，将其与传统教学方法结合，充分利用互联网的优势将思想政治教育融于互联网教学活动中，优化教学效果，提高教学效率，对于推动思想政治教育融入创新创业教育来说具有十分重要的意义。为利用好这个有效载体，首先，可以依托互联网建立创新创业网络主题栏目，扩展思想政治教育的途径与渠道。可以在学校官网、微信公众号及微博等互联网平台设立创新创业专项栏目，普及创新创业基础知识，宣传国家创新创业政策，加强思想政治教育内容的渗透，培养大学生的创新创业意识和精神。其次，利用学校网络平台，对学校优秀的创新创业学生进行宣传报道。利用案例分析和榜样教育法相结合的方式，对优秀创新创业学生的创业经历进行剖析，把优秀创业者的精神品质和良好的创业价值观凸显出来。一方面，让大学生对创新创业的过程和所要具备的知识能力有个基础的了解，可以根据自己的实际情况进行查漏补缺；另一方面，通过讲述优秀创新创业学生艰苦奋斗、不懈努力的创业经历，激发大学生的创新创业意识，培育大学生的创新创业精神，引导大学生树立恰当的创新创业目标和正确的价值观。最后，还应积极宣传创新创业教育网络平台，鼓励教师和学生积极参与其中，加强沟通交流。大学生使用互联网的频率非常高，他们在互联网平台上也更加愿意表露自己真实的想法，此时教育者要及时关注大学生的思想动向，并及时结合思想政治教育内容，调整教学计划。对大学生在创新创业过程中出现的价值观和思想道德问题进行引导和纠正，充分发挥思想政治教育在创新创业教育过程中的价值引领作用。

第三节 "互联网+"下大学生创新创业教育模式的设计

一、相关概念

（一）"互联网+"

"互联网+"代表着一种新的经济形态，是信息化和工业化的融合。"互联网+"是将人人互联的网络时代新理念同传统行业结合在一起而创造的新的经济生态，即创新2.0下的互联网发展的新生态。在知识社会创新2.0中，网络重构了知识的传递与共享，作为载体甚至主体的网络已经成为知识社会形成和发展的重要承载实体，依托对各种资源的优化配置，将经济社会各领域中的资源因素与互联网创新融合，使得创新力和生产力有了极大提升。

"互联网+"有六大特征。

1.跨界融合

跨界融合是创新的登山杖，是产业升级的门把手。只有敢于跨界，才能不断创新；只有协同融合，才能转变思路，发现新角色、新定位。以医疗领域为例，腾讯签约罗氏制药，阿里巴巴携手武田，将互联网基因转录到医药工业，打通了市场制造流通消费的原有壁垒，实现了上下游相互衔接的合作共赢。

2.创新驱动

走创新驱动发展道路才是真正强大起来的唯一道路。党的十九大报告强调了创新驱动的重要性并将之确定为实现中国特色社会主义的发展战略。创新思维是互联网的特质，中科科仪、中科曙光、联想控股、成都地奥等企业集团的转型和发展正是用这种创新的互联网思维来实现求变突破和自我革命的。

3. 重塑结构

互联网以集成大众智慧的方式对原有的社会、经济、地缘及文化结构进行了解构，在变迁内在关系结构之后以重构的方法对商业模式进行创新，使信息不对称的第一数字鸿沟（digital divide）得以消泯，从而极大降低了社会交易的成本。众筹、众创等概念便是这种重构的典型现象，这些概念模式的出现甚至可以看作福柯话语权理论在互联网经济领域的极好注脚。

4. 尊重人性

互联网本质是人与人的连接，在互联网发展繁荣时期涌现的社群文化、UGC 模式、裂变营销、病毒传播等新经济传播理念深刻地洞察人性、理解人性并选择尊重人性。无论丑恶光辉，这种尊重和顺势而为都是推动互联网乃至经济发展的重要助力。

5. 开放生态

生态是"互联网+"的重要特征，而生态的本身就是开放的。在开放生态的基础上进一步可以推出"生态化反"这一特征。贾跃亭为乐视提出的生态化反的概念虽然未能成功落地，但对互联网世界而言，这一理论的正确性却正在被实践验证。随着互联网生态的建成，孤岛链接成岛群，随着岛屿之间的创新制约因素的消弭，诸多驱动因素的互动让价值实现真实可见。

6. 连接一切

如腾讯集团副总裁郭凯天所言，"互联网+"是商业模式的连接、技术模式的连接、生产方式的连接等，这种连接的层次性、差异性、价值性都可能不同，但连接一切的目标不可改变。

（二）"互联网+教育"

作为教育技术领域发展的现代技术手段和重要渠道，互联网必然要和教育相融相交，可以说，"互联网+教育"是互联网科技与教育领域相结合的一种新的教育形式。

"互联网＋教育"是在尊重教育规律的基础上，为其注入新的活力，充分将互联网技术的优势应用到教学实践活动中，从而提高教育质量和效益。"互联网＋教育"是"网络兴教"和"人才强国"国家战略的重要部署，也是形成学习型社会、实现全民终身学习与自身发展的重要条件。

二、"互联网＋"下大学生创新创业教育的理论基础

（一）联通主义学习理论

《联通主义：数字时代的学习理论》一文是学者乔治·西蒙斯于2005 年发表的关于数字时代网络学习特征的理论研究成果。他在文章中首次提出了一种以短周期、碎片化和大信息量为特征的学习模式，即联通主义学习理论。

其观点可以总结为八条基本原则：学习和知识建立在多样性观点之上；学习过程就是使不同节点、信息源彼此建立连接的过程；学习可能存在于物化的应用中；持续学习能力比掌握当前的知识更重要；培养和维护连接是促进学习的必要条件；发现不同领域的想法和概念之间的联系是至关重要的；联通主义背景下精准、最新的知识的流通才是学习的目的；决策即学习。这八项基本原则在三个层面上对联通主义进行了阐释，即联通主义的特征、学习者的素质能力和学习目的。

联通主义因其与时代技术特征的深度契合而得到了教育界的广泛关注和试验应用，在实践和理论的相互作用或反作用中，关于联通主义的解读和阐释也得到了进一步发展，代表人物有阿萨巴斯卡大学（Athabasca University）的当代 MOOCs 研究学者特里·安德森（Terry Anderson）。

下面对联通主义学习理论进行具体阐释。

学习和知识建立在多样性的观点之上。联通主义的观点具有明显的多样性特征，既包括学习创建者所构建的学习客体，也包含主体双方在学习过程中互动产生的内容，如评论、脚注等。

学习过程就是使不同节点和信息源之间建立连接的过程。随着教师和学习者将新的资源、个人见解和他们创造与发现的内容连接到学习对

象中，学习对象不断生长。

学习可能存在于物化的应用中。学习者不仅通过创建新资源建立连接，还通过其个人资料、评论以及邀请其他学习者参与等建立连接。

持续学习能力比掌握当前的知识更重要。联通主义学习理论重视那些能增强人们对任意复杂问题理解的、动态的、持续的人与非人的资源。联通主义学习者承认人无法掌握所有知识，也不试图填补这种不完美，在认识到人的能力存在限制后，持续学习的能力以及将知识正确地用于适合场景能力的优先级便被提到了最高级。

培养和维护连接是促进学习的必要条件。联通主义下学习过程所建立的关系不因课程的终结而终止。联通主义学习在 MOOCs 模式的学习机构中得到了最佳的展示，因为诸多 MOOCs 平台不会在学员毕业后就清理其个人账号以及其学习经历中保留的各种痕迹。

发现不同领域的想法和概念之间的联系是至关重要的。联通主义借助互联网技术带来的便利注重对技术工具的利用，如概念图、R 语言、Python 等支持下的数据可视化及相关工具等，帮助学习者建立内在和外在节点、情境和人之间的连接。

联通主义背景下精确、最新的知识的流通是学习的目的。联通主义学习的对象伴随着信息爆炸而不断发展，因而联通学习也一直保持没有完成的状态。就其自身内容而言，随着交互的深入，学习者与信息构建者之间在信息沟通过程中产生的内容随后加入信息构建的队列中，使学习永远处于流通的状态。

决策即学习。联通主义下，信息环境的变化速度每日剧增，信息的匹配性也随之变化，过时的信息无法适配新环境，由此出现分歧甚至完全错误。这一背景就要求学习者能够动态地决策正在变化的信息是否应当被提取，而不再拘泥于预定的学期、课程规划的既定内容。与之相对的信息创建端即教师端也应当规划相应的课程内容、教学任务、互动活动，以允许学习者展示他们对某一主题的掌握程度和持续探究与学习能力。

在联通主义学习中，学习者需要具备较高的信息素养，"互联网 +"视角下的大学生创新创业教育与联通主义学习理论在信息素养要求上的一致性不免让人联想一种新型教育模式的可能性。互联网时代的大学生创新创业教育不可避免地涉及知识的互通、互动、流通，简单的知识获取已经无法满足日趋复杂的商业环境，打破各业务环节的壁垒，让信息传递更便利，让信息作用方式更灵活，是当代创新创业教育中必然要培养的素质。

高校要从学习者的个性化需求出发，打通知识本体、知识与学习者之间以及已有知识和学习者生活之间的围墙，最终实现学生学习能力的培养。

（二）建构主义学习理论

建构主义学习理论强调儿童的自身认知结构以及对外部世界的认识是在与周围环境相互作用的过程中逐步建构和发展的，倡导学习是在教师指导下，以学生为中心来开展的，学习环境主要包括情境、协作、会话和意义建构四大要素。

任何学科的学习和理解都不像在白纸上画画，学习总要涉及学习者原有的认知结构，学习者通常是以自身的经验，包括正规学习前的非正规学习和科学概念学习前的日常概念，来理解和建构新的知识和信息的。换句话说，学习者不是被动地接收信息刺激，而是主动地建构意义，是根据自己的经验背景，对外部信息进行主动的选择、加工和处理，从而获得学习的意义。外部信息本身没有什么意义，意义是学习者通过新旧知识经验间的反复的、双向的相互作用过程而建构成的。

因此，学习与行为主义所描述的"刺激—反应"并不相同。学习意义的获得，是每个学习者以自己原有的知识经验为基础，对新信息重新认识和编码，建构自己的理解。在这一过程中，学习者原有的知识经验因为新知识经验的进入而发生调整和改变。所以，建构主义者关注如何以原有的经验、心理结构和信念为基础来建构知识。

三、"互联网＋"下大学生创新创业教育教学模式设计的原则

第一，建立以"培养学生能力""重视学生个性化发展"为特征的学习模式，注重学生个体差异化发展，帮助其实现个性化知识建构和创新能力的提升。

第二，以学习者为主体，增强学习联通的过程性。联通学习必然要以学生作为主体，增强过程联通性。在"互联网＋"视角下大学生创新创业教育教学设计过程中，既要强化学习者的主动参与、独立思考、亲身实践，同时也要增强团队协作能力的培养。

第三，使用"互联网＋"来实现学习资源的共建、共享以及学习工具和手段的革新，建立知识网络体系。

第四，发挥教师教学引导作用，全面提升学生能力与素养。在"互联网＋"视角下大学生创新创业教育教学设计过程中，联通学习要求教师注重教学情境的设计、教学实践活动的安排与组织。

第五，采用多元化教学评价机制。依据教学评价功能的不同，评价可划分为诊断性、形成性以及总结性评价。通过数据追踪，评定学生在此领域的学习效果与贡献。

四、基于联通主义和建构主义学习理论的大学生创新创业教学模式的构建

研究前期，在"学习＋项目"双轨式教学的基础上融入联通主义和建构主义学习理论的设计理念，通过教学实际过程构建如下教学模式，如图4-1所示。

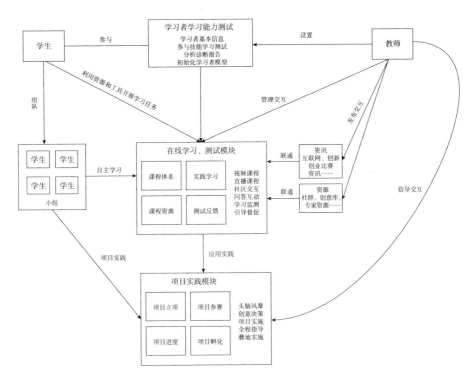

图4-1 "学习+项目"教学模式设计图

　　本教学模式主要注重在线学习与项目实践两个环节，在两个环节开展过程中融入资讯资源共享与问答交流互动，流程化开展创新创业学习——测试诊断、在线学习与考核、项目实践与孵化。

　　后期通过不断实践，对教学主体、平台、环节三个元素以及它们之间的连接与聚合进行重新分析与评估，进一步优化了教学模式设计，构建了一个多元主体管理与交互的有机学习生态系统——"2343大学生创新创业教育教学模式"：整合线上与线下2个学习环境；联通教师、学生和团队3个学习主体；打通测试与学习、项目组队管理、交互问答和资讯资源共享4个学习平台；贯穿共享与自学、协作与交流、联通与交互3个环节。最终构建了修正后的大学生创新创业教育教学模式，如图4-2所示。

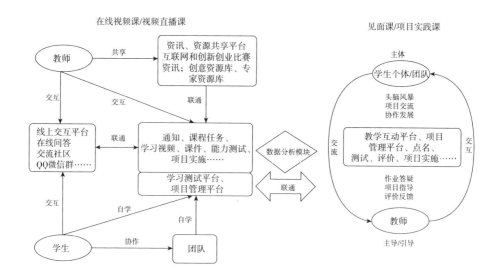

图 4-2 "2343 教学模式"设计图

（一）整合 2 个课堂，打造线上线下一体化教学形式

顺应"互联网＋教育"时代教育信息化的迅猛发展趋势，整合线上线下 2 个课堂，打造线上线下一体化教学形式。线上教学主要是通过在线教学平台内的视频自学以及在线直播等形式开展，线下教学主要是通过指导教师给学生当面讲授专题知识、项目小组内部成员见面交流学习等方式进行，同时也存在部分环节线上线下交融进行的情况，如问题答疑、项目指导等。这种线上线下一体化的教学形式打破了时间与空间的局限，符合"互联网＋"视角下开展教学的模式所需。

（二）联通 3 个主体，加强多主体主动参与教学意识

教师、学生个体和团队通过平台联通，充分发挥教师的引导作用、学生的主体功能以及团队的协作力量。

首先，在本教学模式中，教师主要发挥教学引导作用——告诉学生学什么、怎么学，帮助学生答疑解惑，做好学习导向指引。创业团队的指导教师应发挥的作用可以总结为以下四点。

第一，要注重教学知识的归纳总结，根据学生个性化发展需求提供学习建议。

第二，根据创新创业发展趋势选取重点视频课程，设计线上教学流程。

第三，帮助学生完成团队组建，全面指导学生顺利完成项目实践与孵化实施。

第四，做好人生导师，帮助学生养成良好的学习习惯，培养学生的创新创业精神。

其次，学生完全成为本教学模式的主体与核心。学生要主动学习先进互联网技术知识，提升自己适应现代化教学的水平；主动参与线上视频和直播教学，积极与教师及同伴实现多维互动；同时可以主动参与团队协作，在互帮互助中学习成长。

最后，团队协作的力量是创新创业项目得以顺利完成的关键所在。创新创业教育不同于其他专业课程教育，各类项目的实施完成需要团队的协作。学生由一个个的个体组成一个小组，变成一个团队，在团队中各司其职，通过不断沟通交流、团结合作达成一个共同的项目目标。

（三）打通4个平台，构建全方位立体化教学模式

在线学习平台是网络学习的关键要素和节点，打通4个平台，有利于构建全方位立体化教学模式。

第一，测试与学习平台。在线测试、在线学习是平台功能的重要组成部分，在学习之前开展技能测评，可以对学生的整体知识储备和学习能力进行初步评估，以此方便后期教师有针对性地开展在线教学。学生通过在线平台完成定量学习，课后开展在线阶段综合考试，以此教师能全面评估学生的学习效果。学生学习、参与技能测试和阶段考试的数据，平台都会全程记录，通过算法进行分析后呈现给教师，帮助教师调整教学安排，有针对性地开展个性化教学。

第二，项目组队管理平台。项目组队管理平台是理论教学向实践教学的延伸，通过项目组队和实施可以更好地增进教师和学生之间、团队内部之间的良好互动，培养学生的团队协作精神。具体项目在团队协作的力量下开展实施，学生自主发现问题、集体讨论、寻求解决办法，这也是群体智慧联通的最好体现。项目实施是线下见面课堂的重要补充，学生在项目实施过程中与同学、教师分享、交流、巩固学习知识，拓展

创新创业思维。

第三，交互问答平台。此平台连接教师、学生个体和团队，连接着在线视频自学、直播跟学、项目交流与指导等多个过程，形成一个完整的管理交互系统。在线上，交互问答平台如社群、课程问答、讨论组、弹幕、QQ、微信等，组建了一个全方位立体化的交互交流生态系统。线上交互问答平台的建设体现了以学生为中心、学生互助为特色的教学原则。

第四，资讯资源共享平台。资讯资源共建共享主要涉及创新创业最新资讯、大创比赛文件、优秀成果案例等。它们通过系统自动爬取、教师发布以及学生在线共享的方式实现共建共享。

（四）贯穿3个环节，提升互联互通教学水平

线上线下课堂整合、教师与学生联通、多平台互联立体化教学模式，自然不能缺少课堂之间、主体之间、平台之间的节点交互。

第一，共享与自学。通过资讯资源共享平台发布创新创业资讯、创意资源、学习视频、课件等教学资源后，学生进入测试与学习平台，开展在线自测自学，具体包括浏览最新资讯、观摩创意案例、完成在线视频学习任务和参与测试与考核等。教师通过数据分析，协助学生改进自学方法，团队组长督促促组内成员的项目进度。

第二，协作与交流。在线上课堂和项目进程中，学生都可以通过交互平台向教师提问、与同伴交流。通过组队与项目管理平台，与组内成员共同完成队员选择、头脑风暴、项目立项与具体实施。

第三，联通与交互。联通与交互是联通主义学习理论在平台上的很好应用。通过这层节点交互，学习知识、学习过程、学习来源等得以友好地建立连接，学习者发挥自身主体能动性，开展持续化学习，最终构建一个立体的大学生创新创业教育网络化学习系统。

第四节　构建大学生创新创业教育体系

一、构建大学生创新创业教育体系的必要性

（一）知识经济时代的必然选择

当今世界已经进入知识经济时代，知识经济时代与农业时代和工业时代不同，知识和智力成为这个时代经济发展的基础。在知识经济时代，知识创新能力和科技创新能力决定了一国综合国力的发展程度，因此，世界各国不约而同地聚焦创新型人才的培养，把发展创新创业教育作为高等教育改革的目标，致力于培养新时代需要的高素质创新创业型人才，以便在日趋激烈的国际竞争中占据有利位置。知识经济时代充满机遇和挑战，为应对挑战、把握机遇，我国非常重视提高人才的自主创新能力。创新是引领发展的第一动力，是建设现代化经济体系的战略支撑。

创新的关键是人才。我国创新型国家发展战略的实现需要高素质的创新型人才支撑。只有培养创新型人才，我国才能把握知识经济时代的机会，应对知识经济时代的挑战。人才的培养要靠教育，高等教育承担着培养创新型人才的使命，高校必须发展创新创业教育。

（二）高校教育可持续发展的必然要求

中国已经成为世界高等教育第一大国，这是一项了不起的成就，但是我国还必须深化高等教育改革，提高高等教育办学水平和办学质量，实现向教育强国的转变。从根本上讲，高校办学水平的高低和办学质量的好坏取决于培养的大学生是否符合社会发展的需要。高校培养的大学生是否符合社会发展的需要，要看大学生的综合素质和能力的高低，而当今社会对人才素质的要求越来越高。构建大学生创新创业教育体系，将大学生创新创业教育贯穿于高校人才培养的全过程，能够转变以传授知识为主的教育理念和教育模式，并为大学生自主创业创造优良的环境和条件，促使大学生创业成功。具备创新创业能力的大学生选择工作岗位，因其综合素质高，特别是实践能力强，呈现较强的就业竞争力，往

往很受企业的欢迎。高校大学生在毕业之后能否实现自我价值，获得较好的发展，对学校的声誉和发展很重要。如果大学生毕业之后发展前景好，学校的声誉就会提高，学校的生源质量就好。高校通过大学生创新创业教育体系培养出优秀的毕业生，优秀的毕业生提高高校的声誉，高校借此提高生源质量，而基础好的学生通过大学生创新创业教育体系的培养，更容易成才。如此就可形成良性循环，有利于深化高校教育改革，推动高校教育可持续发展。

（三）大学生个人成长的迫切需要

大学生要成为一个高素质的人才，必须全面发展。人的全面素质不仅包含了思想品德素质、基础文化素质、技术和职业素质，还包含了创业素质；不仅要德、智、体全面发展，而且要具有开拓意识和创新的精神。在人的全面素质中，创业素质的综合性更强、层次性更高，对大学生的个人成长起着指引和支撑作用。

构建大学生创新创业教育体系对大学生个人的成长具有非凡的意义，能够为大学生的发展奠定基础和提供帮助。在高校开展创新创业教育，能够提高大学生的积极性和主动性，挖掘其学习和做事的潜力，充分发挥大学生的能力和才华。培养大学生的实践意识、事业心和责任感要有规划、有方式、有平台，提升大学生的实践能力，这些意识和能力对其将来的职业发展和创业至关重要。构建大学生创新创业教育体系，能使政府、高校、企业为大学生创业提供保障、支持和服务，促进大学生创业成长、成功。因此，大学生能力和素质的提升、就业竞争力的增强、创业梦想的实现，迫切要求构建大学生创新创业教育体系。

二、构建大学生创新创业教育体系的目标

人类的任何一种活动都是由目标引领的。目标又分为总目标和分目标，分目标在总目标的统领下，形成来自各个方向的合理结构。大学生创新创业教育体系亦然，由不同的创新创业教育体系的分层目标所构成，最终汇成创新创业教育体系的总目标。

（一）构建大学生创新创业教育体系的总目标

创新是时代的主题，人才是创新的基石，社会主义现代化建设同样

需要人才，而大学生创新创业教育培养的就是创新创业型人才。大学生创新创业教育体系的总目标是，构建出一套科学、合理的，涵盖创新创业教育目标、知识体系、支持和保障体系、实践平台、评价体系的体系，整合校内外各种资源，把创新创业教育融入高校人才培养中，创造优良的创新创业环境，促进大学生全面发展，为实现创新型国家战略和社会主义现代化建设提供人才保障。

（二）构建大学生创新创业教育体系的分层目标

因材施教，才能充分发挥大学生的潜力，帮助他们顺利成才。不同大学生的创新创业态度不同、创新创业兴趣不同，创新创业实践程度也不同，不同的教育个体有不同的特点，创新创业教育需要采用分层目标教育法来解决教育过程中出现的实际问题，这样才能提供针对性更强、效果更好的指导和引导。因此，根据受教育对象的不同情况，可以把大学生创新创业教育体系的目标分为三个层次。

1.普及型的创新创业教育，传授基础知识，启蒙大学生创新创业意识

不少大学生有通过创业实现自我价值的想法，渴望接受创新创业教育。面对大学生普遍的需要，高校开设创新创业教育课堂，向大学生普及创新创业的基础知识尤为重要。普及型的创新创业教育属于创新创业教育体系分层中最基础的层次，目的就是唤醒大学生创新创业兴趣和热情，使其了解创新创业基础知识，具有一定的启蒙意义。

2.专业型的创新创业教育，以实训课程为主，竞赛为辅，提高大学生的实操能力

在高校中，对于一部分有创新创业想法的大学生，适合开展专业型的创新创业教育来满足他们的需求。专业型的创新创业教育课程提供给大学生的不仅仅是创新创业基础知识，还通过实践课程和各类竞赛活动提供实践教学，理论结合实践，加深大学生对创新创业理论知识的理解。

3.个性化的创新创业教育，提供物质支持和技术指导，实现创新创业愿望的孵化

个性化的创新创业教育，也称孵化教育，主要针对的是掌握了一定的创新创业知识和技能，同时也有创新创业构思的大学生。个性化的创新创业教育为大学生的创业项目提供物质支持和技术指导，在政策、服

务、资金和咨询等方面服务大学生创新创业。孵化教育是大学生创新创业教育中最高层次的教育，它的主要功能是将创新创业愿望成功转化为创新创业实践。另外需要注意的是，个性化的创新创业教育不是仅仅提供孵化平台、给予政策和资金支持，还应给予大学生经营方面的指导。

三、大学生创新创业教育体系的构建思路

构建大学生创新创业教育体系实际上是一个极其复杂的系统工程。构建大学生创新创业教育体系包括观念的更新、师生关系的调整、各种体系的搭建和各项资源的整合等很多方面。通过研读国内外文献，借鉴国外高校创新创业教育发展经验，总结我国创新创业教育实践情况，大学生创新创业教育体系的构建必须把握以下几个要点。第一，要以大创新创业理念来设计大学生创新创业教育体系，与时俱进，实现从精英教育向大众教育、从创业教育向创新创业教育、从阶段教育向终身教育的转变。第二，创新创业教育必须面向全体大学生，而不是只针对部分大学生。不同的学生在兴趣、能力等方面存在差异，创新创业教育面对不同情况的学生，应采取不同的教学内容和教学方式。第三，将创新创业教育与专业教育有机结合，而不是简单叠加。在高校专业课程体系中融入创新创业教育理念，配备相应的师资队伍，采用合适的教学方式。第四，创新创业教育体系要打造的是一个高校、政府、企业、大学生协同合作的综合主体系统，在这个系统中，高校、政府、企业、大学生齐心协力，整合校内外各种资源，为大学生创新创业服务。

高校要将创新思想普及、渗透到教育体系的各个环节中。大学生创新创业教育体系的构建，要以科学的理念为指导，围绕目标体系，将创新创业教育融入教学课程体系，培养创新创业教育师资队伍，突破课堂教学的局限，搭建创新创业教育所需的各类实践平台，整合各方资源力量予以支持保障，并辅以科学合理的评价体系。

四、大学生创新创业教育体系的构建原则

大学生创新创业教育体系并不是主观臆造的，必须按照创新创业教育的规律、大学生创新创业教育体系的目标科学设置，它是在一定理论

依据和实践基础上，按照一定原则提出来的。具体原则如下。

（一）与思想政治教育相结合的原则

思想政治教育对大学生的影响是潜移默化、循序渐进的，思想政治教育应以一种被乐于接受的方式向大学生传授学科内容。思想政治教育作为必修课，当前在高校主要弘扬了社会主义核心价值观，是通过塑造信念、规范行为、提高认知、锻炼意志，引导大学生树立正确的人生观、价值观和世界观的基础学科，对大学生的成长有着非常重要的影响。思想政治教育能够保障大学生创新创业教育有效、持续地实施，对培养大学生创新精神、创业意识和创新创业能力起着引导作用。

（二）与传统教育相结合的原则

中国传统教育不仅仅传授知识，还帮助学生树立正确的世界观、人生观、价值观，把学生培养成德、智、体、美、劳全面发展的综合性人才，同时使学生具备较高科学文化素养和道德修养。中国传统教育的教育理念和方式是被中国教育系统和社会系统所认可的稳定的基础性教育。当前中国进入知识经济时代和信息化时代，社会主义现代化建设需要具备创新精神、创业意识和创新创业能力的高层次人才。对中国传统教育进行研究，我们会发现中国传统教育包含了创新创业教育因素，但是这种创新创业教育因素是不容易被察觉的。虽然创新创业教育与中国传统教育在教育理念和方式上有所不同，但是创新创业教育是在中国传统教育基础上发展而来的，创新创业教育与中国传统教育存在互补。需要注意的是，创新创业教育与中国传统教育有机结合在一起，要保持一定的独立性。

（三）创新性与实践性相结合的原则

大学生创新创业教育既具有创新性的特点，也具有实践性的特点，创新性与实践性不是相互独立的，而是有机结合在一起的。大学生创新创业教育的创新性体现为教学理念和教学方式的创新，教育理念和教育方式的创新来源于实践性。大学生创新创业思维和能力的提高，必须借助过实践教学的培育。概括地讲，创新来源于实践，并指导实践，最终服务于实践。大学生创新创业教育创新性与实践性的这种良性互动关系，有利于提高高校的办学水平，能够更有效地培养高素质和高层次的人才，因此，大学生创新创业教育体系需要坚持创新性与实践性相结合的原则。

（四）一致性与差异性相结合的原则

高校各专业的人才培养目标都是培养满足社会需要的素质高、能力强的人才。创新创业教育培养的是具有创新创业思维和能力的高素质人才，并且符合当代社会人才观的发展要求，因此创新创业教育与高校各专业的人才培养目标是一致的。然而，地区不同、高校类型不同、学科不同、专业不同、学生的情况不同，创新创业教育模式也相应地有所不同。创新创业教育要根据不同的实际，因材施教、因地制宜，设计不同的教学方式和教学目标，不可一刀切，盲目地模仿。

五、大学生创新创业教育体系的构建内容

大学生创新创业教育体系是整合大学生创新创业教育的各种要素构成的一个有机整体，是由多种社会资源和政策环境汇聚而成的系统。本小节以大学生创新创业教育目标体系为核心，围绕创新创业教育的知识体系、实践平台，依托服务保障平台、评价机制等多方面，科学系统地构建高校、政府、企业、社会、学生多方联动的大学生创新创业教育体系。

（一）构建大学生创新创业教育目标体系

教育目标作为教育体系各要素的基础，有着非比寻常的地位。只有大学生创新创业教育目标明确后，方能围绕目标来选择教育的内容、选取适合的教育方法和模式、提供必要的支持保障。通俗来说，大学生创新创业教育的目标绝不仅仅是让更多的大学生选择创业，而是要树立大创新创业教育观，将创新创业教育与思想政治教育有机结合，充分发挥思想政治教育的育人、导向和调节作用。

大学生创新创业教育的根本目标是培养全面发展的人，而培养具有创新意识、创新精神和创新创业能力的高素质人才是具体目标。创新创业意识、创新创业道德品德、创新创业知识、创新创业能力四个维度，构成了大学生创新创业教育的目标体系。

1. 大学生创新创业意识

创新创业意识是一种态度，是对创新创业的重要性、价值性的认识水平以及由此而形成的对待创新创业的态度，创业者用这种态度来调整和规范自己的活动。创新创业意识的培养在于激发大学生的创造性和创新精神，培育大学生的责任感、事业心和艰苦奋斗、顽强拼搏、不屈不挠的精神，增强大学生创新创业的积极性、主动性。

大学生在创业过程中会面临很多困难、挫折。如果大学生没有强大的精神支柱，创新创业教育和创业的积极性与主动性就会受到影响。大学生要想在困难、挫折面前保持积极性和主动性，需要开发创新精神。创新精神是一种艰苦奋斗、顽强拼搏、不屈不挠的精神。大学生只有具备了创新精神，在创业中遇到困难和挫折，才不会退缩，敢于正视它们。

前面提到，在大学生创新创业教育中融入思想政治教育的内容，让学生接受思想政治教育和训练，树立正确的创新创业目标，有助于增强大学生对社会和他人的责任感，增强大学生创新创业的成就动机；同时，思想政治教育能够充分调动大学生的积极性和主动性。大学生对创新创业积极性高、主动性强，就会主动学习和钻研创新创业知识与技能，智力和能力就会发展更快，创造性会更好，大学生创新创业教育就会达到事半功倍的效果。

2. 大学生创新创业道德品德

良好的创新创业道德品德有利于大学生树立正确的世界观、人生观和价值观，培养大学生的自律性，使得大学生能够很好地处理个人价值和集体价值的关系，形成正确的价值评判标准。

良好的创新创业道德品德意味着大学生在创业过程中对于是非善恶的评判有着正确的价值评判标准，是大学生创业成功的基础和前提。当个人价值和集体价值发生冲突时，具备良好创新创业道德品德的大学生能够很好地处理个人价值和集体价值的关系。要想使大学生形成良好的创新创业道德品德，需要将思想政治教育融入大学生创新创业教育，对大学生进行专门的道德品德教育。思想政治教育的道德品德教育能够提升大学生的品行，规范和引导大学生的行为。

3.大学生创新创业知识

大学生的创新创业知识是大学生从事创新创业的基础。创新创业知识涉及多学科，包括经济学、法学、会计学、市场营销、管理学、心理学等。大学生创新创业教育注重全面的知识学习，兼顾理论知识和应用知识。创新创业知识的学习和运用是创新创业教育的重点。

4.大学生创新创业能力

培养大学生的创新创业能力主要是培养大学生社会职业发展所需要的专业能力，合理、科学地整合人、财、物、时间、空间的经营管理能力，善于把握机会、搜集利用信息、适应变化以及社交的综合能力。

（二）优化大学生创新创业教育课程体系

大学生创新创业教育课程体系是高校实现培养目标的基本载体。设置大学生创新创业教育课程体系，要一切从实际出发，符合高校自身的学科特点和大学生的成长特点。大学生创新创业教育课程体系的设置必须坚持以人为本，向大学生传授完整的创新创业基础知识，达到促进大学生全面发展的目标。同时，大学生创新创业教育课程体系的设置要满足社会经济发展的需要，服从国家发展战略。

大学生创新创业教育课程体系必须系统、完整。根据培养创新创业型人才的需要，大学生创新创业教育课程体系的主干课程应包括创新创业必修课、创新创业选修课、创新创业专业实训课、创新创业专业实践课。设置大学生创新创业教育课程体系应体现多样性、层次性、实践性。创新创业教育必修课和创新创业教育选修课有机结合在一起。根据不同年级的大学生特征安排必修课和选修课时，配置科学的比例关系，确保创新创业教育能够循序渐进、因材施教。此外，创新创业教育课程要和专业课程有机结合，使高校教学模式在整体上得到优化。大学生在专业课学习基础上接受创新创业教育，受创新精神启发和引导，也能使专业课的学习更具深度。

科学完善的大学生创新创业教育课程体系要求高校根据大学生的不同需求和培养目标，在教学过程中，综合运用创新创业通识知识、专业知识以及创新创业实践知识，并能结合课堂教学和课外活动。创新创业必修课帮助大学生养成创新创业意识，了解创新创业基本知识；创新创业选修课根据学生自身实际和需要，选择性地传授创新创业知识，完善大学生知识体系；创新创业专业实训课程通过模拟仿真的创业环境，检验大学生的创业管理能力和对创业风险防范的能力；创新创业专业实践课程借助校内外创新创业教育基地，使大学生在课堂上学到的专业技能能够应用于创新创业实践活动，培养大学生实践能力。

1. 创新创业必修课

高校开设创新创业教育必修课，要规定相应的学分和课时。需要注意的是，创新创业必修课属于创新创业教育基础课程，因此，创新创业必修课应根据所有大学生普遍的、共同的需要来设置教学内容，创新创业必修课的教学完成标准要符合大多数大学生的水平，不应过高，也不应过低。创新创业必修课学分可灵活授予，如果大学生获得专利或者注册公司，高校应审核授予相应学分。创新创业教育必修课旨在激发大学生创新创业的热情，向大学生传授创新创业基础知识。

2. 创新创业选修课

创新创业选修课主要满足对创新创业某方面有浓厚兴趣的大学生的需要，适应大学生学习创新创业课程的不同情况，因材施教。创新创业选修课致力于培养在创新创业方面有潜质的大学生，挖掘这类大学生的潜力。创新创业选修课能够把具有不同专业知识和思维习惯的大学生聚在一起，背景多元化的大学生互相交流能够碰撞出更多灵感。创新创业选修课使得大学生能够学习层次更高的创新创业知识，主要培养大学生的三大能力，即社会职业所需要的专业能力，合理、科学地整合人、财、物、时间、空间的经营管理能力，善于把握机会、搜集利用信息、适应变化以及社交的综合能力。

3. 创新创业专业实训课程

根据创新创业教育理论，创新创业专业实训课程设计和模拟真实的创业环境，让大学生模拟经历创业的过程。创新创业专业实训课程主要形式包括校企合作基地、创新创业实训基地、网络软件模拟创业过程。这种亲临其境的教学课程能够培养大学生对创业的预见能力、规划能力、处理突发事件的能力和实际操作的能力。

4.创新创业专业实践课程

大学生创新创业教育是实践性很强的教育模式，因此，创新创业专业实践课程必不可少，并且在创新创业教育中占据很重要的地位。创新创业专业实践课程除了利用高校的资源外，还要充分利用企业的资源，因为企业参与大学生创新创业实践教学，不仅能够为大学生提供实践平台，还能为大学生提供有益的指导和帮助。市场是残酷的，创业失败就意味着人力、物力、财力的耗损，而大学生创新创业的资源也是宝贵的，这就要求创新创业专业实践课程建立在可靠的创业项目基础上。大学生形成创业想法之后，需要有专业的教师指导，只有经过头脑风暴和市场调研，制定出可行性很高的创业方案后，大学生创业项目才有机会进入市场，在真实的环境中运作。

（三）完善大学生创新创业教育风险防范体系

在大学生创业过程中，从创业准备、实体登记、实体运营，直到创业退出阶段，多种风险贯穿创业活动的始终。从项目选择、创业融资、选择和设定创业组织形式到创业实体管理、商贸交易等，都难免遇到资金、技术、竞争、市场等风险。大学生创业法律风险具有法律性、人为性和可控性、全程性、风险内容法定性等特点。刚踏出校门的大学生，由于社会阅历和经验缺乏，在创业过程中有可能遇到诸多法律风险。要有效防范法律风险，可从以下几方面努力。第一，增强创业者的法律风险防范意识。大学生创业应树立正确的风险观，增强创业法律风险意识，强化法律权利和义务，通过学习创业相关法律知识，提升法律素养，能够适时运用法律的武器保障自身的合法权益。第二，政府积极提供法律援助。加强有关法律法规政策的宣传，重点讲解创业过程中常见的法律风险问题，组建专业的创新创业法律援助团队，帮助解决创新创业过程中遇到的法律问题和法律纠纷。第三，高校重视法律风险防范教育。高校组建专业团队，开设相应课程，邀请专业人员授课或者召开讲座，与学生面对面进行交流和了解。第四，社会上的各类法律类服务机构，如律师协会、律师事务所、专利代理机构等，应积极为大学生创新创业提供法律支持。

（四）建立大学生创新创业教育评价体系

科学合理的大学生创新创业教育评价体系对高校创新创业教育的开展起着监督和反馈作用。大学生创新创业教育评价体系是创新创业教育质量的重要保障，能够对创新创业教育的教与学双向环节的实际效果进行有效的考核、评定、检测，规范和引导师资队伍的教学行为，激励和引导学生学习和实践，是推进创新创业教育发展的重要措施，引导着创新创业教育朝高水平发展。

1. 评价体系的原则

我国高等教育的评价方针是以评促建、以评促改、以评促管、评建结合、重在建设，通过评估带动学校学科的发展，推动学校的改革和创新，不断提高人才培养质量。因此，大学生创新创业教育评价应当以高等教育的评价为指导，结合创新创业教育的特点开展创新创业教育评价。评价原则如下。

（1）全面性原则。创新创业教育评价的全面性原则是以创新创业人才培养为目标，在遵循教育内部规律前提下，坚持用全面的观点对教育现象进行多指标的综合分析和判断，力戒片面。在评价时，既要考虑教育内部的评价，也要遵循教育外部规律，密切关注社会反馈。通过高校、企业、社会、学生等的评价，逐步构建科学的、动态的、开放的大学创新创业教育评价体系。

（2）导向性原则。评估不是目的，目的是通过评价、反馈和调节，思考高等学校开展创新创业教育的质量、存在的不足，更重要的是引导、探索如何在全新的创新创业人才培养模式中对人才培养目标、培养效果等进行评价，以促进高校结合自身特点，深化教育教学改革，全面探索和构建具有特色的创新创业人才培养模式，助力创新创业教育的进一步改革，提升创新创业教育的水平。

（3）一般与特殊相结合的原则。一般性是指在评价时，必须采用普遍适应的标准；特殊性是指高等学校中研究型和应用型大学、高校软硬件以及教育工作者水平的不同，导致学校与学校、教师与教师、学生与学生之间存在差异，实施创新创业教育评价时应加以区分，提出不同要求，不能只搞一个模式，要灵活对待。

2. 评价体系的内容

创新创业教学效果评价的内容贯穿创新创业教育的全过程，其评价内容比较复杂，概括起来应当从教育理念与目标、课程设置、学生学业、教师能力等方面进行评价。

（1）教育理念和目标评价。创新创业教育的理念和培养目标关系到开展创新创业教育的全过程，体现了高等学校深化教学改革，不断探索与实践创新创业教育，培养创新创业型人才的办学指导思想。评价高校的创新创业理念和培养目标主要考察一个学校的办学思想。

（2）课程设置评价。创新创业教育必须在课程设计上做到结构合理化、内容主体化、形式多样化。课程设置要体现创新创业教育的特殊性，要促进学生创新创业能力的提高，要改变只重知识传承和知识教育的单一功能，强化知识结构的完整性，使学生在校学习期间能够增加生活、工作的"活"知识，密切教育与社会实践的联系，提高学生终身学习的能力；在内容上，要设置多样化的课程，充分发挥学生的主动性、积极性和创造性，从而培养学生的观察力、较强的动手能力及勇于探索的精神。

（3）学生学业评价。学生学业评价是创新创业教育评价的重要组成部分，主要是对学生创新创业能力的评价，是对大学生创新创业活动中的创业行为的价值判断活动。大学生创新创业能力评价是由学生、学校和投资者及政府对大学生创业的各个环节，特别是创业者自身的素质、创业群体的整体水平和创业者所拥有的知识产品或服务的科技含量、市场前景、技术的可靠性等进行评判。在大学生创业后开展的对创业能力的评价，有利于对高等学校开展创新创业教育进行评估。

（4）教师能力评价。教师能力评价就是根据教师的知识、技能、教学成果来对他们的优缺点以及个人价值做出描述和评判的过程。创新创业教育中的教师评价应当从教师的创新创业能力、科研能力以及教学效果等方面来评价。

教师创新创业能力。教师的任务，不仅是教书，更重要的是育人。教师的创新创业能力是创新创业教育的基础。学校一方面要通过一系列手段提高教师的创业能力，另一方面要注重对教师自身创新创业教育能力进行评价，通过对教师创新创业教育能力的评价，引导教师尝试创新创业实践，提高自己的实践能力，促使教师不断提高自己的创新创业能力，从而提高教学水平。

科研能力的评价。创新创业教育在我国还处在起步阶段，创新创业教育的方式、方法、教学内容等还有待进一步研究，教师必须投入创新创业教育的研究当中。承担科研课题、参加学术活动、撰写学术论文是提高教师教学水平的有效方法，教师应通过科研来改善自己的知识结构。

教学效果的评价。教学效果的评价一般包括基本理论与基本技能两方面的评价。基本理论评价可以从学生掌握专业知识的程度、学生在各级各类竞赛中的表现、学生毕业评价等方面体现出来。基本技能的评价应更加关注创业的水平，以社会评价为主，更能体现教学效果。

3. 评价的主体方式

创新创业教育的评价关系到高校、社会、政府等，既要看高校的创新创业教育理念，也要看大学生的创新创业效果，还要看大学生的创新创业能力，因此，创新创业教育的评估是多元的，评价的角度也是多维的。创新创业教育评价的主体是多方面的，主要有高校评价、政府评价和社会评价。创新创业教育评价应该是政府、高校、企业等不同评价主体共同参与、交互作用的。不同的评价主体有不同的创新创业教育价值取向，会产生不同的价值判断。综合不同主体的不同创新创业教育价值判断的合理成分，这样得到的创新创业教育评价结果更具有全面性和客观性，从而更加有利于提高创新创业教育的质量。在创新创业教育评价主体中，高校和学生是最重要的主体，同时也要吸引政府和企业参与创新创业教育评价，增加创新创业教育的反馈渠道，也有利于调动政府和企业参加创新创业教育的积极性。

（1）高校自评。自我评价是创新创业理念较为关键的考核内容之一，它对创新创业教育的全过程具有指导作用，对创新创业教育的效果起着决定性的作用。高校自评主要是通过学分、课程设置、专项基金培育支持等项来体现。创新创业教育理念评价的主要因素和观测点，包括考察学校是否将创新、创造与创业等结合起来，系统地开展普及性的创业教育；全方位地进行渗透性的创新创业教育，主要通过开展创业计划大赛等创新创业活动进行评价；根据创业实践课程的设置、创业实践的针对性与可行性、校园创业文化、创业者的创业素质等方面来评价创业实践。高校的自评可以根据评价指标，结合本校的实际开展情况，由本校组成的专家组或外请专家定期或不定期地进行，对存在的不足进行矫正，以保证创新创业教育的教学质量。

（2）政府评价。政府对高校开展创新创业教育的评价，可以从以下三方面进行。一是大学毕业生的创业率与就业率之比。当前政府每年都对高校大学毕业生进行考察，对创新创业教育可以依据大学生创业率来进行评价。大学生毕业后，经过几年的职业设计，一般具有了较为稳定的职业。这时就可以从创业人数上来考察大学生的创新创业能力，这是评价高校创业教育较为稳妥的指标之一。二是毕业生的创新创业效果。对于创业几年的大学毕业生，以创业项目的领先性、成长性、经济效益与行业分布等来评价其创业能力。三是把创业者为社会提供的社会效益作为评价创业成功的重要指标，创业者为社会提供的就业机会、职工的社会福利、职工的教育培训等是创业者最大的社会效益。政府的评价方式主要是由教育行政主管部门负责，把评价内容进行细化，进行量化打分，依据分数高低来判断高校创新创业教育的效果。

（3）社会评价。社会对高校开展的创新创业教育评价是最为科学的评价指标之一，西方很多发达国家都以毕业生参加工作后的现状来评价高校的教育水平。评价的主要指标包括以下三方面。一是毕业生的综合素质。毕业生综合素质可以从毕业生收集信息、分析问题、解决社会问题、在团队中的作用，以及单位年终考核等多方面来考察。二是职业结构与收入。通过毕业生的职业结构可以看出高校创新创业教育的水平。职业结构可以划分为五类：第一类是科学家、教授、工程师、大学教师等；第二类是企业家、医生、律师、大企业的领导干部等；第三类是企事业中的管理人员；第四类是企业中的技术人员、事业单位的职工等；第五类是简单型、熟练型、体力型的劳动者等。可以依据以上五类的毕业生的比例，客观地分析出各类大学的教育质量。三是毕业生的社会影响。毕业生的社会影响的评价应从其所主导的企业在行业内部的认同感、领袖人物的公众形象等方面来进行。

社会评价主要是由用人单位来评判创新创业教育的能力，并由此来判断高校开展创新创业教育的效果，也可以由社会非政府组织来评价高校开展创新创业教育的效果。

4. 评价的方法

目前，创新创业教育评价方法多种多样、种类繁多，但是这些评价方法并不是杂乱无章的，而是根据实际需要产生的。通常，每一种创新创业教育评价方法都有其特定的内在价值，需要在特定的范围内使用，偏重解决某一类型的问题，从而产生相应的效果。没有哪一种创新创业教育评价方法能够解决所有的创新创业教育评价问题，因此，大学生创新创业评价方法要多样化，面对不同的实际情况，针对不同问题，采取不同的创新创业教育评价方法。教师的评价方法也很多，通常采用的评价方法有自我评价、学生评价、同行评价等。

第五节　建设大学生创新创业教育师资队伍

一、大学生创新创业教育师资的特点及要求

构建创新创业教育师资队伍要从师资队伍应该具备的各种基本素质抓起，了解他们理应掌握的各项重点知识，把握他们拓展知识的个性魅力，从创新创业教育师资的特点与要求上衡量队伍人员，这样构建的队伍才能够满足实际需求，适应创业教育各种政策的变化。

（一）创新创业理论知识是基本保障

创新创业教育教学的开展需要掌握了专业理论的教师的引导，教师的理论知识越丰富，学生掌握知识、理解知识就越全面。为了满足学生日益增长的创业知识需求，创新创业教育教师应该把创新创业教育理论作为自身的研究对象。教师只有通过深层次的研究与探索，才能合理解答学生针对创新创业理论知识提出的各种疑惑。我国的创新创业教育还处于发展的初级阶段，有些理论知识只是生搬硬套地采用国外的理论，创新创业教育基础理论研究尚未全面开展。高校教师要深入研究创新创

业教育理论，为我国创新创业教育的发展做出自己应有的贡献。

（二）创新创业实践经验是现实需求

创新创业教育教学除了要求教师具有扎实的理论知识外，还要求教师拥有丰富的实践经验。创新创业教育是一种以行动为导向的课程活动，教师是课程活动的指导者，他们所指导的内容应该包含学生在教学过程中获取创新创业实践体验、积累创业经验、提高创新实践能力和科技成果转化能力。随着大学生创新创业兴趣的日益高涨、创新创业实践活动的频繁出现，教师的纸上谈兵功夫远远满足不了社会的现实需求，而创业中所面临的一系列问题也需要在这个过程中得以解决。另外，创业作为一项实践活动，与现实社会联系得非常紧密，创新创业课程中的知识可以很容易在现实生活中得到体现。教师有无丰富的创新创业实践经验，直接影响到创新创业教育的教学效果。学生的疑惑得不到解答，教师也就没有了以往对学生的绝对引导权。

（三）创新创业管理认识是前进动力

大多数创新创业教育教材都提及创业管理概念，凸显了管理企业的重要性与艰巨性。古语有云："打江山易，守江山难。"同样，开创企业在我国现实社会中还是相对比较简单的，但是让企业逐步壮大、平稳发展、日益创新，确实需要创办人花费巨大的精力、物力和财力。大学生是一群刚刚进入社会的热血青年，并不缺乏创业激情，但在经营管理中如何让企业立于不败之地却是他们面临的难题。创新创业教育教师应该从企业开创运营起，从企业的经营管理、财务管理、风险管理、投资管理等方面为学生构建企业管理保障体系，从各个方面增强学生创业的自信心。

二、大学生创新创业教育师资的来源

（一）依托校内教师组建师资队伍

目前，大部分高校内部都有与创新创业教育联系紧密的相关教师，他们分别是已经创办企业的资深教师、管理类专业的部分教师、就业管理工作教师和优秀辅导员。从创新创业教育师资队伍的特点和要求来看，这些教师都有他们各自的优势。例如，已创办企业的教师所具有的创业实践经验和管理经验是完全可以与学生进行分享的，就业管理教师对大学生创业相关政策和资助非常熟悉，等等。

既然他们各自拥有与创新创业教育相关的各项优势，高校在开展创新创业教育的过程中就应该抓住这些教师的特点，使他们在创新创业教育活动中发挥出应有的作用。当然，他们的这些优势还远远不能满足大学生创新创业教育的实际需要。因此，有必要选派这些教师参加创业培训，如 KAB 创业教育（中国）项目师资培训项目、人力资源和社会保障部统一培训和认证 SYB 课程项目等，并为这些教师提供到企业挂职锻炼的机会，培养教师的创新创业教育专业性，使他们具备创新创业教育教师的专业特质。

（二）依托校外成功人士充实师资队伍

前面已经提及，创新创业教育具有典型的实践性。在教学过程中，学生普遍希望学校邀请校外成功人士或企业家参与校内创新创业教育的课堂授课。这些人士可以起到校内教师无法替代的作用，其给学生带来的帮助和震慑力也是相当惊人的。他们以自身的创业经历为落脚点，以企业运作中所面临的实际问题及其解决为案例，无疑可以成为学生学习的最好"书本"。同时，由他们来授课的课堂，气氛往往非常活跃，学生的积极性也相当高，创新创业教育的教学效果非常好。这些人士作为创新创业教育的师资，解决了学生关于创业实践经验和创业管理认识的相关疑惑；作为高校创业教育师资队伍的强有力的补充，壮大了创新创业教育师资队伍这一整体。其实，这些人士的范围是非常广泛的，除了一些企业家，还包括金融界、投资界、法律界等与创办企业联系密切的有关领域的专家。

（三）依托校友群体完善师资队伍

高等学校校友群体是高校管理者可以考虑的又一重要的创新创业教育师资来源。对于一些成功的校友来说，虽然他们也是企业家或者其他成功人士，但与上面提及的成功人士相比，他们在某种程度上对母校更有责任心和奉献精神。因为对于校友来说，母校的亲近感是不可替代的。因此，当被邀请来母校授课、演讲或是做报告时，他们内心深处其实是非常愉悦的，其在与学生分享经验和交流得失的过程中为学生提供的实践经验也是其他企业家无法超越的，可以说他们是倾囊相授的。除了分享这些成功经验，一些校友企业家往往会以设立奖学金、创业基金，提供就业岗位等形式来帮助学校的师弟与师妹，薪火相传，回馈母校。校友群体的大小与学校的历史和规模有着很大的关系。我们可以做的就是，团结所有可以团结的校友，让他们参与学校的创新创业教育，使原本不富足的师资队伍更加完善。例如，中国计量学院开展了一系列有关校友访谈的节目，很多都是围绕"创业创新"这个主题。对于每次访谈，学校领导都非常重视，参与的学生也是无人缺席，取得了很好的成效。

（四）大学生创新创业教育师资的评价体系

高校的教师评价制度已经非常完善，但是专门针对创新创业教育教师的评价体系还不多见。为了提高创新创业教育教师的工作效率和积极性，建立合理且完整的教师评价体系和一些激励机制是非常必要的。当然，高校如果专门为了创新创业教育而独立开展一项教师评价活动，势必要浪费很多资源，各种程序也是重复操作。创新创业教育教师评价有很多与其他教学教师评价相似的地方，同时也有一些不同的方面。针对那些相似的地方，高校为了节约资源和降低重复性，可以沿用其他科目教师的评价方式进行操作。关键是如何处理那些不同的评价方面。在讨论之前，有必要先阐述一下这方面的背景。高校学生的就业率一直以来都是教育部门考察高校教学水平的一项重要指标，而高校也不可能会因鼓励学生创业而降低这项指标。这就导致学校对有关创新创业教育和创新创业教育教师的投入非常有限，很多教师不愿意也不想参与创新创业教育。为改变这种局面，高校不仅要加强创新创业教育宣传和实施，还要加大对创新创业教育的投入。只有让参与者能够获得更多的利益，才能吸引更多的优秀教师为创新创业教育付出；而只有对这些教师的劳动做出合理的评价和制定完善的激励机制，才能从根本上解决创新创业教育在高校不尽如人意的现状。创新创业教育教师评价的不同之处在于重视对学生实践水平的检验和现实的反馈，这部分评价可能需要的战线比较长，需要教师的努力守候。总之，创新创业教育师资的评价体系是一项复杂的工程，师资队伍保障体系作为构建的一项内容，需要高校管理人员在紧抓创新创业教育的同时，深入把握评价体系的各项内容和指标，公平公正，让高校的创新创业教育焕发出勃勃生机。

三、创新创业教育师资队伍建设的对策

一般而言，创业是就业的一种形式，是具有更高要求的就业。它必须以实践能力、创新能力和创造能力为基础支撑。创新创业教育对教师的业务技能和综合素质有更高的要求，因此，加强创新创业教育师资队伍建设，推动创新创业教育快速发展，关键是解决思想观念、就业评价标准、政策导向等软环境和师资队伍建设的制度机制与模式等方面的问题。从影响创新创业教育师资培养的相关因素考察，思想观念、就业评价等政策导向作为软环境具有十分重要的作用。

（一）转变思想观念，积极营造创新创业教育的文化氛围

（1）改变把创业简单等同于自创企业的狭隘创业观，树立包括自创企业、在本职岗位开拓创新、建功立业以及到艰苦地区或行业帮助当地群众创立基业、推动发展等在内的大的创业观。

（2）改变以被雇用为本位的就业价值观，引导学生树立创业意识，增强创业精神，学习创业知识和创业技能，积极参加创业实践。

（3）改变"创业容易守业难"的事业观，努力形成政府政策支持、学校重技能培养、家庭信任鼓励、学生积极参与、全社会尊重创业的文化氛围。

（二）调整大学生就业评价标准和政策导向，引导学校和教师积极投入创新创业教育

（1）从政府层面看，要在坚持现有毕业生就业政策导向和评价标准原则的前提下，对政府就业评价的政策进行调整。一方面，充分发挥政府职能，加大创新创业教育师资培训力度，扩大覆盖面，推动创新创业教育骨干教师培训规模化、制度化；另一方面，调整师资培养经费支出结构，完善相关法律法规，引导高校以服务为宗旨，以就业为导向，全力实施素质教育，加大对创新创业教育师资队伍建设的人、财、物的投入力度。

（2）通过政府就业评价政策和学校人才培养战略的调整，引导教师

投身创新创业教育并不断提高其实施创新创业教育的素质能力，把创新创业教育融入专业教育之中。

（3）深化教育体制改革。有计划、分步骤地把创新创业教育的课程设置引向创新创业教育的体系构建，积极促进专业教育和创新创业教育有机结合，整体提升学生的实践能力、创新能力、创造能力和创业能力。

（三）要努力构建创新创业教育师资队伍建设的制度机制和创新培养模式

（1）要健全完善创新创业教育师资培养的制度。针对我国目前创新创业教育教师总量不足、整体素质不高且发展不平衡的情况，必须明确创新创业教育教师任职条件，规范和实施创新创业教育教师资格准入制度，不断提高创新创业教育师资的政治思想素质和业务能力；加大创新创业教育教师的遴选、培养和定期培训力度，点面结合，分层推进，力争在短期内培养一大批能够适应创新创业教育要求的专职教师，加强对专业教师的创业实践和能力培养，推动专兼结合的创新创业教育师资队伍的快速成长；注重对创新创业教育教师队伍的学科结构、职称结构和年龄结构的调整，加强创新创业教育教师队伍的团队建设。

（2）探索和构建适应学校与社会发展要求的创新创业教育师资培养模式。理想和优秀的创新创业教育教师应该是学科知识、专业知识、职业规划和创业实践的统一体。一切有利于这四个方面有机统一和形成的培养模式都值得大胆探索。德国创新创业教育师资培养过程中"学科教育＋职业培训＋创业实践"的培养模式就值得我们借鉴和完善。

下　篇　大学生就业指导与发展

第五章　大学生就业概述

第一节　大学生就业的程序

一、离校前的一般手续

毕业生离校前，一般来说，共有六项必须办理的手续。

（一）缴清学费欠款

毕业生离校前的第一件事就是要缴清学费欠款。如离校前未与校方结清学费欠款，将无法领到报到证或是学位证书，有的学生档案甚至会因此留下不诚信记录。

（二）签订助学贷款还款协议

在校期间申请了助学贷款的毕业生，离校前还须到校内大学生资助中心与贷款银行签署毕业还款协议、制订还款计划。据有关银行工作人员介绍，高校毕业生还款、追款工作均由专人负责，对于恶意逃避还款的个人，不仅将面临法院追缴，其个人违约信息还将被载入全国征信系统，影响其生活的各个方面。

（三）归还图书资料

毕业前一定要记得到校图书馆还清所借图书资料。此外，由于拖还图书产生的罚款也要缴清。

（四）学生证注销

一般是以班为单位统一注销，由班长负责。有的学校是把学生证回收，有的学校是在学生证上盖上"毕业留念"的字样。学生证注销后，毕业生还能享受最后一次从学校到家的火车票优惠，由学院统一发放优惠凭证。

（五）校园卡注销

离校之前毕业生还需要注销校园卡。具体每个学校的要求不一样，一般按学校通知按时办理即可。

（六）退还宿舍钥匙

一般来说，每个学生离校时将钥匙交给宿舍管理人员即可。

二、报到证

每年毕业的时候都有相当一部分学生对报到证的价值和作用不清楚。那究竟什么是报到证？它有什么作用？这是每一个毕业生都需要弄清楚的。

（一）什么是报到证

"报到证"也称"派遣证"，全称是"普通高等院校毕业生就业报到证"，是毕业生参加工作的重要凭证。报到证由教育部印制，省级高校毕业生就业主管部门签发，只有国家统招毕业生才具有领取该证的资格。报到证分为上下两联。毕业生持上联到单位报到，下联存放在个人档案中。毕业生在规定时间内，持报到证办理工作报到、个人户口迁移、人事部门转接档案等手续。报到证一定要妥善保管。

（二）报到证的作用

报到证主要有以下作用。

（1）报到证是毕业生到接收单位报到的凭证，毕业生就业后的工龄由报到之日开始计算。

（2）报到证可以证明持证的毕业生是纳入国家统一招生计划的学生，而区别于成人教育、自考等其他类别的毕业生。

（3）接收单位须凭报到证为毕业生办理接收手续以及人事档案及户

口迁移等手续。

（4）对于考取公务员（参照公务员法管理的企事业单位）的毕业生，报到证是其在工作单位转正和干部身份的证明。报到证自派遣之日起生效，有效期一般为60天。

（三）报到证的重要性

没有报到证，毕业生无法落户。没有报到证，人事局、人才市场不能接收毕业生的档案，其今后档案不得在人才市场流动。没有报到证，国家企事业单位都无法将其作为正式员工聘用，转正定级、职称评定等都将受到一定限制，"干部"身份也无法认定，因此毕业生一定要认真对待派遣事宜。值得注意的是，对毕业生而言，报到证为一人一份，无论什么原因，凡报到证上有自行涂改痕迹或撕毁的，一律视为作废，遗失报到证的毕业生可按要求持相关证明文件，到省级高校毕业生就业指导服务中心高校窗口重新申请领取。

（四）干部身份

1. 什么是干部身份

干部身份是原来计划经济体制下的人事管理制度，沿用至今。例如，报考公务员，参加国有企业、事业单位的招聘、录取。如果没有干部身份就会有一系列的麻烦，甚至可能无法到该单位工作。还有一些职称的认定评定、工龄的审核等也和干部身份有关。在中国社会体系中，公民分为三种身份：农民、工人、干部。大学生属于国家培养的专业人才，属于国家干部身份。

干部身份如何取得？需要单位签订三方协议，需要领取报到证。报到证就是大学生干部身份的证明。假如有一天你有资格提干了，报到证就是可以被提干的证明，因为你是干部身份。

2. 职称评定

大学生持报到证到单位上岗后，按国家规定，必须经过一年的见习期。见习期满后，本人必须签"毕业生见习期考核鉴定表"，这是转正的鉴定表，从此就拿正常工资了。见习期需要在同一单位完成，也就是三方协议书、报到证以及转正证明表这三个上面要盖同一单位的章，否则视为无效。

紧接着要填写"国家统一分配大中专院校毕业生专业技术职务任职资格认定表",也就是初级职称评定表。在我国,各行各业都会有职称评定,具体可评定的职称可以到人事部网站上查询,职称最好和自己学的专业有联系,否则到中高级评定时会比较难。而什么人能评定职称呢?答案是有干部身份的人。

3. 转正定级

毕业的时候,报到证是干部身份的载体,报到证和档案转到合适的接收单位(包括有人事接收能力的单位或单位合作的人才服务中心)满一年后,可办理转正定级手续,以后干部身份的转移就等同于人事关系的转移,干部身份的载体就是人事关系。凭该单位开出的人事关系转移介绍信才能转到下个单位。

例如,签约外企的毕业生,其都有对应的人才服务机构。在和外企签订"毕业生就业协议书"后,拿到报到证,把报到证和档案交至企业对应的人才服务机构,就完成了人事关系的建立和转移。

值得注意的是,某些单位出于规避人力成本的考虑,不直接接受人事、劳动关系,而是通过人才派遣、租赁的办法。这需要与人才服务机构签订合同,但该机构须有办理这一合同的资质。如果工作单位不接受人事关系,也可以自己找有资质(教育部当年政策规定)的人才服务机构管理人事档案关系,防止自身受到不必要的损失。

对于第二年打算继续考研的毕业生,通常鼓励大家先工作,这样可以把干部身份保留下来,因为按正常的程序第二年7月就完成了转正、初级职称评定。研究生9月入学时,干部身份已经保留,3年研究生毕业后工作,没有见习期。如果进入国企或事业单位,那么研究生这3年也是算工龄的。

三、户口、档案以及党组织关系

(一)户口迁移证

1. 什么是户口迁移证

户口迁移证是公民的户口所在地变动时,由原户口所在地迁往新落户地址的凭证,由户口迁出地的公安机关(高校所在地公安派出所)开具。持证人到达迁入地后，须在有效期内将户口迁移证交给户口登记机关申报入户。户口迁移证是公民在户口迁移过程中的重要凭证，因此公民在户口迁出后要妥善保管好户口迁移证，不得遗失、涂改以及转借，若不慎将户口迁移证遗失，应立即报告迁出户口登记机关。

2. 办理程序

户口迁移的工作，学校一般会安排以班级为单位统一进行。入校时户口未迁入学校的同学不需要办理，其他每位同学需要明确自己的户口去向，是去工作单位、去外校读研、迁回原籍还是迁往人才交流中心，并将具体地址报告给学校户籍科。

需要办理户口迁移的同学离校前一定要拿到户口迁移证。

3. 户口的作用

户口是中国内地特有的一种户籍制度，如果在中国香港，户口一般指的是银行账户。我国政府依靠户口来统计人口方面的数据，中国人口信息网上那两个人口时钟就是根据户口统计出来的。所以说在我国，户口就是一个人最本质的证明。没有户口，就是"黑户"，将面临种种麻烦，如没法办理身份证，没办法登记结婚，没办法领取社会补助，没办法读书上学，甚至面临着"偷渡"的嫌疑。其实"黑户"很常见，如果毕业以后"三不管"，户籍档案关系"任逍遥"，等到用的时候就会发现，自己竟然莫名其妙变成了"黑户"，不得不重新办理，费钱又费时间，麻烦至极。所以关注自己的户口是非常有必要的。在中国，尤其是农村生源的学生，上学可以说是走出农村的一条捷径，一般考上大学，就兴冲冲地回家领取户口迁移证，从家里的户口簿里拿走自己的户口页，等到开学报到的时候将这些材料全部上交，就暂时性地成了学校所在城市的一员（当然也有部分同学没有迁户口）。但学校的集体户口只是临时性的，所以在毕业的时候要把户口从学校迁出去。

（二）档案

1. 什么是档案

毕业生在校期间的档案叫"学籍档案"，是只有全国高考、研究生考试统招生才具有的文字档案，它记录了毕业生的在校学习成绩、家庭状况、在校期间表现和奖惩情况等。学籍档案一般包括大学新生入学登记表、毕业生登记表、体检表、大学成绩单、党团组织材料、学士学位证明表、奖惩情况、报到证下联。根据学校及个人情况不同，还可能有表现考核、军训考核、毕业论文成绩、实习材料等。

2. 毕业生档案去向

（1）保送研究生的同学：档案留校即可。

（2）考上外校读研的同学：档案寄往外校，须在"毕业去向信息表"中留下学校详细地址。

（3）已落实就业单位且单位同意接收本人档案的同学：档案寄往单位，须在"毕业去向信息表"中留下单位详细地址。所需材料为协议书或合同。

（4）已落实就业单位且就业单位不具备接收档案资格的同学：①将档案托管在某地方人才交流中心，须在"毕业去向信息表"中留下该人才交流中心地址，而非就业单位地址，所需材料为人才交流中心发来的调档函或在三方协议上保管档案单位处盖章确认。②无意长期在此单位工作，还会再报考公务员或入伍、出国的同学，办理择业代理，所需材料为确认书、费用、实习合同。

（5）未落实就业单位的同学：将档案托管在某地方人才交流中心，须在"毕业去向信息表"中留下该人才交流中心地址，所需材料为人才交流中心发来的调档函。若无具体去向，统一发回生源省大学生就业服务中心。

档案寄发后，一般在当地两周内、外地两个月内可到目的地。毕业生一定要及时到有人事权的上级主管部门（如教育局、人才交流中心等）查询档案是否到达。如无到达记录，须尽快与母校联系，索取自己的档案专递"机要号"，然后到当地机要局或院校所在地机要局查询，机要局受理一年内的专递查询。

3. 档案的注意事项

（1）毕业后档案性质发生转换。学生毕业后，校方在其学籍档案中放入其报到证，然后将档案转交毕业生就业单位的人事部门或委托的人才交流机构，这时其"学籍档案"就自动转换为"人事档案"。

（2）档案放在母校无意义。值得一提的是，按国家相关政策，毕业生毕业后暂时找不到就业单位的，其档案可免费由学校保存两年，因此一些不了解情况的毕业生便误以为学校可以永久免费保存自己的档案，就无须另到人才交流机构托管了。其实，学校保存的只是毕业生的"学籍档案"，而真正在社会上发挥作用的却是"人事档案"，如转正定级、职称评定等相关事宜都是在"学籍档案"转换成"人事档案"后才能进行的。将档案丢在学校免费"存放"，对个人的工作和生活起不到任何作用。

（3）生活中其实处处需档案。对毕业生而言，"人事档案"的作用可小看不得。企事业单位招聘员工、国家公务员的选拔等都要审查档案以做参考。办理社会保险、职称评定、婚姻登记、出具各种相关证明等也都需要人事档案。档案的缺失，会给日后的学习和生活造成不必要的苦恼和麻烦。

（三）党组织关系转接

1.什么是党组织关系转接

中共党员因调动工作、参军、学习、外出务工经商和其他原因离开原所在地或单位，外出时间在六个月以上，且地点比较固定的，经党组织同意，应按规定转移党员正式组织关系（即开写党员组织关系介绍信）。

2.转接步骤

（1）党员经所在党支部同意，由党支部开出从支部到上一级党委（党工委）的组织关系介绍信。

（2）党员持支部开出的介绍信到上一级党委（党工委），党委（党工委）核实后，根据支部开出的介绍信，分三种不同情况开出相应的介绍信：①如果党员转往该党委（党工委）下属的其他支部，则开出从党委（党工委）到转入支部的介绍信；②如果党员转往市内其他党委（党工委），则开出从所在党委（党工委）到转入党委（党工委）的介绍信，党员持介绍信到转入党委（党工委）办理；③如果党员转往市外有关单位，则开出从党委（党工委）到市委组织部的介绍信。

（3）党员持党委（党工委）开出的组织关系介绍信到市委组织部。市委组织部经核实后，根据党委（党工委）开出的介绍信情况，开出从市委组织部到市外相应有转接权限党委组织部门的介绍信。

（4）党员持市委组织开出的组织关系介绍信到市外相应有转接权限的党委组织部门，该组织部门开出从组织部门到转入党委（党工委）的组织关系介绍信。

（5）党员持市外有转接权限党委组织部门介绍信到转入党委（党工委），该党委（党工委）根据介绍信情况，开出从党委（党工委）到转入支部的介绍信。

（6）党员持转入党委（党工委）开出的介绍信到转入支部报到。

四、人事代理

毕业生人事档案代理是指国家本着充分尊重毕业生自主择业的原则，高效、公正、负责地为各类高校毕业生解决在社会主义市场经济条件下所遇到的人事档案管理方面的有关事宜。它是一种新型的人事档案管理方式，它的实行对深化我国人事制度改革、实现人才社会化管理和服务具有重要意义。

（一）人事代理的功能

1. 保护人才的合法权益

我国正处于经济体制改革的转型时期，经济发展迅速，人才在不同体制单位中频繁流动，而在不同的体制单位中，其人事劳动政策却有着显著的区别。人事代理业务对人才流动中心个人的档案保存、工龄的连续计算、社会保险的接续、职称都能很好地衔接，使个人在流动后的合法权益得到有效的保护，实现单位人向社会人的转化。

2. 企业与政府的衔接桥梁

人事代理业务是政府劳动人事管理职能的延伸，一方面，可将政府在劳动人事管理上的政策和规定向企业传达和解释，让企业更快捷地了解政府劳动人事政策；另一方面，企业在人事管理中需要面对人事、劳动、公安、教育等多个政府部门，而人事代理业务可以集中企业的各种需求，通过各个处理平台和专门的渠道为企业对口办理各项业务，让企业享受一站式服务。

3. 帮助企业从烦琐的事务中解脱出来

人事代理业务实现了企业人力资源管理中事务的社会化，是市场经济条件下新型劳动分工的一种体现。企业把档案、社保、职称、办理招用工手续、人才引进等具体事务外包给人事代理的专业机构代理，从具体烦琐的人事管理事务中解脱出来，从而能全身心投入企业经营和发展战略规划中去，同时简化了人事机构设置，降低了人员成本，使企业能够整合利用外部最优秀的专业化资源来降低成本、提高效率，增强核心竞争力和对环境的应变能力。

4. 提升员工的满意度和忠诚度

企业实行人事代理，员工可以充分享受到社会保障、人事管理方面的政策。同时，人事代理机构可以为员工迅速办理各项与其息息相关的福利及劳动人事事务，解决其后顾之忧，使员工能和睦相处、专注工作，这样他们对企业的满意度和忠诚度就会不断提升，有助于企业塑造良好的企业文化。

（二）人事代理的内容

根据目前的人事代理政策，毕业生办理人事代理可以解决以下几个方面的问题。

（1）本人档案的保管、转移；户籍关系的挂靠；党、团组织关系的挂靠、接转。

（2）代办养老保险、医疗保险和社会保险项目。

（3）见习期满后的转正、定级、专业技术职务资格评审。

（4）出具因公因私出国、出境等政审证明材料。

（5）代理期间工龄连续计算，负责档案工资的核定调整。

（6）为毕业生办理改签手续。

（7）毕业时未找到就业单位的毕业生，人才服务中心可以为其办理求职登记并提供就业岗位。

（8）办理人事代理后，不论流动到何单位，其工龄、身份、职称、社会保险、档案等方面，都由人才交流服务机构提供配套服务。

（三）人事代理的程序

根据毕业生的不同情况，毕业生人事代理手续的办理程序也有所不同。

对于择业期内已联系到接收单位的毕业生，凭接收单位签章的就业协议书到省、市人才中心，由人才中心审核后签署人事代理意见；毕业生将就业协议书送交所在学校，由学校统一到有关部门办理就业报到证、户口迁移证，并将毕业生档案转交人才中心；毕业生持就业报到证、户口迁移证、身份证等到接收单位办理户口迁入手续，接收单位无集体户口的，可直接落入人才中心集体户口。

对于择业期内已就业，按要求到省、市人才中心实行人事代理的毕业生和由省外院校到本省二次择业的毕业生，持就业报到证（改签的还须提供原接收单位或省辖市人事部门同意改签的证明）到省、市人才中心，由省、市人才中心出具接收函；凭省、市人才中心的接收函和原就业报到证直接到省毕业生就业办办理改签手续，并凭新的就业报到证将毕业生档案转交省、市人才中心；持新的就业报到证、户口迁移证、身份证等材料到省、市人才中心报到，签订人事档案管理合同，户口迁入省、市人才中心集体户口。

（四）人事代理的注意事项

（1）不是任何一个职业介绍机构都能够从事人事代理事务，只有政府人事部门批准的人才交流服务中心才能从事人事代理事务。所以，在选择人事代理机构时一定要看该机构是否具备人事代理资格。

（2）是否需要人事代理还要看用人单位是不是人事代理单位，需不需要人事代理。

（3）根据就业的方式和途径，应按照人才交流服务中心的要求办理有关手续。

（4）在与人才交流服务中心签订代理协议后，要严格按照协议条款执行，同时要用好代理政策，保证自己的合法权益。

（5）主动并及时与人才交流服务中心沟通信息，保证信息畅通。

第二节　大学生就业价值取向分析

一、大学生就业价值取向概述

大学生的价值取向是在他的行为和意识中所渗透出的价值指向，是学生在实际生活中所追求的方向，是其人生价值目标的选择和人生态度的基本方向。价值取向帮助大学生在遇到问题时了解做事情的底线和方向。

大学生群体的就业价值取向受到其就业理想、就业目的、就业要求、就业时间和空间等要素的影响，在就业过程中体现出来的根本看法、态度和信念，是大学生在就业时对职业选择和职业发展方向的基本观点和价值判断。大学生就业价值取向是其人生观、世界观和价值观的集合，指导其行业选择和未来发展方向。

本质上，大学生就业价值取向反映了大学生的社会地位、就业和创业过程中的思想意识，是大学生价值观的重要组成部分，同时也反映了大学生的就业需要和社会属性之间的关系，体现其就业评价、就业选择的总体看法，对大学生的社会职业生活具有重要指导作用。

二、大学生就业价值取向的构成

大学生就业价值取向主要包含专业选择和专业发展期望取向、就业获取和岗位期望价值取向以及职业生涯发展价值取向。

（一）专业选择和专业发展期望取向

大学生的专业价值取向是指大学生在就业时以自己所学专业与未来从事的工作相关度作为首要考虑因素。这类大学生在自身专业的基础上考虑未来的职业发展，看重自身专业价值和专业成就，价值取向更加理性。高校的主要目的是教书育人，培养出的学生不仅要专业意识强、专业能力和专业技能过硬，同时也要淡化物质利益至上的意识和功利主义意识。当代社会的劳动分工越来越精细化，具有专业价值取向的大学生能够追求个人的专业发展，适应社会的需求，就业价值取向较为理性。

（二）就业获取和岗位期望价值取向

大学生的就业获取和岗位期望价值取向体现出了大学生的功利主义或者物质至上主义的价值取向程度。若大学生在毕业时将获取薪酬作为首要考虑的因素，则表明该学生的物质至上主义价值取向较强，经济状况、生存和生活状况是该学生当前最关注的问题。社会经济的发展水平不同，大学生的功利主义价值取向也存在不同，经济发展水平达到一定程度后，虽然不反对功利，但是大学生仍要尽量远离功利主义。

（三）职业生涯发展价值取向

具有职业生涯发展价值取向的大学生在就业时会首先考虑未来的职业发展和岗位期望。该类学生认为工作成就感是人生职业发展中的重要因素，在就业时，该类学生也会看中个人价值的体现，对个人发展的预期也较高。通常具有职业生涯发展价值取向的大学生对社会做出贡献的可能性相对较高，功利主义意识较弱，所以职业生涯发展价值取向对于个人和社会来说均是较为理性的价值取向。

三、大学生就业价值取向对大学生就业的影响

大学时期对于大学生就业价值取向的形成具有重要影响，大学生的就业观念、目标、行为和未来职业发展都会受到该时期的环境影响。高校就业指导部门需要在该时期引导大学生树立正确的就业价值取向，帮助学生不断完善知识结构，培养大学生的职业素质，使其更好地适应国家和社会的需要。树立正确的就业价值取向能够约束大学生的就业行为，塑造良好的职业道德。良好的就业价值取向能够帮助大学生在进入社会后快速转变学生身份，在各个岗位上都能发挥重要作用。正确的就业价值取向有助于大学生实现人职匹配，适应社会的发展，实现个人发展和职业发展的结合。

（一）就业价值取向影响大学生的就业选择

就业价值取向在就业选择的过程中具有重要的作用，这是实现个体与组织之间价值匹配的主要方式。就业价值取向被内化并成为影响需要

的动机，通过需求与压力的关系来影响职业选择。当学生在面对选择的时候，具有独特价值观结构的个体受到一定的刺激，会挑选能够提供价值观表现机会的组织环境，而回避压抑内在价值观的组织。因此就业价值取向会对个体的就业选择产生影响。

（二）就业价值取向影响大学生的就业满意度

大学生就业价值取向是大学生对职业的评价标准和依据。大学生在进行职业选择的时候需要就职业属性和个人需求展开对比分析，在考虑客观条件和自身情况的基础上产生就业期望。大学生的就业价值取向影响其就业期望，积极的就业期望会对大学生的就业选择过程产生积极的影响，提升大学生的就业满意度。大学生毕业后在就业单位进行工作实践后，对工作有了更为理性的认识，就会对比不同时期的就业期望。当工作感知低于大学生的就业期望时，大学生就会工作消极、想离职等；当工作感知高于就业期望时，大学生在工作中就会更加积极主动，对未来职业发展充满希望。因此，大学生的就业价值取向对其就业满意度具有重要影响。

（三）就业价值取向影响大学生的就业竞争力

大学生的就业竞争力是指大学生毕业之后在就业市场上与其他求职者竞争，发挥自身潜力和价值的能力。就业竞争力的大小体现了大学生的综合素质，综合素质高的大学生能够在就业市场上战胜其他竞争者，获得更好的就业机会。大学生的就业价值取向能够提升大学生的就业水平，扩大大学生的竞争优势，并使其在学习和工作中激发这种优势。较强的竞争优势能够增强大学生的自信心，为其未来的职业发展奠定基础。

（四）就业价值取向影响大学生的就业率

如果大学生的就业价值取向存在问题，他们就可能会出现较强的功利主义意识，更加注重实现自我价值。如果大学生对所学专业的发展方向和前景不了解，自身职业生涯规划不合理，就会影响他们首次就业的成功率。大学生如果对职业缺少清晰的认识，就容易受到他人意见的影响。大学生如果依赖社会关系就业，可能会缺乏对就职单位的了解，没有对行业发展前景、企业文化和企业制度等信息进行调研分析，就职后容易不满足于就业现状，频繁换工作，从而降低就业率和就业稳定性。

四、引导大学生树立正确就业价值取向的对策

（一）加强学校就业指导教育

高校能够提升学生的自我认知，帮助学生合理定位。高校在帮助学生树立正确的就业价值观时，不仅要教给学生文化知识，还要指导大学生合理定位，正确地认识自己。树立正确就业价值取向的前提就是大学生能够正确、全面地认识自己。

1. 帮助大学生树立正确就业价值观

在现实条件下，有的大学生因为过度相信自己，往往不能正确地认识自己。在这种情况下，高校应在系统性强与实践性强的课程中，以讲座的形式，帮助学生认清当下就业形势，分析个人的优缺点，提高自身综合能力。除此之外，高校的就业指导部门应指导大学生的就业，依靠获取的人才市场信息和就业机会，帮助大学生正确定位，进行合理的就业选择。

2. 将大学生就业价值取向教育纳入就业指导课程

现今高校对大学生的教育，不仅包括专业课教育，而且要培养大学生的理想、奉献精神、道德品质与创业意识。课程教育的内容需要涉及职业素养与创业意识，使学生树立正确的就业竞争观念和就业平等观念，最终帮助大学生形成正确的就业价值取向。

高校应当科学优化课程的设置，促进教学内容的更新，依据大学生培养层次、培养规格、培养目标的不同和差异，有目的地对课程进行安排，而不只是为了使课程变得"高大全"，这样只会使得相关课程之间存在着教学内容互相重叠的现象并导致教学资源的浪费。与此同时，高校在课程设置这一方面，需要注意实现跨学科的交叉互动，积极拓宽大学生的思维广度和宽度，使其学科视野得以不断深化，通过跨学科交叉来找到现实中所需的东西，实时发现发展的动态变化，不断提升大学生的专业能力和水平。除此之外，还要不断优化大学生教育结构，重视职业技能教育，尤其是在经济社会快速发展的时代下，面对全球化浪潮的不断推进，人才市场也不断要求对大学生的培养应该侧重应用与开发领

域。这就要求对大学生教育结构进行转变和调整，以满足不断发展变化的社会需要。

3. 完善就业指导服务体系

首先，高校应建立专门的大学生就业指导机构。目前大多数高校都成立了就业指导中心，能够及时有效地掌握就业信息，采用正式与非正式手段加强与就业合作伙伴和单位的联系，如举办校园宣讲会、招聘会、聚餐等，为大学生提供更多的就业岗位和就业参考信息。其次，建立健全全程化的就业指导理念与工作机制。自大学生进入大学一年级，就专门开设大学生就业指导课程，时刻培养、关注大学生的就业意识，了解市场对人才的需求，使大学生在思想上、行动上、学习上形成符合未来社会就业的观念；让学生能客观地评价自己，从社会、市场、行业等的实际需求出发进行择业，这样可以有效避免形成盲目追求高报酬、高福利的择业观。从事就业指导工作的高校人员，不仅要对当下我国出台的就业方面的政策法规有所了解，还应具有指导大学生科学就业的工作能力与责任心，掌握教育学、心理学、管理学等相关知识。除此之外，这些工作人员应该有计划地、积极主动地参加我国的就业指导岗位培训并获得资格证书，持证上岗。高校相关管理部门应当充分保证就业指导部门的机构设置与人员配备，根据自身情况与特点，完善办公条件，提供经费保障，促进高校就业指导体系建设的完备。

4. 提高教育工作者的能力素质

首先，建立起由专业教师组成的就业指导团队。大学生就业指导的综合性较强，指导教师需要掌握扎实的职业生涯规划理论，还需要具备一定的职场技能，能够及时获得就业市场信息，加强对学生就业心理的指导。所以，构建专业的就业指导教师队伍，有助于科学专业地对大学生职业生涯进行指导，并且能够为学生提供与实践密切相关的就业指导服务。

其次，完善高校大学生的就业指导体系。从指导者方面来讲，这些指导工作人员不仅要熟练掌握职业教育相关理论知识，具备丰富的社会工作经验，还要具备很强的责任心、优质的业务素质和完备的知识结构。除此之外，他们也应该善于审时度势，有做出科学决策的能力，能够在对学生的就业前景进行科学分析的基础上，帮助学生合理选择个人发展和社会发展相统一的职业，深化就业指导工作的专门化和专业化。就全局就业指导建设而言，要不断规范择业指导工作，为此，可以建立外部评价、内部激励的工作机制。大学生就业过程增加学校、社会主体的共同指导和参与，不断探索与完善政府有关部门和学校的大学生就业指导体系的建设。在具体的就业指导过程中，不仅要加强对大学生的教育，还需要加强与用人单位的联系，及时获得人才需求信息。政府部门要建立专门的大学生就业指导组织，定期组织活动洽谈，拓展大学生的就业选择。根据大学生就业的新形势和新特点来构建强有力的大学生就业指导制度，深化大学生就业指导工作的制度化，使大学生就业价值导向工作获得突出成果。

（二）提高大学生自我教育与适应能力

就业对大学生来讲，能够帮助其实现社会价值，体现个人职业志向。通过就业，大学生不仅能获得全面发展，还能不断提升个体素质和实现专业技能的发展。

1. 提高就业选择能力

只有端正择业观念，才能拥有正确的就业价值取向。在实现自身职业目标的过程中，大学生还应该考虑到国家、社会、集体的利益，将服务社会当作择业、就业的主要考虑因素，而不能只在乎个人的就业需要与利益。国家、社会与他人的需要和个体的就业情况密切相关，大学生在就业的过程中不仅要考虑个人利益，还需要考虑国家、社会与他人的需求。现实中，就某一具体职业来讲，这个职业要满足个人与社会的双重需要。如果个人与社会需要之间产生很大矛盾与冲突，处理不好的话，就会影响个人的顺利就业。因此，大学生在进行就业的过程中，要处理好国家、社会、个人三者之间的关系，结合个人的发展与社会发展需要，在就业、择业的价值取向上做出正确的选择，树立正确的就业理念。

2. 提高专业技能和自学能力

大学生在大学期间通过学习可以掌握扎实的相关领域的专业知识与专业技能，成长为具有专业特长的专才，满足经济、社会和文化发展对特定专门人才的需求，最终为实现个人价值奠定基础。不管大学生性别、出身如何，只有掌握了扎实的专业知识和专业技能，才能实现个人的不断完善与发展。在学校期间，如果大学生只注重学习相关知识而忽略了自身其他方面的提高，那么毕业之后在求职过程中会遇到很多问题，如语言表达能力弱、不善于展现自我、缺乏社会经验、承受挫折能力较弱。因此，大学生在校期间除掌握扎实的专业基础知识之外，还需要积极参加各项社团活动、社会实践、专业实习，积累社会工作经验，不断提升完善自身的综合素质。

3. 开展健康的就业心理教育

大学生要树立正确全面的就业观念，就要积极挑战传统的观念，将自身价值的实现和社会价值的获得结合起来，自主创业；积极加入帮助建设西部边远地区的队伍，提升社会责任感，愿意从基层做起。目前我国就业形势紧张，高校大学生在毕业找工作的时候会遇到很多不稳定的因素，这些都不利于大学生的顺利就业。很多高校毕业生即使充分预估到就业中存在的压力，可是当实际遇到压力与挫折时，仍然会出现经验不足、承受能力弱、应对能力弱等情况。特别是那些自我控制能力较差的大学生，他们往往更容易出现心理与思想方面的问题，严重的甚至会产生强烈的心理失衡，造成言语与行为上的不良反应。大学生只有树立正确的就业态度，才能积极落实就业行为。拥有健康的心态，需要大学生能够准确认清就业形势，对自身的就业条件有准确、客观的认识，不仅能够准确认识到当前就业过程中存在的不利方面，更要看到未来职业发展的广阔前景，缩小心理自我与现实自我之间的差距。高校要积极引导大学生转变对自己的过高认识与定位过高的心态，客观、正确对待自身，了解社会和国家对人才的需要，采取有效的措施，将职业发展与社会需要结合起来，从而实现心理自我与现实自我两者之间的统一，形成坚强、乐观的心态，为顺利就业做好心理准备。

第三节　大学生就业能力的提升

一、大学生就业能力的结构层次

大学生就业能力的概念是随着毕业生就业制度的变化而不断改变，为了适应就业市场的变化而提出来的。大学生的就业能力不仅是指获得和保持工作机会的能力，还应该包括在工作中具有职位的竞争力以及使职业可持续发展的能力。这种能力是一种潜能，展现个人的态度。对这一能力，不仅仅应从传统职业生涯的视角去研究，更要考虑潜在的能力要素。在社会需求导向下，大学生一方面要具备过硬的基本素质和广博的知识而；另一方面要具备较强的实践能力和创新创业能力。因此，本书认为大学生就业能力具有层次性，包括基础层能力、求职层能力及发展层能力三大部分。

（一）基础层能力

基础层能力是相对静态、显性的能力，具有明显的可判别性，是保证求职成功的根本能力要素。大学生就业能力的基础层能力包括专业技能、外语和计算机应用能力、实践动手能力。基础层能力主要是通过学校教育教学培养获得的，主要衡量大学生的知识水平、专业技能、实际运用能力等。对基础能力的测量和考评相对直观可靠，如一些与专业相关的等级考试，大学英语四、六级考试，计算机水平考试等可以直观地反映大学生的基础层能力。

（二）求职层能力

求职层能力是抓住应聘机会，同时在应聘中得到用人单位认可，成功取得应聘职位的能力素质，这种能力主要体现在获取就业信息、把握就业机会，并通过角色转换进入应聘状态而取得目标岗位这几个环节中。求职层能力是在应聘过程中表现出来的一系列能够获得用人单位认可的态度、个性心理品质、适应能力、应变能力、处理信息的能力和领导能力等。大学生就业能力的求职层能力包括沟通能力、情绪控制能力、信息管理能力。

（三）发展层能力

发展层能力主要指工作期间取得成就和进步的能力要素，这是一个相对动态的能力，具有易变性和隐蔽性的特征。大学生就业能力的发展层能力包括人际能力、社交能力、学习能力、团队协作能力、环境适应能力、创新能力、道德责任心、身体素质能力、抗压能力、思维能力、独立识别事物的能力。发展层能力往往是在环境中通过不断地参与实践活动习得的，如人际交往能力、社交能力、抗压能力、环境适应能力等，这些能力的提升就在于长时间在工作环境中待人接物的不断完善。发展层能力的提升是潜移默化的、不稳定的，所以对发展层能力的准确测量一般可操作性不大。但是发展层能力也是可以培养的，随着工作年限的不断增加，从业者不断地调整自我的环境适应能力和团队协作能力，对工作领域的技能日渐熟练从而形成一套快速反应的思维模式，同时也有独立识别事物的判断标准、对行业的认可度，以及高水平职业道德和专业素养等。

这三大层次的能力先后体现在大学生求职前、求职中和求职后三个阶段，共同构成大学生就业能力不可分割的连续统一体。这三大层次的能力分为一级指标和二级指标。其中，二级指标分别为专业技能、外语和计算机应用能力、实践动手能力、沟通能力、情绪控制能力、信息管理能力、决策能力、角色转换能力、人机能力、社交能力、学习能力、团队协作能力、环境适应能力、创新能力、思维能力、独立识别事物的能力、道德责任心、身体素质能力、抗压能力。

二、大学生就业能力的影响因素

大学生就业能力的影响因素就是指影响大学生就业能力结构的各种因素。大学生就业能力影响因素是复杂的，不管是大学生自身，还是社会、政府、用人单位、高等学校，都在大学生就业能力的形成和发展过程中起着一定的作用，需要将这些因素有机结合才能形成就业能力培养体系。因此，有必要弄清楚影响大学生就业能力的因素，从而为就业能力的提升提供有针对性的措施。依据前面对大学生就业能力结构的解析，将大学生就业能力影响因素分为大学生自我发展的能动性、高校办学特色与人才培养体系、社会对高校人才培养的需求和支持以及政府对就业与人才培养的政策导向四个方面。这四个方面分别对就业能力结构的三大要素产生直接的影响，是大学生的基础层能力、求职层能力、发展层能力的最主要的影响因素。

（一）大学生自我发展的能动性因素

个体因素是影响大学生就业能力的重要因素，就业态度、心理素质、学习能力、求职心理状态等即大学生自我发展的能动性因素。个体因素属于主观因素，是用人单位最看重的影响因素，直接关系到大学生的就业能力水平。例如，大学生的学习成绩、获奖经历和职业技能证书通常是用来衡量大学生在校期间表现的最基本的指标。其中实习经历、兼职工作经历和创业经历是大学生动手能力和创新能力的突出表现。实习经历对于沟通能力的提升也有积极作用。就业态度对大学生实习经历的影响表现为：有强烈就业动机的毕业生在就业的时候能够发挥其主观能动性，积极地参与实习、招聘等，不断增强自己的就业竞争力，调节好自己的状态，提升自己的抗压能力。心理素质同样会影响大学生的就业能力，在求职中遇到困难、挫折时，具有良好心理素质的大学生趋向于以乐观的心态面对挫折和逆境，调节好自己的状态，提升自己的抗压能力。

（二）高校办学特色与人才培养体系

作为人才培养机构，高校在大学生就业能力培养中占主导地位，学生在校期间接受的知识、技能，形成的道德品质等很大程度上受高校的办学特色、人才培养体系的影响。高校的一个重要社会功能就是为社会培养各种高级人才，为经济发展培养适应社会需要的劳动者。高校影响大学毕业生就业能力的发展主要通过在校期间的课程学习、社团活动、社会实践等方面实现，尤其是大学生的基础层能力主要是通过在校期间的高等教育所培养的。

高校应该突出学校的办学特色，培养适应社会发展的有专业技能的特色人才，从而提升大学生在专业领域的才能。高校要想保持对大学生就业能力发展的主导性，就必须要在适应社会需求的同时拥有自己的办学特色。同时，高校的多样化的人才培养体系也极大地影响了大学生的就业能力。为了适应多元化的社会需求，高校的人才培养目标也逐渐变得多元化，形成了包括兼具通才和专才性质的复合型人才、具有实践能力的应用型人才、具有创造能力的创新型人才等多种人才的培养目标体系。除此以外，高校通过开设有利于大学生就业能力发展的各种教育活动，使大学生实现了就业能力发展，教育者则通过活动指导影响大学生就业能力的发展，有效发挥了学校教育的主导性。

（三）社会对高校人才培养的需求和支持

社会因素是高校外部利益相关者对大学生就业能力所产生的作用，包括用人单位对高校大学生的筛选、社会经济发展状况、产业界对高校的支持力度等。产业界对高校的支持，包括与高校合作锻炼学生的实践能力、企业与学校签订就业契约、企业全程参与学生的课程制定、保障毕业生就业等。社会因素还包括经济状况、行业因素、对可利用资源的管理、对经济形势的判断等。用人单位因素，如劳动力市场信号、行业用人标准、劳动力市场分割，也极大地影响着大学生就业能力的发展。随着经济的发展和劳动力市场结构的调整，大学生就业能力的发展也在不断地发生变化，因此，重视企业对大学生就业能力的外部评价有利于帮助高校制定适合社会发展的人才培养方案，从而保证高等教育培养出有用的人才，让学生学有所用。企业的用人标准与高校培养的大学生的就业能力越接近，大学生求职成功的可能性就越大，因此，企业的用人标准对大学生就业能力的培养起到方向标的作用。

（四）政府对就业与人才培养的政策导向

政府具有管理、规划、经济、政策、财政等优势，借助这些优势，可以为高校大学生就业能力的提升提供有效的平台和保障。政府支持或参与大学生就业能力开发的过程，主要包括政府对大学生就业的政策导向与对人才培养的政策导向等，促进高校和企业共同发展。就业环境因素对大学生就业能力来说是宏观层次的影响因素，在大学生就业能力培养过程中，政府行为起到纲领性的作用。政府通过发挥职能优势，为合作办学的高校与地方企业牵线搭桥，帮助引进资金，搭建科研平台，增加高校科研课题，提高高校教师科研水平，增强企业研发能力。政府的政策是就业的政治基础，政府应当根据社会就业情况来调整政策，为大学生就业扫除政策上的障碍。营造一个良好的职业道德环境，树立人尽其责的职业操守，更需要社会各方面力量的支持与配合，同时也需要政府利用政策引导大学生合理选择就业岗位，为企业引进人才拓宽渠道，和企业共同开展大学生就业能力培养体系的建设，为大学生就业能力的提升和就业状况的改善提供有效的支撑。

三、高校大学生就业能力提升对策

（一）大学生自我培养层面：提升主动意识和端正择业心态

1.培养就业能力发展的主动意识

大学生是就业能力提升的受益主体，其自身的学习意识、行动模式和参与热情等都直接影响就业能力的形成和提升。发挥大学生个人的主观能动性，使之积极投身到符合社会需求的就业能力培养过程中，是保证其就业能力与社会需求相匹配的关键。大学生要进行全面的自我认知、职业认知和职业定位，并根据实际情况评估调整，加强自我职业规划能力，立足于职业兴趣、职业能力、个人特质的开发，树立正确的职业价值观。同时，大学生要对社会环境和职业环境有充分的认识，做好充分的准备，职业规划要符合一般发展规律，切不可违背实际。

大学生在专业知识不断加深的基础之上，应当确定自己的职业目标，不管是近期的还是长远的就业目标，分阶段实现自己的职业目标。在设定职业目标时，根据自身的优势和劣势以及所处的背景，发挥自身的长处，尽可能地利用可利用到的资源，合理选择就业岗位。

2.提升综合素质，端正择业心态

就业是高校大学生由"学生"角色向"社会人"角色转变的过程，学生应该正确评估自身在就业环境中所处的位置。学生在校期间应该通过丰富的校园活动、比赛锻炼自己的综合能力，如语言表达能力、分析问题的能力等；在求职中遇到困难和挫折的时候要学会调整心态，明白求职过程就是竞争的过程，不怕风险和挫折，提升抗压能力；学会总结求职过程中失败的经验教训，磨炼自己的意志力的同时，正确地看待挫折，理性地分析自己的优势和劣势，扬长避短，学会展示自己、推销自己。

树立远大的理想，立足当下，学会调整心态，找准自我定位和发展的方向，从基层做起，走好求职的第一步，以实现自身最大的人生价值。高校毕业生在初次就业的过程中，难免会遇到困难和挫折。当面临就业的心理压力时，要正确处理好理想与现实之间的关系，合理定位自己的目标和价值，调整好自己的择业心态。高校毕业生在大学期间应该培养自己良好的心理素质和应变能力，包括应对挫折的能力和顽强的意志等。

（二）高校培养层面：丰富培养内容和路径

高校对学生的就业能力培养和提升不等同于就业指导，不能在大学生即将毕业找工作的时候才开展，也不仅仅是高校就业指导部门的事情，而应该贯穿高等教育全过程，更涉及大学生人才培养的整个系统。高校要为社会培养有用的大学生，使其具备符合各行各业需要的能力素质，就必须以社会需求为起点来设计高校人才培育机制，多方位地开发学生的能力，完善培养内容和培养方式。因此，高校应该从根本上改变教学思路和教育培养模式，建立切实有效的大学生就业能力培养路径。

1. 提高专业和课程设置与就业市场匹配度

大学专业是高等教育部门根据社会分工和产业结构的需要所设置的学科门类。培养市场需要的专业人才是高等教育的重要功能之一，高校必须面向和服务经济社会发展。专业设置应该从封闭走向开放，要以社会需求为导向，合理设置学科专业。专业和课程的设置要以不同专业相关企业的实际需要为前提，让相关的高就业率行业，尤其是新兴行业企业中的领军人物参与到高校的专业和课程设置中来，共同研讨人才培养所需要关注的综合能力以及这些能力应当如何开发。在课程设置上，要继续增加实践课程的课时比例，尽量安排与理论课程相匹配的实践课程，如理论联系实际的案例分析和模拟操作等。

提升大学生专业能力主要通过在校期间的专业理论课、专业实践课、专业实习来实施。目前，很多大学生在接受高等教育的过程中，迷失于学分制和课堂教学，盲目地选修课程仅仅是为了拿到足以毕业的学分，而缺乏对课程选择、专业成长、生涯发展的积极规划和设计，从而导致学了很多，但是有用的、与实际就业相联系的却很少。因此，对于大学生专业素质的培养而言，应积极引导学生做好学业规划，拓展和丰富专业基础理论及相关知识。

高校应以市场为导向，坚持以社会与企业的需求为出发点，增强市场意识，广泛收集市场需求信息，以调整现有的课程设置和教学模式。从以知识传授为主向以能力培养为主转变，注重培养大学生的品格素养、创新意识以及实践能力，要实现从以教为主向教学互动转变，不断完善就业能力培养体系。高校应将创业教育纳入教育体系中，培育学生成为具有创新精神和创业意识的人才。高校创业教育体系建设包括开设创业学课程、建立创业中心和创业教育研究会等。高校创业教育通常包括两种形式，即校内创业教育合作模式和校外创业教育合作模式。不论哪种模式，都需要对课程体系进行调整，增加技能型教学的内容，重视高校大学生交流能力、信息管理能力、沟通合作能力的培养。

高校各专业的课程结构与内容设置应充分考虑学校的办学定位，以市场为导向不断加强大学生专业能力适应性的培养。在制定和完善专业人才培养方案时，各专业要基于大众化教育背景下社会和学生对教育的多样化需求，突出对学习能力的培养，着力构建与经济社会发展相适应、以能力培养为核心的课程体系。

2. 完善教学实习和社会实践机制

高校要丰富和完善教学和实习相结合的人才培养方案，落实教育与生产劳动相结合的方针，以新的教育理念指导教育教学改革。实习是提高大学生实际动手能力的重要途径。强化大学生的社会实践，能够提高就业竞争力。高校应把学生在校期间的实践、实验、实习落到实处，挖掘学生潜在能力，使学生积极主动地开展各种社会实践、参加社团活动等，这不仅能帮助大学生将专业理论知识应用于实践操作，还能锻炼学生的沟通能力、应变能力，从而提高大学生的综合素质。一是要丰富高校实习实践课程的内容，着力于大学生动手能力的培养，将学生的学习实践与问题解决结合，将问题意识带入实践中，将理论学习用于实践指导，将学生的实习实践与专业技能结合，不断提高学生的实际动手能力。二是要改革高校实习实践课程的组织形式。高校的实习实践是提高学生实际动手能力的重要途径。实习实践课程应凸显内容的针对性、组织性和规范性，有效地提高学生的专业技能。

3. 加强对大学生就业指导工作

为适应社会发展的要求，需要大力发展高校的就业创业教育。高校对大学生的就业指导是一个长期的、系统的工程，不是一个人、一个部门短时间内能完成的。高校应实行校、院两级管理体制，对大学生进行就业指导，对就业管理职能工作应予以重视，调整现有的不合理的就业指导工作模式，实施全面化的就业指导。

高校的职业生涯指导体系从学生入校开始，贯穿了学生的整个大学生涯。职业发展咨询指导使学生能力培养各环节有效融合，指导学生成长为社会人与职业人。在我国高等教育大众化趋势下，大学毕业生面临巨大的就业压力和竞争。高校需要引领学生了解就业形势和社会需要，认识自我，提高综合素质，增强其在就业市场中的竞争力。很多高校设置了职业指导机构，如毕业生就业指导与服务中心、大学生就业指导中心、大学生就业创业指导中心、学生职业发展教育服务中心等，面向学生开展职业发展指导和咨询工作。各高校以课程教育和咨询指导为中心，开展各类型学生职业生涯与就业相关活动，如职业生涯规划大赛、简历制作大赛等，引导学生认识自我，关注社会，培养职业规划意识，并确立职业发展目标。但我国高校开展的职业生涯指导需要进一步整合资源、定位机构的职能、健全和完善高校职业指导体系，以帮助学生提升就业能力，明确规划方向，提高就业竞争力。

高校要通过研究政策形势，引导大学生树立正确的就业观，实现高校就业服务于社会。提升大学生的就业能力必须依靠全体教职员工的努力，将大学生的就业能力教育渗透到日常学习、生活中，不断激发大学生参与社会实践活动的意愿和兴趣，使他们能够将理论与实践结合，不断增强就业能力和社会适应性。高校应将大学生的就业指导教育贯穿于整个大学教育过程中，对不同年级的学生有针对性地开展就业指导工作。

第六章　大学生就业指导路径研究

第一节　以社会主义核心价值观引领大学生就业观

一、社会主义核心价值观概述

（一）社会主义核心价值观的理论基础

马克思主义理论是科学的世界观和方法论，是社会主义核心价值观的重要理论基础。人生观阐述了人的本质与发展，价值观是明确人生价值的理论与根本方法，职业观阐述的是科学认识职业和选择职业的基本原则。

第一，马克思主义关于人的全面发展思想阐明了社会主义核心价值观的根本目标和价值标准。马克思主义经典作家从四个方面阐述了人的全面发展思想。一是个人能力的全面发展，主要体现于人在智力和体力上的全面发展。二是人的个性充分展现。三是人的社会关系的充分发展。马克思主义认为现实的人是社会的主体，只有人的存在，才能构成社会，人是社会发展的根本目的和主要动力。社会是人与人交往的结果，"为了进行生产，人们相互之间便会发生一定的联系和关系，只有在这些社会联系和社会关系的范围内，才会有他对自然界的关系，才会有生产"①。人的本质是一切社会关系的总和，马克思指出："人的本质不是单个人所固

---

① 中共中央马克思恩格斯列宁斯大林著作编译局.马克思恩格斯选集：第一卷[M].北京：人民出版社，1995: 344.

有的抽象物，在其现实性上，它是一切社会关系的总和。"①人在社会中的实践是人区别于动物的根本属性。人的发展是与社会发展基本一致的过程，人的发展也是随着经济社会的进步而不断获得解放的过程。人类不断向前发展，自然界也不会永远停止在同一水平线上，因此人类必须不断总结经验，有所发现和创造，有所进步。四是人的需要充分发展和实现。马克思主义价值观是关于价值、价值关系、价值目标的整体看法、观点和态度。马克思认为，人的自由而全面发展作为人自身发展的高级形态，是社会发展的必然趋势，是实现共产主义社会的最高价值目标。因此，人的全面发展既包含劳动能力的全面发展，同时也囊括了社会关系和人的个性的全面发展。人的全面发展就是社会主义核心价值观的根本目标，也是衡量社会主义核心价值观培育和践行效果的价值标准。

第二，马克思主义关于意识形态的基本理论为社会主义核心价值观的培育和传播提供了发展方向。马克思恩格斯在《德意志意识形态》中提到，意识形态属于观念的"上层建筑"，包括特定的价值观念、思维模式和情感认同，并建设在相应思维、特定阶级的物质条件和社会关系的基础上。意识形态是由社会存在决定的，而"社会存在决定社会意识"是历史唯物主义的基本观念。意识形态具有积极性，它是维护阶级统治的工具，经济基础突出的占领统治地位的阶级，也在思想上产生价值引领。意识形态具有能动作用，对社会存在具有能动的反作用。中国共产党人以马克思主义为指导基础，对马克思主义意识形态理论进行了丰富和发展，如通过真理标准问题的大讨论，明确了实践是检验真理的唯一标准。社会主义核心价值观的培育，为马克思主义意识形态理论的发展注入了新的内涵，在全党、全社会、全人民中形成了一个统一的科学理性的价值观念，这个价值观念作为顶层意识形态的标杆，可以引领其他价值观念的形成，指导人们思维方式的良性互动，化解社会冲突和矛盾，解决当前亟待解决的价值观念问题。

第三，中华民族优秀传统文化是社会主义核心价值观培育与传播的丰富养料。儒家崇尚"自强不息，厚德载物"，道家崇尚"道法自然，

---

① 中共中央马克思恩格斯列宁斯大林著作编译局.马克思恩格斯选集：第一卷 [M].北京：人民出版社，1995：56.

崇简抑奢",佛家崇尚"慈悲为怀,普度众生",这些优秀传统文化均在社会主义核心价值观的社会理想、道德规范和精神素养中有所体现。而在实践中所体现的社会主义核心价值观的思想渊源、实践路径和发展方向也与中华优秀传统文化的价值倡导取向一脉相承。例如,和谐即"政通人和""以和为贵",它作为中华优秀传统文化的核心内涵,在体现国家安定和谐、社会公平正义和公民个人素养方面具有相当的指导意义。社会主义核心价值观在构建人、社会、自然三者之间的关系方面体现了传统文化中"和谐"的理论思想,并结合马克思主义和世界优秀文化对这一概念做了升华。

(二)社会主义核心价值观的基本内容

《关于培育和践行社会主义核心价值观的意见》对培育和践行社会主义核心价值观做出了部署。浓缩成 24 个字的社会主义核心价值观从国家、社会、公民个人三个层面提出了相应的价值目标:富强、民主、文明、和谐是国家层面的价值目标,自由、平等、公正、法治是社会层面的价值取向,爱国、敬业、诚信、友善是公民个人层面的价值准则。这24 个字是社会主义核心价值观的基本内容,为培育和践行社会主义核心价值观提供了基本遵循。

第一,国家层面的价值目标。"富强"是指国富民强,是国家繁荣昌盛、人民幸福安康的物质基础,是中华民族的美好夙愿。"民主"的实质和核心是人民当家作主,是人民创造幸福生活的基础保障。"文明"是社会进步的标志,也是社会主义现代化国家的重要特征,是民族的、科学的、大众的社会主义文化的概括,是实现伟大复兴中国梦的重要支撑。"和谐"是中国传统文化精髓的基本理念,是正确处理国家、社会和个人关系的钥匙,它是社会主义国家在社会建设领域的价值诉求,是经济社会和谐稳定、健康持续发展的重要保障。

第二,社会层面的价值目标。"自由"见于马克思"自由而全面发展"这一论述,是指人的意志、生存和发展自由,是人类社会的美好向往,是我们党矢志不渝、长期实践的核心价值理念。"平等"是指公民在法律面前人人平等,要求尊重和保障人权,公民享受平等参与的权利,是国家、社会治理的应有之义。"公正"是指社会的公平与正义,是根本价值目标。"法治"是我们党治理国家的基本方式，依法治国是社会主义民主政治的基本要求，它是实现前面三项价值目标的制度保证。

第三，公民个人层面的价值目标。"爱国、敬业、诚信、友善"是公民基本道德规范，渗透到公民道德生活的方方面面，是公民道德行为选择的基本道德标准。"爱国"是基于个人对祖国的深厚情感，也是调节个人与祖国关系的行为准则，要求人们促进民族团结、维护祖国统一和自觉报效祖国。"敬业"是对公民职业行为的价值评价，要求公民忠于职守、克己奉公，服务祖国、服务社会、服务人民。"诚信"即诚实守信，是中华民族传统文化精髓之一，是社会主义道德建设的重点内容，强调诚恳守诺、诚实劳动。"友善"强调公民之间和睦友好，是社会主义新型人际关系的要求和内涵。

二、大学生就业观的内涵

大学生就业观，是大学生对未来所从事职业的较稳定的认知、态度、择业倾向和价值观念，也是大学生世界观、人生观、价值观在就业问题上的集中体现和客观反映，属于社会意识范畴。本书认为大学生就业观主要包括三方面内容：一是就业价值目标，主要是指大学生在寻找就业岗位、谋求个人发展时，与国家、集体利益相协调过程中所产生的目标观念；二是就业价值取向，是关于自由发展、平等对待、公平正义、知法守法等的就业意识和观念；三是就业价值准则，这回答了"遵从怎样的就业价值观念"的问题，是大学生就业观的道德规定，也是核心内容。引领大学生树立正确的就业观是社会主义核心价值观落细、落小、落实的必然要求，也是高校落实立德树人根本任务的重要环节。

三、社会主义核心价值观与大学生就业观的关系

社会主义核心价值观三个层面的价值要求构成了社会主义经济、政治、文化、社会、生态全面发展的价值要求，经济基础决定上层建筑，经济发展迅速、国家强大是政治、文化、社会、生态发展的基础，是实现"大同社会"的物质前提，是更好地实现民主、文明、和谐的物质前提。推进社会主义民主法治进程将更好地提高人民的积极性和创造性，

有利于进一步推动国家的富强与人民的富裕，进一步推进社会主义和谐社会建设。关于社会主义核心价值观的"三个倡导"是相互依存、互相影响、紧密联系的辩证统一关系。社会主义核心价值观作为我国的主流价值观，起着统领其他价值观的重要作用。一方面，大学生就业观需要社会主义核心价值观的引领；另一方面，大学生正确就业观的形成就是践行社会主义核心价值观，有益于社会主义核心价值观在公民中的培育与传播。

四、以社会主义核心价值观引领当代大学生就业观的对策

（一）增强学生就业情感认同，建立有效激励机制

高校要在社会主义核心价值观的引领下，稳步提升大学生的就业认知能力，引领大学生形成正确就业观，需要充分运用物质媒介手段使学生产生强烈的认知需求。在这个过程中，情感认同和奖惩机制缺一不可。

第一，要增强大学生对社会主义核心价值观的情感认同。思想政治教育是高校引领大学生树立正确就业观的理论支撑和重要基础，要通过加强思想政治教育，促使学生了解并认同社会主义核心价值观。职业生涯规划课程和大学生就业指导课程是高校指导大学生就业的重要途径，要以时代精神和民族精神为底色，促使大学生自觉地将个人的职业理想同国家和社会理想结合起来，将自身的"个人梦"融入中华民族伟大复兴的中国梦，在理论和实践中准确地认知自身的价值，明确自己的价值目标和职业发展方向。高校要大力开展实践活动和爱心公益、志愿服务等活动，促使大学生在实践中增强奉献意识和为人民服务意识。高校要充分利用校园环境对大学生潜移默化的影响作用，注重发挥校园文化的熏陶作用，以体现校园文化的名人墙、创业之星、校园设施等为依托，广泛开展校园文化活动。在日常课程指导和文化活动中，要引导学生充分利用校园文化设施，同时重视人文环境的建设和校园周边环境的整治。良好的校园文化、校园环境能促使学生对学校政策、价值倡导和主流文化产生强烈的情感认同。

第二，建立学分奖惩机制。部分大学生轻视甚至忽视思想政治理论课等必修课程的重要性，认为已经对思政课内容有了足够的认识，没有

继续学习和深入的必要，认为职业生涯规划课程、就业指导课程以及心理健康教育课程的重要性不如专业课，由此部分大学生重视增强专业技能，却忽视思想政治素质的提升，存在高分低能、眼高手低等问题。高校应建立能力测评及奖惩机制，对表现突出的学生给予适当物质奖励并推荐实习机会等，从物质需求的层面上强化大学生践行社会主义核心价值观的自觉意识。当代高校教育普遍强调能力评价，实施以学业测评为主，结合社会实践的学分制培养体系，学生的价值取向与取得学分没有必然联系，导致学生忽视价值观塑造和培育。高校应当将能力评价与价值培养结合，如将职业生涯规划列入学分考评中，将每位同学的职业生涯规划作品和报告作为学分取得的重要依据，使学生充分认识到树立正确就业观的重要性。目前，高校主要通过职业生涯规划大赛等方式引导学生做好个人职业生涯规划，覆盖面不够宽，深入程度不够，形式也有待多样化。高校应当结合各自实际，以创新为前提开展多种多样的有益于大学生树立正确就业观的校园文化活动，如创新创业大赛、模拟招聘等，建立长效机制，注重政策目标和价值导向的有机统一，形成有利于社会主义核心价值观建设和大学生就业素质提升的政策导向和利益引导机制。

（二）加大基层就业宣传力度，提升基层就业意愿

高校要鼓励大学生到基层就业，到国家最需要的地方就业，以实现大学生的充分就业。高校要充分利用各种方式引导大学生转变就业观念，促使大学生改变非政府机关、事业单位不进的态度，提升大学生基层就业的意愿。

第一，要充分解读当前就业趋势。高校教师要充分了解就业政策，深入研究就业现状和趋势，帮助学生正确认识就业政策、认清当前就业现状、理性选择职业，这是引领大学生树立正确就业观的前提。如目前国家发布的高校大学生就业政策鼓励大学生到基层工作，公务员和事业单位招聘除特殊岗位外要求具有两年以上基层工作经历，基层就业人员的待遇也在逐步提升等，这充分说明国家对于大学生到基层就业的重视。高校教师应当时刻关注国家相关政策，从辩证视角出发，从大局观层面深刻认识基层工作的发展趋势：这既是国家为促进我国中西部地区发展

实施的宏观调控政策，又是国家向大学生倡导的国家需要和个人价值相统一的价值取向。又如就业政策规定，各国有商业银行、股份制银行、城市商业银行和有条件的城市信用社要为自主创业的毕业生提供小额贷款，政府人事行政部门所属的人才中介服务机构免费为自主创业毕业生保管人事档案等。这些就业政策表明创新创业已经成为大学生就业的重要渠道之一，国家鼓励自主创业带动就业。高校在对学生进行就业指导时，应当充分向学生解读国家对于自主创业的鼓励措施，引导学生去基层就业，鼓励学生创新创业。

第二，要加大宣传基层就业力度。高校现行基层就业激励政策宣传渠道单一，导致"三支一扶"项目的执行力度不够。在高校范围内可以建立联动宣传渠道，大力宣传基层就业优势；以社会主义核心价值观为引领，创新基层就业宣传方式，加强网络渠道对国家基层就业政策的宣讲，结合现当代热词和大学生关注的焦点，对大学生进行就业引导。首先，从社会主义核心价值观情感认同的角度出发，进行"最美教师""最美工人"等具有闪光点的典型人物和先进事迹的宣传。从校园广播、电视台、专栏等方面着手，同时积极建设微信、微博平台，着重宣传基层就业先进分子的个人事迹，加以表彰，构建情感认同机制。其次，以重大节日为契机，因势利导宣传爱国主义和奉献精神。同时利用自身办学优势，开展具有深刻内涵的宣传教育活动，进行就业引导。例如，在校庆、校园文化节等主题明确、内容丰富、具有较大吸引力的校园活动中，将基层就业的理念融入其中，让学生在潜移默化中树立正确就业观，增强基层就业意愿。最后，可以围绕弘扬社会主义核心价值观开展学雷锋志愿服务活动，宣传敬业奉献精神，还可以运用公益广告吸引学生自发传播先进文化、弘扬新风正气，发挥互联网和手机媒体覆盖面广、方便快捷的优势，扩大影响力。当然，公益广告的内容要有鲜明的感染力、富有内涵、具有引发人们积极向上的正能量。

（三）尊重学生发展需求，加强个性化就业指导

第一，结合大学生兴趣爱好，调整学生的就业心态。在校园内开展思想信仰、人生价值、职业奋斗等主题教育活动，将社会主义核心价值观和就业观教育紧密结合，既吸引大学生通过参与活动获得实践体验，同时也引导他们在实践中反思。另外，大力开展和职业、就业相关的主题沙龙、讲座、论坛等探讨性互动活动，充分利用大学生的好奇心理，潜移默化地影响大学生就业观。高校还应当以实践教学为平台，培育学生正确的就业观。在学校或者教师的组织下，以确定职业发展倾向为目的，以培养学生良好道德素质为核心，以提高学生就业能力为基础，开展实践活动。一是要鼓励学生积极参加有益的课外实践活动，如生涯规划大赛、创业模拟比赛、模拟招聘等活动，适当给予奖励；二是充分利用寒暑假，与校外企业达成实习合作，输送学生去往企业实习和参观。高校应高度重视"三下乡""三支一扶""大学生创业园"等项目，在此基础上开展丰富多彩、形式多样的活动，在实践中发挥社会主义核心价值观的引领作用，促使大学生形成正确就业观。

第二，尊重大学生的个性发展，促进大学生职业精神的养成。科学的职业精神包括端正的职业态度、较强的责任意识、良好的作风和纪律。当前大学生自立自强意识弱化，诚信意识和奉献意识的缺失阻碍了大学生职业精神的养成。以社会主义核心价值观引领大学生职业精神教育，是对"自由、平等、公正、法治"的社会价值需求的践行和最好诠释，是引领大学生将个人的就业择业、职业发展与政治、经济、社会发展需求相协调的必然要求。目前，高校就业指导工作的开展明显落后于大学生的现实需求，导致大学生就业指导工作缺乏实效。高校的就业指导不仅要为高年级学生服务，更要着眼于全局，贯穿大学整个阶段。首先，从大一开始就要注重学生信息的反馈和整合，从学生个人爱好出发，分析比对大学生就业观存在的问题，建立重点群体档案，针对就业问题，包括就业态度、价值取向等，分类别、分专业、分群体地予以指导。大学生群体构成情况复杂，他们来自不同民族、具有不同信仰、拥有不同政治面貌等，在进行就业观引领时，不应当一概而论，应当秉持平等、公正的原则，精细化地帮扶大学生就业。例如，针对女大学生、贫困群体等，以数据为支撑，将毕业生数据库和用人单位大数据对接，根据要求对就业岗位、就业政策做及时推送和正确解读，促进供需精准配对。其次，整合校友资源，实现校友资源的最大化利用。与校友企业开展合作，输送优秀人才前往校友企业实习，采取校友担任创业导师等制度，邀请创业成功校友和知名学者开设就业主题讲座，通过身边人、身边事，拓宽学生视野，激发学生的创业热情。最后，对已就业的学生定期进行访问，关注就业率、就业满意度等情况，通过大数据的信息反馈，深入分析大学生就业观与就业率之间存在的正向对比作用，有针对性地加强高校就业指导工作。

第二节　工匠精神融入大学生就业指导课程设计

一、工匠精神融入就业指导课程的必要性

工匠精神对个人而言是"干一行、爱一行，干一行、精一行，坚持踏实、务实能干、精钻细琢"的敬业精神；对企业而言是追求品质、创新生产、树立质量意识、打造知名品牌的企业文化；对社会而言是诚实守信、团结合作、和谐互助、协作共赢、完美向上的社会风气。

大学生在步入社会以后，要以工匠精神引领自我发展，要充分理解并认知工匠精神文化内涵。工匠精神，匠心为本，树匠心是弘扬工匠精神的根本；工匠精神，匠人为基，育匠人是传统工匠精神的基础；工匠精神，精品为重，出精品是践行工匠精神的目的。

（一）工匠精神促进了就业指导课人文素养目标养成

工匠精神培养是大学生就业指导课中学生人文素养目标养成的基础。大学生就业指导课在日常的课堂教学中相对注重学生对就业知识的习得与对就业基本技能的掌握，然而大学生就业指导课的人文培养目标即工匠精神培养并没有得到实现。工匠精神品质才是大学生立足社会长久发展的基石。例如，基于现实调研状况，工作中的坚守与坚持的精神和品质是大学生必须具备的一种工匠精神。大学生就业后，需要熟悉岗位、熟悉工作环境、熟悉身边的人事物等，若缺乏坚持和坚守的良好品质与心态，往往会出现频繁跳槽的现象。

（二）工匠精神在就业指导课中具有持续引导意义

工匠精神是知识与技能外的内涵化精神与品质的体现。大学生就业

指导的目的在于使学生通过就业指导课了解就业形势，做好从学生到社会角色的转变等方面的准备。大学生在校期间存在就业的迷茫性和不确定性，甚至有学生对未来就业持无所谓的态度，目标与方向性缺失。在就业指导课中融入工匠精神的培养，具有隐性的教育培养意义，也具有持续的显性引导作用。

二、工匠精神融入就业指导课程的设计原则

工匠精神是从业者应具备的道德品质、文化修养、专业技能、职业态度和审美能力的总和。大学生就业指导课需要融合工匠精神培养的相关内容，在课程目标中融入工匠精神素养养成。工匠精神融入大学生就业指导课程应遵循以下设计原则。

（一）贯穿性原则

工匠精神作为一种人文精神与品质体现，与显性的知识与技能存在差异。结合大学生就业指导课的课程属性，应将工匠精神贯穿于课程的始终，如将工匠精神渗透于新形势下的就业现状与形态、如何撰写简历、如何应对面试、如何提升面试技巧等教学内容中。可将工匠精神的内涵进行多维度、多层次的细化，让学生在整个课程学习过程中慢慢领会、感悟工匠精神所特指的精神化内核及工匠精神养成对就业及将来个人发展的重要作用与意义。

（二）融合性原则

大学生就业指导课程在设计过程中，既要保证教学目标的达成，又须融合工匠精神特有的品质内涵，使学生的专业技能、道德品质及职业态度等多方面的综合素质都能得到提高。例如，大学生就业指导课会教学生如何进行面试及面试前、中、后应注意的各事项。面试是考察一名学生综合素养的一种途径和方式，不仅仅是知识与技能的展现，同时包含职业素养、职业态度等内涵延伸的层面。应以融合性为原则，用工匠精神的职业观、道德观、技术观、产品观等内容对接职业人才精神结构。

（三）重点性原则

工匠精神融入大学生就业指导课程设计在贯穿整体课程和融合课程

内容的同时，应遵循重点性的原则。重点性原则大致分为两个维度：一是在课程重点的章节进行工匠精神的植入，这不仅有利于教学目标的达成，更有利于让学生感悟工匠精神的内涵。二是工匠精神的文化内涵维度重点性划分。工匠精神作为一种隐性教育元素，会有多重的意义延伸，应结合就业指导课及新形势下社会企业对人才的要求标准，分析出工匠精神显性、具象的文化特征，转化成相关的教学内容。

（四）创新性原则

大学生就业指导课会随着新的社会环境、新的趋势而在教学内容上有所转变，同时工匠精神的文化内涵也会随着时代、新的社会语境而不断内涵化延伸，即工匠精神有其时代语境。要在大学生就业指导课中融入工匠精神内核，应该多元、多角度去充分挖掘工匠精神的现代价值内涵，赋能大学生就业指导课程。

三、工匠精神融入就业指导课程的对策

（一）将工匠精神融入课堂教学当中

目前，工匠精神在教育领域中受到了高度的关注，很多院校除了开设专业课程外，还开设了职业指导等就业创业课程，结合学生所学专业有针对性地展开指导，将工匠精神融入课堂教学当中，鼓励任课教师带头践行工匠精神，给学生树立优秀的榜样，不仅要关注大学生在课堂上的表现，还要关注大学生在课堂外的表现，这样才能够对大学生的实际情况有全面的掌握。教师要进一步强化课堂上的师生互动环节，尽可能地帮助大学生解决生活中、学习中遇到的各种困难，重点培养大学生的工匠精神。

（二）将工匠精神作为校园文化建设的主要内容

大学时期是学生世界观、人生观、价值观形成的关键时期，学生未来的求职方向、求职观念都会直接决定学生在社会中的发展情况，而要想确保大学生树立正确的"三观"，工匠精神的培养是非常必要的。学校可以通过组织高低年级学生交流会、典型故事报告会及以工匠精神为主题的社会实践活动来进行工匠精神的宣传，将工匠精神作为校园文化

建设的重要内容来抓，鼓励大学生积极地参与到各种与工匠精神相关的活动中来，进一步提高大学生的工匠精神意识，充分挖掘学生中具有优秀工匠精神的典型案例，将工匠精神的内容融入学生综合素质考评中，从而最大限度地发挥出工匠精神在大学生就业指导模式中的重要作用。

（三）全面提高大学生对工匠精神的理解

通过不断的实践我们发现，只有将工匠精神与实际工作环境结合，才能够帮助学生更加详细地了解工匠精神的内涵，使他们深切地感受到工匠精神在他们未来发展中的重要价值，从而真正开始追求工匠精神。专业实践是提高大学生对工匠精神理解的有效手段，可通过构建一个真实的工作场景来锻炼大学生的工作能力。在专业实践的过程中，教师一般会将类似专业的学生放到一起参加实践，学生在相互讨论、交流经验的过程中能够学习到更多的知识，有利于他们将书本上的理论知识灵活地应用于实际工作中，对大学生人际交往能力、应变能力、适应能力的培养都有很大的促进作用。

（四）提升大学生追求工匠精神的主动性

"一切手工技艺，皆由口传心授。"也就是说，积极培养大学生的工匠精神是非常必要的，而且在培养大学生工匠精神的过程中，不仅需要高校自身的努力，还需要与企业合作，这样才能够让学生最大限度地体会到工匠精神的重要作用。工匠精神的培养需要通过长期实践的积累，也需要企业文化和企业精神的熏陶。积极开展校企合作能够帮助大学生"走出去"，结合工匠精神进行企业参观、人物采访等，能够让学生更深切地感受到企业文化，更深刻地了解到工匠精神在未来社会发展中的重要作用。

第三节　劳动精神融入大学生就业指导课程教学

一、劳动精神融入大学生就业指导课程教学的意义

（一）有利于大学生树立马克思主义劳动观

劳动是人类全部社会关系形成和发展的基础，人类与劳动是相互依赖、相互促进的关系。

个人的成长和发展离不开劳动实践，劳动是创造个人、社会等一切价值的源泉，大学生须转变劳动认识，积极投入劳动中。因此，在就业课中融入劳动精神教育，大力弘扬劳动精神、劳模精神、工匠精神，大力宣传拼搏奋斗、爱岗敬业的优秀传统，大力提倡积极创新、敢于创造的探索精神，有利于大学生树立马克思主义劳动观，推动马克思主义在青年人群中开花结果。另外，劳动精神融入就业课教学中，也有利于大学生将马克思主义劳动观和个人的职业发展、就业工作结合起来，从而加深对就业课程的学习和理解。

（二）有利于大学生践行社会主义核心价值观

社会主义核心价值观从社会、国家和公民三个层面出发，在个人层面要求公民做到"爱国、敬业、诚信、友善"。社会主义劳动观是社会主义核心价值观的重要组成部分，两者在很多方面都有共性。爱国是处理好个人和国家关系的基础，是联系个人与国家的情感纽带，在劳动层面，爱国要求个人价值与社会价值相统一、个人发展和国家需要相统一，要求大学生到国家需要的地方去，到基层、西部地区去建功立业。敬业是评价公民职业道德的基本操守，在新时代更要以劳模精神、工匠精神等引领大学生爱岗敬业。诚信即诚实守信，是我国的传统美德之一，也是社会主义道德建设的重要内容，同样，新时代鼓励诚实劳动，诚实劳动有利于大学生自身的发展，也有益于社会和国家的进步。友善强调公民之间要和谐友爱，互相帮助，同时鼓励大学生注重同学关系，构建和谐的劳动关系。

当前大学生就业存在"到发达地区、高薪部门就业，宁愿等待也不愿到欠发达地区工作"的倾向。高校应正确引导大学生的择业观念，增强其在不同地区、不同行业就业的意愿，这就要求高校从大学生的实际特点入手，加强教育和疏导，培养大学生深厚的集体主义、爱国主义情感。因此，高校做好大学生就业指导工作需要加强思想政治教育，将劳动精神融入大学生就业课教学，帮助大学生确立正确的社会主义劳动观，推进大学生将个人梦想和中国梦更好融合，实现个人进步和国家发展的和谐统一，促进大学生正确择业，实现社会健康稳定发展。

（三）有利于完善高校就业指导体系

高校毕业生就业已成为社会和谐稳定与经济高质量发展亟须解决的核心问题之一，但我国高校毕业生就业在供给与需求层面仍然存在矛盾，主要原因在于高校毕业生就业意愿不足、就业能力与岗位要求匹配性不够以及就业岗位供给不平衡。为从源头上解决此类问题，高校需要充分树立毕业生就业市场供给方的责任意识，更多地承担毕业生就业指导、就业培训等社会责任，将新时代劳动精神深度融入大学生就业课程教学内容，在落实就业指导、就业培训等任务的同时强调毕业生劳动精神培养，从根本上转变高校毕业生的就业思想与就业意愿，帮助其形成正确的就业观与价值观，同时推动高校就业指导课程教学内容与教学体系更加完善。

（四）有利于大学生就业指导课教学效果和教学质量的提升

当前国内高校普遍开设了大学生就业指导课，并将其作为公共必修课程之一。在教育部"打造金课、淘汰水课"的背景下，各高校均大力推进大学生就业课的改革和创新，取得了较为明显的效果。但相对专业课等其他课程而言，学生对就业指导课的重视程度仍然不够，兴趣度、参与性、主动性均不高；高校在师资队伍建设、教学条件保障、教学资料搜集等方面支持不足；教师在教学内容设计、教学方法改进等方面投入不足，大学生就业课的教学效果和质量与预期还存在一定差距。将新时代劳动精神融入大学生就业指导课教学可以促进就业指导课教学效果和教学质量的提升。第一，以劳动精神引领课堂教学形式创新，采用理论宣讲与实例分析相结合的教学方式，将劳动精神充分融入课程教学，创新授课方式。第二，以劳动精神丰富课程教学内容，结合不同专业学生的特点，将劳动实践、专业见习、毕业实习等融入就业指导课教学课堂，改变以往课堂重理论轻实践的教学模式。

二、劳动精神融入大学生就业指导课程教学的目标

（一）树立劳动光荣、劳动伟大的劳动观念

大学生就业指导课针对的是即将参加工作的大学毕业生，侧重就业和劳动的专门指导训练。将新时代劳动精神融入大学生就业指导课教学，用新时代劳动精神武装年轻大学生的头脑，可以让大学生充分认识劳动的新时代价值，深刻领悟劳动的深层次内涵，帮助大学生在成为一个劳动者之前树立正确的劳动观，树立劳动光荣、劳动伟大的劳动观念，并可以将劳动理论、劳动精神用于指导未来的劳动实践。

（二）树立艰苦奋斗、爱岗敬业的劳动态度

爱岗与敬业是互为因果的关系，爱岗是敬业的前提，敬业是爱岗的升华。青年大学生初入岗位时，由于缺乏工作经验和工作技巧，在劳动实践中难免会碰壁。只有热爱自己的工作岗位，才能保持勤于钻研的工作热情，才会认真对待自己的工作，做到兢兢业业、尽职尽责；同样也只有尽心尽力、全力以赴地努力工作，才能让自己在工作中得到提升，才会在工作中取得更大成绩，从而享受工作带来的快乐和价值。

（三）树立勇于担当、甘于奉献的劳动美德

担当是指承担、担负任务、责任等。广大青年大学生作为国家发展的后备力量，须承担起该承担的责任，增强敢于承担的能力，积极作为，敢于行动。勇于担当就是要敢于挑重担子、啃硬骨头。在做好本职工作的同时可能还要接受领导或上级部门安排的其他工作任务，这难免会占用个人时间，甚至侵占个人利益。这就需要广大青年大学生有甘于奉献的劳动美德。甘于奉献要求青年大学生将个人的发展与国家的命运结合在一起，把实现党和国家确立的发展目标变成自己的自觉行动，在自己的工作岗位上辛勤劳动、诚实劳动、创造性劳动。

（四）树立与时俱进、勇于创新的劳动习惯

创新是新时代劳动精神的灵魂，也是青年大学生应具备的重要素质。青年大学生是活跃的群体，也是创新意识和创新能力最强的群体。新时代弘扬劳动创新创造精神，就是提高创造性劳动能力，引导大学生进行创新探索，提升自主创新能力，把握好发展的主动权。新时代劳动精神的培养与"创新驱动"的国家发展战略相结合，注重创新意识的提升、创新思维的训练和创新能力的培养。

三、劳动精神融入大学生就业指导课程教学的对策

（一）深挖教材内容，找准劳动精神融入的契合点

深入挖掘大学生职业生涯规划与就业指导课程中的劳动元素，探寻新时代劳动精神和教材内容的契合点，是新时代劳动精神融入大学生就业指导课教学的重要途径。劳动教育与大学生就业指导共同承担培养面向未来工作世界、劳动世界的创新型劳动者的育人任务。二者之间存在诸多契合点，如在选择就业岗位时可以指导学生去西部地区发挥个人价值。大学生就业指导是实施劳动教育的重要载体与有力抓手，劳动教育又为大学生就业指导提供价值引领与道德支撑，就业指导教育与劳动教育相辅相成，共同构成新时代高校教育体系的重要环节。将新时代劳动精神的内容深度融入就业指导课教学，不仅需要以劳动价值论作为课程教学主线，实现就业精神引领高校就业指导课教学，形成蕴含劳动精神的就业指导课教学方案，还需要以劳动的重要论述作为课程教学指引，丰富高校就业指导课教学内容，形成完整的教材体系和教学体系。

（二）创新教学方法，丰富劳动精神融入的落脚点

新时代劳动精神内涵丰富，不仅涉及劳动知识和劳动能力，同时也注重精神层面的发展，即劳动精神融入大学生就业指导课教学不光要进行知识和理论的输入，更应该让大学生在具体的劳动实践过程中进行体会和感悟，从实践中得出真知。

1. 理论知识、社会实践指引劳动精神融入就业指导课教学

高校就业指导课要重视理论知识的宣讲，让大学生深刻认识到职业生涯规划的重要性，将职业生涯规划纳入自己人生规划的全局中予以思

考，树立终身劳动的意识。就业指导要突出就业知识的传授和就业能力的提高，为青年大学生开展劳动实践、从事职业工作提供正确的理论指引。同时，新时代劳动精神的培养不能仅依靠大学生的理论学习，更要落实到具体的实践中。要鼓励大学生积极参加校内外实践活动，如社会调查大赛、职业规划大赛、暑期社会实践等，培养其劳动精神，通过理论与实践的紧密结合将劳动精神内化于心、外化于行，促进劳动理论教育与劳动社会实践契合，推动劳动理论知识指导劳动社会实践，共同为高校就业指导课教学质量提升与教学效果改善发挥重要促进作用。

2. 信息技术丰富劳动精神融入就业指导课的教学形式

高校就业指导课可以借助信息化教学手段丰富就业指导课教学形式，通过翻转课堂、线上线下相结合的教学方式将劳动精神融入就业课程、将劳动景象引入就业课堂，延伸高校就业指导课程教育时间维度，将线上理论知识教学与线下社会实践充分融合，从而让大学生目睹和感受劳动创造的伟大奇迹。同时，将劳动模范、先进人物等邀请到课堂，让大学生与劳动榜样面对面、近距离交流，发挥先进模范的榜样力量，使劳动理论形象化、具体化，使劳动形象深入内心。

（三）加强师资力量，做好劳动精神融入的引领者

高校就业指导课教师作为就业指导课的主要发起者，是高校就业指导课教学质量的决定主体。高校就业指导课教师不仅承担着传授职业生涯规划、就业理论、就业技能等知识的重任，同时也应该以身作则，自觉培育劳动精神与劳动意识，强化自身开展劳动教育的自觉性和示范性。高校应通过多种举措，加强师资力量，建立专兼结合、理论与实践相结合的多层次人才队伍。高校应加强劳动教育师资队伍的建设和培养，同时通过设立劳模工作室、先进工作者工作室、教师示范岗等方式，加强劳动精神与大学生就业的融合。另外，要加强高校就业指导课授课教师劳动教育培训，强化授课教师的劳动观念，从而使就业指导课教师自觉成为劳动精神融入教学的引领者和示范者。

第四节 构建大学生就业指导体系

一、大学生就业指导体系构建的目标

（一）职业规划教育目标

大学生应当对自己未来的职业生涯有所规划，只有做好职业规划才能对自身有更准确的认识，对未来有更符合实际的打算。有了职业目标，才能不断地改进与完善个人素养与能力，也才能有的放矢地学习相关的知识与技能，在提升自己核心竞争力的同时，也使自己有了更多的就业优势，就业择业的过程也因此更为顺利。

实际上，大多数大学生并没有足够的职业规划意识，对于未来的发展大多处于茫然的状态，因此高校在就业指导课程的教学过程中应当有目的性地加强学生的职业规划意识教育，将职业发展与就业指导结合，不但通过授课教师的课堂教育培养学生的职业规划意识，还应当采用更为生动直观的方式，让学生知道什么是职业规划，职业规划能为自己带来什么。高校可以邀请校内外相关专家、成功企业家、社会精英来校举行专题讲座，让学生直接和这些专家、成功人士近距离接触，从他们身上展望自己的未来。高校还可以组织学生参加各类职业规划比赛、创业比赛等，通过比赛增强学生的职业规划能力，最终提升学生的综合竞争力。

职业规划应当是高校进行就业指导的重要内容，科学合理的职业规划能够让学生较为清晰地了解自身的优缺点，对自身的择业就业能有较为准确的定位，这样在之后学习相关就业技能、选择自己所适合的职业时，就不会茫然无措。学生通过职业规划的学习也能对将来可能要从事的行业与职业有更为深入的了解，有利于树立正确的就业观、价值观、择业观，并在就业过程中获得更多的主动性。

（二）择业观念教育目标

选择怎样的职业是一个人世界观、人生观、价值观、就业观的一种体现。对于高校大学生而言，在人生的转折阶段，大多数人并没有做好充足的准备，他们自身也没有形成正确、科学的世界观、人生观、价值观、就业观，很多时候他们会受到社会的影响，社会的传统观念、价值倾向、评价倾向等会左右他们的择业观念。高校大学生对于择业的期待值普遍较高，他们希望能够获得有更好发展前景、待遇优厚、处于大中城市的工作岗位，却对比较适合其专业技能发挥的一线工作岗位没有多少兴趣，学生对于创业的兴趣与意识也普遍不强，畏难畏苦的情绪较为普遍。

因此在高校的就业指导课程中，应当加强学生的择业观念教育，帮助学生树立起正确积极的择业观念，帮助学生对自身的能力与水平做出正确的判断，根据自己的优劣势选择合适的职业。高校还应当通过就业指导课程帮助学生调整已有的择业观念，让学生了解就业市场的真实情况，不要好高骛远，要脚踏实地地为将来的就业做好准备。高校还应当在授课的过程中，向学生传递正能量的就业观念，如鼓励学生投身西部、投身一线，让更多的学生为国家的发展做出自己的贡献。面对严峻的就业形势，创业意识的培养也是高校就业指导课程中的重要内容。创业中虽然会遇到各种各样的困难，但是却能很好地激发个人能力，学生在提升自身水平，高校可以通过相关的引导与教育，让学生逐步克服怕难怕苦的情绪，以更积极向上的精神面貌面对未来的挑战。

（三）求职技能训练目标

高校所培养的学生是具备管理能力的技能型、实用型人才，在进行就业指导时，应当强调培养学生的专业技能与动手实践能力，强化学生与人沟通交往的能力，培养学生的团队合作能力，有效地提升学生的求职技能。

（四）创业素质培养目标

近年来，随着就业形势的日趋严峻，我国政府提出了扩大就业、促进创业的号召，并针对创业者出台了相关扶持政策。在这样的背景下，高校毕业生作为就业大军中的主要成员，应当树立起积极的创业观念与创业意识，通过自主创业实现就业，缓解就业压力。

高校应当为学生营造良好的创业氛围，帮助学生树立积极、正确的创业意识，鼓励学生创业，帮助学生提高创业的能力与素质。高校可以通过组织学生参观科技创业园区、聘请创业成功人士来校指导等方式，让学生直观地感受到创业中的激情与热情，提升学生的心理素质，使其更自信、更坚韧地去面对创业过程中遇到的困难与挫折，最终实现创业与就业的双重成功。

二、大学生就业指导体系构建的原则

（一）全程化指导原则

对高校的学生进行全程化就业指导是一项长期、持续的工作，从大学生初入高校时，高校就应当对其进行就业意识教育，在学生的整个就读过程中，持续性地对学生进行指导，按照学生所处的不同阶段，有侧重点地开设就业指导课程。高校可以依据学生所就读的年级进行就业指导课程内容的划分。对于刚入学的大一新生，就业指导课程的侧重点应当放在帮助学生建立起职业生涯规划的意识上，让学生从接受高等教育之始就对未来的发展有一定的目标，而未来目标的明确能够有效提升学生的学习目的性与自主性，使其更积极去学习那些与实现职业目标有关的知识与技能，更多地思考所学专业与未来发展之间的关系。对于大二学生，就业指导课程则应当指导其做出具体的职业生涯规划。大二的学生已经学习了一定的专业知识，对高校的学习节奏、学习模式都已经熟悉。在这个阶段，学生有了更多的时间思考自己的未来发展，他们通过就业指导课程中有目的性的引导，加强、明确对自我的认知、对职业的认知、对社会的认知，对自己进行更为科学、准确的定位，更有目的性地进行知识的学习，并通过参与社会实践提升自身的实战能力，朝着自己所制定的职业目标对未来的职业规划进行调整与完善。大三学生直接面临着就业的压力，高校要为大三学生提供更为丰富与完善的就业指导服务。在就业指导的过程中，高校应当加强对学生创业意识、创业知识、创业技能的教育，培养学生的创业意识，激发其创业热情，提升学生的创业能力。为了提升大三学生的就业能力，学校应当强化就业指导课程中的技能培训与实战培训，针对应聘信息的收集、梳理，求职简历、求职信的撰写，面试环节的应对，实习环节的人际交往等具体内容进行指导。有了这些具体内容的指导，学生就能够从容面对求职过程中的各个环节，从而提升面试成功率。学校还应当及时为大三学生传递各种就业政策，分析就业形势，帮助学生掌握就业程序，依照每年的实际就业形势，帮助学生及时调整就业期望值，稳定就业心态，使学生以最佳的状态去面对激烈的就业竞争，提高自身的求职能力。

（二）全员化指导原则

在现有的高校就业指导工作中，就业指导的具体工作都落在了就业指导部门，就业问题与学校的行政部门、教学部门割裂开来，具体的就业指导工作由就业指导课程的任职教师、各系的辅导员、学校就业部门专职人员予以执行与落实。这样的职能设置，使得就业指导工作无法在高校内全面展开，而就业形势越来越严峻，仅仅依靠学校内的某个部门进行教育已远远不够，这就需要在高校内建立起全员化的就业指导机制，而要在学校上下建立起全员化的就业指导机制，就需要设立院系统筹、全员参与、家长互动的工作模式。

第一，由学校领导主抓就业指导工作。对严峻的就业形势，学校领导应当予以充分重视，由各院系的领导具体落实有关的就业指导工作，各院系应从上至下成立就业工作委员会、就业工作领导小组，将就业指导工作落实到各级各职能部门，由各级领导负责、领导相关工作。

第二，内外聘、专兼职教师共同协作。高校的教师大致分为自聘人员、外聘专家、专职教师、兼职教师。要在高校内实现全员化就业指导机制，就要发动所有聘任人员为学生就业提供相关的帮助，自聘人员与专职教师要承担主要的指导责任，外聘专家与兼职教师则应当予以充分协助，在全校范围内形成良好的促进就业的氛围。

第三，家长与学校形成良性互动。为了促进高校毕业生的就业，家长与学校要积极进行配合。家长对于学生的世界观、人生观、价值观的形成有着重要的影响，在学生就业过程中，家长的意见和建议更会影响学生的就业观。对此，高校要动员家长参与学校的就业指导工作，帮助学生树立起正确的择业、就业观念，以积极的心态去面对就业过程中遇到的各种问题或挫折。高校可以通过电话联系家长、进行家访、发放调查问卷等方式，及时了解学生的情况，对学生的情况进行整理与分类，制定适合其具体情况的就业指导方案，更有针对性地为学生提供就业指导服务，并在家长的配合下，帮助学生对求职就业进行正确定位，实现顺利就业。

（三）多样化指导原则

现代大学生相较于以往有着更活跃的思维与更开阔的眼界，仅仅依靠照本宣科的政策宣讲、理论灌输、思想教育已经无法满足学生的切实需求。为了提高学生的上课热情，高校在就业指导课程的教学过程中要多引入实践类的教学方式，通过与企业、实践基地的协作，让学生有更多的机会在实践过程中对相关就业知识有直观、立体的感受。学校还应当经常邀请知名企业主管、创业成功人士、社会专家名人等来校开设讲座，用真人实例给予学生激励。学校还应当鼓励学生多参加社会上组织的各种专业技能比赛、就业规划比赛等，提升学生的社会实践能力与专业实践能力；在校内也应当围绕就业开展相关的主题活动，形成积极的就业氛围，帮助学生树立就业信心。

三、大学生就业指导体系的构建对策

（一）大学生就业指导运行体系的构建

我国高校首先应当建立起完善、专业的就业指导机构，在机构内部分设就业指导办公室、就业咨询办公室、就业信息管理办公室、创业咨询室等，在各办公室内配备专职人员，依照学校的规章制度与岗位职责开展有针对性的就业指导工作，为学生提供更完善的就业指导服务。

（二）大学生就业指导服务体系的构建

1.就业信息服务

就业信息服务是高校就业指导服务中的重要内容之一。虽然随着现代信息技术的发展，学生有了更多的途径去获得招聘信息，但面对各种各样的信息，哪些是有用的，哪些是垃圾信息，学生很难进行准确的甄别，因此仅仅依靠学生自己收集信息远远不够，学校应当为学生提供就业形势分析、各类政策法规、行业发展分析、市场招聘信息、创业扶持政策等相关信息。及时、有用的信息对学生就业有着重要的促进作用。

高校应当依托校园网，完善已经建设好的校园网站，丰富相关的就业信息，对与就业有关的信息进行收集与整理，通过校园网站及时进行发布，让学生能第一时间获取有关信息。在发布信息的同时，高校应当帮助学生对相关的政策进行解读，准确把握就业市场的动态变化，了解市场对于人才的切实需求，及时调整就业指导的工作内容，为符合市场需求的学生提供相关信息。

高校还应当多举行各种讲座、报告会，为学生就业提供更广阔的思路，如邀请企业人事主管为学生分析企业对所要招聘的人才的基本要求，邀请成功创业人士与学生分享创业经验与心得，邀请成功就业的校友为学生讲述成功就业的心得，邀请相关专家为学生讲解考研的相关事宜等，积极拓宽学生获取信息的渠道，让学生有更大的选择空间，为将来做好多种准备。

2. 就业市场服务

目前，大多数大学生获取就业信息的渠道是校园招聘会、校内就业网站等，因此高校所提供的就业市场服务对学生的就业有着极大的影响。高校应当根据各院系的专业特点及学校本身的社会影响力，举办相关行业的专场招聘会，为学生提供更有针对性的招聘服务。

高校应当积极与合作企业、地方人才中心、就业中心进行密切联系，将人才招聘会引入校园，并做好校园网与人才中心、就业中心网站的信息联动工作，依托人才中心、就业中心丰富的招聘信息资源，为学生提供更多有价值的就业信息。

3. 心理咨询服务

高校在对学生进行就业指导教育与服务的过程中，也要为学生提供相应的心理咨询服务。随着就业竞争的日趋激烈以及学习与生活压力的不断增加，学生的心理承受着巨大的考验。大学生正处于人生的转折时期，要走出校园融入社会，其心理也要同时做出调整。高校可以通过建立心理咨询中心的方式，让学生有一个专门进行心理咨询的场所，同时还要通过各院系辅导员、就业部门专职人员深入了解学生的所思所想，将相关信息进行汇总，针对学生在心理上可能产生的问题，帮助其进行调整，答疑解惑。

高校还应当在就业指导过程中，帮助学生建立起正确的就业意识，增强学生求职信心，鼓励学生积极参加各类招聘会、宣讲会、专题讲座，以更为积极的心态去面对就业，顺利做好"学生"到"职业人"的心理转换。

4. 社会实践服务

高校应当重视实习基地的建设，与合作企业进行密切联系，相互协作，为学生提供实习、兼职的机会，依照企业的切实需求，进行相关专业人才的培养。在社会实践的过程中，学校应当与企业保持联系，及时掌握学生实习的具体情况，对学生在实践过程中产生的各种问题积极予以解决，并对每次实习实践活动都进行调研与总结，积累相关经验，为今后学生的实践活动提供有用的建议，更好地提高学生的实践效果。

第五节　应用项目化管理开展大学生就业指导工作

一、项目管理概述

（一）项目管理及项目化管理

20 世纪 80 年代以前，项目管理的应用领域主要是军事、建筑领域，而到了 20 世纪 80 年代，项目管理的专业化、体系化得到进一步发展，逐渐应用于更多的民用领域。作为各个行业管理创新的重要方式，项目管理逐步受到人们更多的关注。项目管理包含的内容是不断发展和延伸着的。

项目化管理是从项目管理的逐步深入中发展起来的。20 世纪 90 年代末以来，欧美国家通过管理培训，学会了将项目管理作为机构、公司和其他组织变革的引擎，通过对变革的框架进行计划和管理，将项目管理应用于所有行业领域中的商业企业、公共机构和其他组织的变革，开展新业务，或有效地进行业务流程再造，来加速组织转型，缩短实现变化的周期。项目化管理是伴随着项目管理方法在长期性组织中的广泛应用而逐步形成的一种适宜变化环境中长期性组织的管理方式。简单地说，项目化管理就是将公司各项活动当作项目对待进而对其实行项目管理，也就是对公司进行项目化，运用项目管理的模式进行管理。越来越多的长期性组织希望通过项目化管理来保证组织的灵活性、管理责任的分散、对复杂问题的集中攻关，实现以目标为导向解决问题、问题解决方案的质量和接受的可能性、个人发展与组织发展的结合。项目化管理的核心是多项目管理，其重点是构建项目的组织管理体系，变传统的职能或面向过程的组织管理方式为面向对象的组织管理方式。通俗地讲，项目化管理是一种以"项目"为中心的长期性组织管理方式，以项目为导向，面向环境、市场、客户驱动构建柔性组织结构。

（二）项目管理五大管理过程组

项目管理是一种综合性工作，要求每一个项目和产品过程都同其他过程恰当地配合与联系，以便彼此协调。在一个过程中采取的行动通常会对这一过程和其他相关过程产生影响。因此，美国项目管理协会从各过程之间的整合、相互作用以及各过程的不同用途等方面来描述项目管理过程，并将其归纳为五大项目管理过程组。

（1）启动过程组。获得授权，定义一个新项目或现有项目的一个新阶段，正式开始该项目或阶段的一组过程。

（2）规划过程组。明确项目范围，优化目标，为实现目标而制定行动方案的一组过程。

（3）执行过程组。完成项目管理计划中确定的工作以实现项目目标的一组过程。

（4）监控过程组。跟踪、审查和调整项目进展与绩效，识别必要的计划变更并启动相应变更的一组过程。

（5）收尾过程组。为完结所有过程组的所有活动以正式结束项目或阶段而实施的一组过程。

二、大学生就业指导工作应用项目化管理的必要性

（一）就业指导工作项目化管理是实现个性指导的有效途径

大学生就业指导工作一大特点就是需求多样化，不同的学生、不同的用人单位对高校就业指导部门的期望与要求都不尽相同。以学生为例，有的学生重视的是在大学阶段能够对毕业后乃至整个人生的职业生涯做好规划，有的学生重视的是学校能否为其提供就业政策方面的咨询服务，

有的学生重视的是在大四毕业之际能否有数量和质量都比较满意的应聘机会，有的学生重视的是就业指导部门能否在自己最终面对就业市场时提供更多的指导性意见。面对学生多样化的需求，人员配备较少的就业指导部门难免捉襟见肘。

应用项目化管理，首先需要做到的就是明确项目的目的，了解客户的需求。把就业指导工作中的各个内容项目化，便于分辨不同客户群、不同任务的目标，有助于在实践中有针对性地开展工作，从而提高就业指导工作的效能。因此，就业指导工作项目化管理是实现个性指导的有效途径。

（二）就业指导工作项目化管理是加强绩效考核的重要手段

大学生就业指导工作是高校学生教育管理的最后一环，也是检验高校教育教学质量的重要指标，更是社会对高校做出评价的直接依据，因此，高校对大学生就业指导工作十分重视。绩效考核是目前社会对组织内各项工作的实施情况，采用科学的方法进行判断的重要手段。那么，对于就业指导工作开展得如何，各项就业指导工作推进的情况是否理想，我们又该如何去考核呢？

以往，各高校在上级教育主管部门的要求下，会高度重视应届毕业生就业率的完成情况，从初次就业率到最终就业率，几乎把就业率的数字演变成了衡量大学生就业指导工作好坏的标尺。社会各界也习惯于关注一所高校的就业率情况，从而衡量高校是否很好地履行了"人才的摇篮"这一职责。事实上，长期以来，大学生就业指导工作缺乏有效的考核依据，绩效考核的制度体系并未建立，大大限制了就业指导的发展。

项目管理的启动阶段中一个重要的环节是确定项目目标，整个项目管理的过程都要围绕这一目标展开。项目化管理从目标制定开始就为大学生就业指导工作提供了明确的绩效考核指标，从而避免了考核指标不足导致的工作绩效低下问题。因此，就业指导工作项目化管理是加强绩效考核的重要手段。

（三）就业指导工作项目化管理是理论联系实际的必然选择

目前在社会各界的学术研究中都可以找到项目化管理的痕迹，项目化管理已经成为一种潮流，这种潮流并不是盲从，而是因为项目化管理与传统的管理方式相比，拥有自身的优势，使得各项工作目标清晰、责任明确、行动规范。同时，管理学的学者们对于项目化管理的研究也逐步向更多的领域推进，项目化管理正在各个行业崭露头角。在教育领域，已经有将项目化管理与党建工作、共青团工作等结合起来的案例研究。针对就业指导工作与项目化管理结合的研究，已经有文献提出了实施的可行性。因此，为了不断改进完善就业指导工作，也为了使项目化管理的研究更加纵深化，就业指导工作项目化管理是理论联系实际的必然选择。

三、就业指导工作项目化管理的特征

项目化管理与就业指导工作相结合，主要呈现以下几个特点。

（一）复杂多样性

就业指导工作覆盖面广，涉及高校、政府、企业、学生多个方面，从思想教育到指导服务，从政策解读到开拓市场，都需要就业指导工作者能运用复合、全面的思维解决问题，从项目化管理的每个流程抓起，对每一个环节的确立、运作、监督都进行反复思考和研究，并结合社会实际情况做出决策。

（二）开拓创新性

就业指导工作的改革需要有开拓性、创新性，要能真正地做到将新的理论融入工作思考中，打破以往传统的思想，深入探索就业指导工作新的模式与方法。项目化管理的应用虽然在其他领域有可借鉴的经验，可在就业指导工作方面的经验几乎为零。因此，在就业指导工作项目化管理的过程中，要做到"去其糟粕，取其精华"，为就业指导工作开拓新的工作方法，为项目化管理开辟新的应用领域。

（三）人员重要性

一方面，就业指导工作项目化管理需要由相关人员组成工作团队，不仅包括就业指导工作人员、学生辅导员，也包括学院相关领导，只有整个团队的人员协同合作，才能把就业指导工作项目化管理推进得更加顺利。另一方面，就业指导项目化管理中，每一个项目都需要有一个项

目负责人，这个负责人要对项目的运行进行整体把握，他在项目实施过程中处于核心位置，要能够充分利用一切可利用的资源，合理优化工作团队人员的分工，保证在有限的资源和时间的约束下大大提高工作效率和质量。

四、项目化管理在就业指导工作中的适用对象

既然已经确认了就业指导工作项目化管理是必要的，那么我们就需要解决两个重要的问题：一是在就业指导工作中哪些内容是可以进行项目化管理的；二是要如何在这些工作中实现项目化管理。结合项目化管理的要素及特点，在就业指导工作推进项目化管理的尝试中，可以先从以下几个方面着手。

（一）在就业指导课程改革中实施项目化管理

目前就业指导工作领域的课程主要包括职业生涯规划课和就业指导课（简称"两课"）。这里的就业指导课主要涉及就业政策的解读、就业能力的培养、就业技巧的学习。传统的"两课"教学多有课程内容枯燥、授课形式单一的困扰，导致学生对"两课"学习提不起兴趣，于是众多高校都开始着手进行就业指导"两课"的教学改革。在教学改革中，"两课"有明确的目标——改善教学方式，吸引学生关注，提高教学质量，有一定的时间限制——"两课"的教学改革在一定的时间阶段需要付诸实践来检验成果，这个时间节点便是对时间的限制，因此，就业指导课程的改革是可以作为项目化管理的试验田的。

（二）在就业指导的创新性活动中实施项目化管理

就业指导的进步在于其不再停留于简单的就业辅助性服务的层面，就业指导工作同样可以由各类创新的、学生乐于参与的活动组成。例如，以往高校在就业指导中教导学生制作简历，多数以说教型为主，学生只有在应聘的过程中才能付诸实践。高校可举办简历制作大赛，让学生提前做准备，制作出用人单位中意的简历，并能在制作简历的过程中发现自己的不足，在毕业前的各项学习中提高自我。在此期间，学校可将每一次的比赛作为一个项目来管理操作，并在比赛结束后，整合优秀简历组建本校的简历模板库，为就业指导工作提供指导性素材。

（三）在就业市场开拓的工作中实施项目化管理

众所周知，要想更好地开展就业指导工作，就业市场的开拓是非常重要的一环。如果高校可以拥有足够多的市场资源，并且可以和有针对性的企业建立长期而友好的关系，便能够为在校学生提供更多的渠道和机遇。同样的，毕业的学生走入社会后，经过一段时间的发展，拥有了自己的社会地位，建立了自己的社会关系，其中大多数毕业生是愿意将自己的资源共享给母校，也愿意为学弟学妹的发展贡献自己的力量的。因此，许多高校正逐步开展校企合作，建立本校的用人单位信息库，以及历届毕业生的校友录，而这两项工作均可以作为就业指导项目化管理的内容。

（四）在就业指导的工作队伍建设中实施项目化管理

近年来，国家以及各地的教育主管部门都在强调"全员就业"的理念，要求高校各级领导、教师队伍、学工人员全力投入大学生就业指导工作，从不同的层面、不同的角度，为大学生就业指导工作贡献自己的力量。因此，各高校都相继着手建设就业指导工作队伍，成立大学生就业指导工作小组。这项工作的性质和内容与企业的人力资源管理类似，同样可以运用项目化管理的理念加以推进，从而建设起高效的就业指导工作队伍。

五、应用项目化管理开展大学生就业指导工作的步骤

大学生就业指导工作是一项复杂而多样的系统工作，时间跨度长，覆盖范围广，对其进行项目化管理必然要将其划分为不同的阶段以及不同的项目，从而保证管理的准确性。每个阶段和每个项目都要经历五大项目管理过程组，即项目启动过程组、项目规划过程组、项目执行过程组、项目监控过程组、项目收尾过程组。

（一）就业指导项目化管理的项目启动与规划过程

项目启动过程组包含获得授权，定义一个新项目或现有项目的一个新阶段，是正式开始该项目或阶段的一组过程。项目规划过程组是包含明确项目总范围、定义和优化目标，以及为实现上述目标而制定行动方

案的一组过程。鉴于项目启动过程组与规划过程组都是围绕项目目标开展的，并且有着紧密的联系，同时考虑到文章的篇幅，因此将项目启动过程组与项目规划过程组整合起来。

1. 识别干系人

项目干系人是指积极参与项目，或其利益可能受项目实施或完成的积极或消极影响的个人和组织，如客户、发起人、执行组织和公众。他们也可能对项目及其可交付成果施加影响。由此可见，项目的顺利开展要求项目团队必须识别项目干系人，并且能够准确详细地明确项目干系人的需求和期望，并根据项目干系人的需求和期望对项目进行规划、执行以及监控。

而大学生就业指导工作是一项多元化、复杂化的工作，牵涉面广。总的说来，大学生就业指导工作的项目干系人包括高校、学生、用人单位、社会。

（1）高校。毋庸置疑，高校作为大学生就业指导工作开展的主体，起到了推动其发展进步的核心作用，必然是大学生就业指导工作的重要干系人。对高校而言，大学生就业指导工作的目标主要有两个：提高学校毕业生的就业率以及使希望就业的毕业生都能找到满意的用人单位和岗位。一方面，随着高校的不断扩招，大学毕业生的就业压力不断增大，社会各界对高校不断提出新的要求，大学生就业率已经成为社会各界评价一所高校办学水平和教学质量的重要因素之一。因此，对于高校而言，提高学校毕业生的就业率不仅是为了完成上级教育主管部门的要求，更是为了学校的长久发展。另一方面，学生是高校服务与管理的对象，无论是从情感上，还是从现实上，让自己的学生毕业后走入社会之际能够寻找到满意的单位与岗位是每一所高校喜闻乐见的。

（2）学生。学生是大学生就业指导工作中最大的利益相关者，他们寒窗苦读就是为了能在社会的大舞台有施展才能的机会。大学生就业指导工作的成与败对学生而言，从小的方面说，是能否找到一份满意的工作让自己在社会中有立足之地；从大的方面说，关系到学生今后人生发展的好与坏。对于学生这一项目干系人而言，最大的需求与期望就是找到自己满意的工作。这里的需求与期望可以分为不同的级别，最基本的需求是能获得一份工作，更高层次的期望是这份工作可以带来不低的收入，并能带给学生颇高的满意度。

（3）用人单位。如果说学生是产品，高校是生产这一产品的工厂，那么用人单位可以被看作大学生就业指导工作的"消费者"，用以吸收学生这一主体产品，是十分重要的干系人。缺少了用人单位这一环节，再好的高校教育，再优秀的毕业生，也都丧失了实际意义。对于用人单位这一项目干系人而言，能够找到适合本单位各岗位的优秀毕业生，以推动企业不断进步，帮助企业扩大发展，便是最为关键的需求与期望。这一需求与期望与学生的需求与期望相互对应，用人单位对于吸纳的学生也有满意与否的不同评价。

（4）社会。社会是大学生就业指导工作中的重要外部干系人，看似处在就业工作圈子之外，实则与这个圈子密不可分。一方面，社会的就业形势、就业政策对大学生就业指导工作有着非常重要的指向性作用；另一方面，大学生已经成为社会各行各业人才储备的重要来源之一，大学生的就业甚至直接关系到经济的增长和发展、社会的稳定和秩序。从整个社会的角度来说，大学生在就业时重点的期望标准就是社会的稳定和经济的发展。

总之，高校、学生、用人单位、社会这四个干系人在大学生就业指导工作中，相互影响，相互制约，共同关注着大学生就业指导工作的开展与运行，并在其中扮演着不同的角色。因此，在大学生就业指导工作的项目化管理要考虑到多方的需求与期望，并协调处理好相互之间的冲突，最大化地优化大学生就业指导工作的运作。

2. 明确项目目标

项目化管理都是围绕着项目目标展开的，项目目标是一个项目存在的意义，没有了项目目标，项目化管理就无从谈起。因此，在项目启动规划过程组中必须明确项目目标。项目目标的确定需要符合"SMART"原则（S=Specific、M=Measurable、A=Attainable、R=Relevant、T=Time-bound），即目标必须是具体的，目标是可以度量的，目标是可以实现的，目标与工作有相关性，目标是有时限的。具体到大学生就业指导工作中可以用以下几点来总结：项目目标必须是与就业指导工作紧密相关的，可以具体描述的，有衡量比较方法的，并且是通过相关人员的努力在一定的时间内可以完成的。

除了以上理论中的 SMART 原则，大学生就业指导工作的项目目标制定还必须符合就业指导工作的社会现实需要，总的来说要满足以下几点。首先，大学生就业指导工作的项目目标要符合国家对就业形势的基本要求，把握整体方向；其次，大学生就业指导工作的项目目标要兼顾不同人群的需求，包括用人单位、学生以及高校自身；最后，大学生就业指导工作的项目目标要能够在现有的资源条件下，通过一定的努力得以实现。

3. 制订项目管理计划

制订项目管理计划是指整合项目管理从项目启动到项目收尾一系列相关过程，定义、整理、记录为实现项目目标所需要进行的必要的活动内容与方式的过程。通过制订项目管理计划，可以进一步确认项目目标，并确定项目的执行、监控和收尾方式。鉴于项目的复杂性和所在领域的不同，计划的内容会各不相同。制订项目管理计划需要做到以下几点。

（1）整体性把握项目管理的各个过程要素。为保证项目管理计划的严密性和可靠性，在制订的过程中要有全局观念，能够整体把握项目管理的各个过程，综合考虑项目管理的各个要素。

（2）选择性涵盖项目管理的各个知识体系。项目管理的过程涉及九大知识领域，包括项目整合管理、项目范围管理、项目时间管理、项目成本管理、项目质量管理、项目人力资源管理、项目沟通管理、项目风险管理、项目采购管理。在制订项目管理计划的时候需要根据项目的需要有选择地涵盖这几个知识领域的相关内容。

（3）动态性调整项目管理的各个计划内容。项目管理计划制订完成后，在项目管理执行过程中要做到根据项目进行的情况，对计划中的内容进行动态合理的调整与变更，以保证项目在复杂多样的环境中能够顺利完成。

因此，在大学生就业指导工作项目化管理计划的制订过程中应当注意从整体上考虑问题。项目管理计划具备系统性，要能在计划中体现出就业指导工作中项目的自然衔接、资源的合理分配、时间的有机协调。

大学生就业指导工作项目化管理计划的制订需要合理安排覆盖的范围和计划的细节。如果覆盖范围太广，计划细节太多，可能会导致项目团队无暇顾及，影响项目化管理成果；如果覆盖范围太窄，计划细节太少，可能无法全面地指导项目的开展，对于项目目标的实现缺乏准确的估计。大学生就业指导工作项目化管理计划的制订要具有动态性，面对复杂的就业环境，要能及时调整就业指导项目化管理的计划内容，以保证项目目标的圆满实现。

（二）就业指导项目化管理的项目执行过程

项目执行过程组是完成项目管理计划中确定的工作以实现项目目标的一组过程，是项目化管理过程中耗费资源最多的阶段。指导与管理项目执行是为实现项目目标而执行项目管理计划中所确定的工作的过程，项目执行的依据是项目管理计划，项目执行的目的是实现项目目标，这是项目化管理的关键所在。在项目执行过程中，既要有前期的资源准备，也要有相应的标准建设。

1. 项目执行的资源准备

鉴于项目执行过程组是项目化管理过程中耗费资源最多的阶段，并且是最关键的阶段，为保证项目执行的顺利进行，前期要将各方面的资源准备妥当，以免影响项目的进程。在大学生就业指导工作项目化管理中，需要准备的资源主要包括以下两项。

（1）人力资源。人员在大学生就业指导工作项目化管理过程中的重要性已经在前面阐述过。面对众多项目干系人复杂而多样的需求，没有一支打得起硬仗的项目团队，是难以实现项目目标的。各高校在努力完成大学生就业指导工作的过程中，需要结合自身情况，根据上级主管部门的要求，在人员配备上做到由上而下、由点及面。第一，构建各级就业指导工作队伍，由与大学生就业指导工作相关的学院及各部门领导成立就业指导领导小组，明确各部门职责，统筹安排各项工作，由包括就业办、学生办公室、毕业班辅导员等在内的学工处相关人员组成就业指导工作小组，全面落实具体的毕业生就业指导工作。第二，成立就业指导教学研究小组，由部分具备教育学、心理学、社会学、管理学的专职教师参与其中，从专业知识的角度为就业指导教学研究提出建设性意见，既有助于大学生就业指导工作的专业化发展，也为教师提供了更宽广的舞台。第三，扩大校外专家指导团队，高校可以面向社会招聘就业指导专家以及人力资源专家作为本校就业指导工作的校外指导，他们既可以是某一地区或是某一行业的人力资源专家，也可以是教育部门或是其他高校的就业指导专家。不断扩大校外专家指导团队不仅扩充了学校的就业指导队伍，也间接地促进了学校自身就业指导队伍素质、能力的提高。

（2）物质资源。大学生就业指导工作项目化管理过程所涉及的物质资源主要包括三个部分：资金、设备、场地。首先，大学生就业指导工作很多内容是需要有资金支持的，如招聘活动的开展、校企合作的联系等，在子项目执行之际需要将必需的资金准备到位。目前，各高校对于大学生就业指导工作的资金划拨还是比较积极主动的，都会综合考虑就业指导工作的重要性和特殊性，配备必要的资金，但具体的数目则需要根据各高校自身的情况而定。其次，大学生就业指导工作也是需要设备的支持的，如学生的自我测评系统、就业指导网络课堂，以及开办讲座等需要的基础设备，这些硬件设备是大学生就业指导工作项目化管理的硬件基础，可以从一定程度上保障就业指导工作的顺利开展。最后，大学生就业指导工作的场地问题是很多学校目前急于解决的。就业指导工作中很多内容都需要有专门的场地支持，引进用人单位招聘需要场地，用人单位专场面试需要场地，甚至是接待学生咨询都需要有场地。然而由于高校就业指导工作近年来的大步发展已远远超出了之前的设想，高校给就业指导办公室配备的场地也显得有所不足，部分院校已着手改进。

2. 项目执行的标准建设

俗话说"凡事预则立，不预则废"，项目执行的标准建设就好比项目执行这座大厦的地基。项目执行的标准主要包括三个方面：成效、时间、成本。大学生就业指导工作有着自己的特点和要求，在项目化管理的过程中也有独特的执行标准。

（1）以实现学生成功就业为最终目标。大学生就业指导工作的最终目标简单地说就是能让学生成功就业，这里的"成功"不仅仅是指找到工作，更强调的是找到满意的工作。前面提到过大学生就业指导工作项目化管理的过程中有多个项目干系人——高校、学生、用人单位、社会，其各自的需求和期望并不完全相同，但是实现了学生的成功就业便是从一定程度上实现了各自的基本需求。对于高校而言，学生能够成功就业不仅实现了高校就业指导工作的基本要求，也更好地体现了高校的教学质量；对于学生而言，成功就业便是实现了个人愿望；对于用人单位而言，招聘到双向满意的学生，意味着为企业的长远发展引进了人才；对于社会而言，学生成功就业为社会提供了高水平的人力资源。因而，在大学生就业指导工作项目化管理的执行阶段，要坚持以实现学生成功就业为最终目标，这样便能保证项目目标的圆满实现。

（2）以按时完成项目计划为时间标准。大学生就业指导工作在大学四年时间内不同的阶段有不同的内容，这意味着大学生就业指导工作项目化管理的历程可以横跨大学四年，但是其中的每一个项目都必须有自己的项目计划所规定的时限。按时完成项目计划不仅是为了严格把握每一个项目的运行，也是为了不影响接下来的项目的开展。对于大学生就业指导工作这一复杂化的项目化管理工程，能够按时完成每一个环节的项目计划，对于整体工作的良好进展是有着积极意义的。因此，在大学生就业指导工作项目化管理的全过程中，都要坚持按时完成项目计划，不得擅自拖延、调整时间安排。

（3）以低成本、高效益为基本原则。每一个项目的运作都离不开资源的利用，而如何能够利用最低的成本投入高效地实现项目目标则显得至关重要。大学生就业指导工作虽然可以有高校专项资金的支持，但是资金是有限的，面对就业指导工作中众多烦琐的环节，如何能够应付自如，也是需要多方面的计划和控制的。因此，在大学生就业指导工作项目化管理的执行过程中，要时刻不忘坚持贯彻低成本、高效益的基本原则，有效地利用一切可利用的资源，实现低成本的战略目标。

（三）就业指导项目化管理的项目监控和收尾过程

监控过程组是包含跟踪、审查和调整项目进展与绩效，识别必要的计划变更并启动相应变更的一组过程。这一过程组的关键作用是持续并有规律地观察和测量项目绩效，从而识别与项目管理计划的偏差。而收尾过程组是为完结所有项目管理过程组的所有活动，以正式结束项目、项目阶段或合同责任而实施的一组过程。这一过程组完成，就表明为完成某一项目或项目阶段所需的所有过程组的所有过程均已完成，并正式确认项目或项目阶段已经结束。在大学生就业指导工作项目化管理的收尾过程中，要重视与下一个项目的衔接过渡，保证大学生就业指导工作项目化管理的整体性、协调性。

就业指导工作项目化管理的监控过程主要包括以下几个方面：成本控制、进度控制、质量控制。

1. 成本控制

成本控制是在项目化管理过程中，监督项目状态以更新项目预算、管理成本基准变更的过程。成本控制的依据主要有项目管理计划、项目资金需求、工作绩效信息、组织过程资产。在项目化管理的过程中，项目支出原则上是根据项目管理计划进行的，如果在运作过程中，项目的实际支出与成本预算有偏差，需要寻找问题所在。如果是项目管理计划制订得不够合理，导致成本预算偏低，则需要及时调整项目管理计划；如果是项目管理的运作过程中，资金监管不到位，使得支出超过基本的预算，则需要在实际工作中调整偏差，以保证整个项目运作的支出不超过成本预算。

在就业指导工作项目化管理的过程中，绝大多数的经费是由高校自己划拨，仅有少数是引入的社会资金，但是，从总体上来说，现有的大学生就业指导工作经费还是有限的。目前，大学生就业指导工作中的成本即工作经费主要包含三个部分：一是每届毕业生就业指导工作的常规服务管理工作的经费；二是各类就业相关的校园活动的经费，如大学生简历大赛、职业生涯规划大赛等；三是日常的办公经费。由于在就业指导工作中经费的用途多、范围广，容易造成有限的经费失去控制，影响工作成效，因此，在大力发展大学生就业指导工作的过程中，如何能够使有限的经费发挥最大效能是众多高校在进行就业指导工作改革的同时颇为关心的问题。加强在就业指导工作项目化管理过程中的成本控制，便是解决这一问题的最直接有效的方法之一。一方面，在项目执行的过程中，要坚持参照项目管理计划中的成本预算内容，对可能引起成本超支的情况做到提前预知，如项目标准的提高、项目进度的提前、项目环境的变化等，从而在实际执行过程中加以控制，力争在执行过程中能符合预算要求；另一方面，在项目执行的过程中，要及时做好大学生就业指导工作的实际成本的核算，将其与成本预算进行比较，分析实际成本超支与否，进而进行深一步的分析。如果超支的话，则仔细研究超支的环节和原因，并研究是否可以在后面的过程中对成本加以控制，以达到最终符合成本预算的目的；如果没有超支的话，则可以及时总结经验，为后期的项目执行提供参考。

2. 进度控制

项目的约束性说明了项目的时间也是有限的，而在有限的时间内实现项目目标也是对项目执行的一大考验，由此可见，为保证项目的按时完成，项目监控的过程中，进度控制是不可或缺的一个环节。进度控制是监督项目状态以更新项目进展、管理进度基准变更的过程。进度控制主要包括以下几个方面：①跟踪项目进度、定期报告、考察进度；②分析跟踪所得的信息，找出进度偏差；③处理进度偏差；④若进度偏差过大，提出修改申请；⑤审批修改计划，评估修改计划方案，制定应对方案；⑥变更申请批准后，予以实施。但是，需要注意的是，项目的执行过程既不能盲目地赶进度，一味求快，也不能完全忽略时间问题，严重超出进度的计划。

在大学生就业指导工作项目化管理的过程中，除了具体的项目进度计划安排外，整体进度管理还具有三个特点：一是大学生就业指导工作是横跨大学四年的，但是相应的每个具体的项目又分别有时间限制，因此具体的项目时间进度必须符合大学四年的整体安排，不能影响到其他项目的开展与执行；二是大学生就业指导工作具有连贯性，在项目化管理的过程中各项目的运作也需要有连贯性，在时间上、内容上要可以相互贯穿，一气呵成，不能盲目地安排时间；三是大学生就业指导工作具有特定的时间性质，每个阶段有每个阶段的任务重点，因此，项目化管理过程中各个项目的时间安排需要符合大学生就业指导工作自身的时间特性，做到因时制宜。因此，就业指导工作项目化管理过程中的进度控制包含了多重意义，即项目的按时完成、项目的连贯互通、项目的因时制宜，需要在实际的工作中加以关注实施。

3. 质量控制

项目是成功还是失败，质量是关键，能否实现最终的项目目标，能否获得较高的绩效水平，都将成为评价一个项目成功与否的重要标志。为了尽可能地排除不满意的因素，使得项目获得最终的成功，质量控制是项目监控过程中的重中之重。质量控制是指监测并记录执行质量活动的结果，从而评估绩效并建议必要变更的过程。在质量控制的过程中，重要的参考指标有项目管理计划、质量检测指标、绩效测量结果。

在大学生就业指导工作的项目化管理过程中，建立质量检测标准即绩效体系，是质量控制的重点之一。传统的就业指导工作中，就业率是唯一的绩效评估标准，从学校整体到各个学院，就业指导工作开展得好与坏，就看就业率这一个数据。在新的形势和新的环境下，传统单一的就业指导工作绩效标准已经不堪重任，需要有所突破和改进。从项目质量控制的角度来看，质量标准既包括项目过程的质量标准，也包括项目产品的质量标准。因此，大学生就业指导工作项目化管理的绩效体系也可以分为多个层面和内容。第一，就业指导工作的体系建设情况。是否组建了相关的工作小组，针对就业指导工作开展交流讨论和学习，并建立详细的就业工作档案。第二，就业服务与管理的实施情况。大学生就业指导工作中有很多日常的服务性内容，是否能够更加细致认真地对待工作，做到就业指导工作无小事，细致而准确地面对每一天的工作。第三，就业咨询与指导的畅通情况。大学生在就业过程中毋庸置疑会有各式各样的疑问，能否在解答学生疑问的过程中做到更加仔细全面，并能针对学生的个案加以具体指导。第四，就业市场建设的推进情况。为拓宽学生就业渠道，不断加大就业市场建设的力度，能否建立有针对性的就业基地，并联系相关单位进校招聘。第五，毕业生就业情况。这里的就业情况也不局限于以往单一的就业率数据，而要综合考量就业性质、就业单位、就业满意度等，变就业率为就业质量。总的说来，大学生就业指导工作的质量控制围绕以上五点开展即可。

第七章　大学生职业道德教育研究

第一节　大学生职业道德教育的基本范畴

职业道德教育是道德教育体系的重要组成部分，它是反映行业与行业之间、行业与社会之间、行业内部从业人员之间、从业人员与社会之间的最本质、最重要、最普遍的道德关系的概念。在社会主义市场经济条件下，职业道德教育主要包括以下几个基本范畴：职业理想、职业态度、职业义务、职业技能、职业纪律。这几个范畴也是职业道德人格的完整构成因素。道德人格是人格体系的核心内容，它从伦理道德的角度反映人格的内在规定性，是个人在处理和他人、和社会关系上表现出来的尊严、价值和品质的总和。作为一种道德人格类型，职业道德人格是指具有鲜明的职业道德品质的人格特征。它是在一定社会文化基础上，在职业活动过程中形成的包括以上几个范畴在内的人的完整品格。

一、职业理想

（一）定义

职业理想是人们在职业上依据社会要求和个人条件，借助想象而确立的奋斗目标，即个人渴望达到的职业境界。职业理想包括两层含义：一是指一定的职业所追求与向往的完善的职业道德关系以及完美的职业道德风尚；二是指一定的职业所追求与向往的从业者的完美人格。职业理想是人们实现个人生活理想、道德理想和社会理想的手段，并受社会理想的制约。

（二）特点

1. 多样性

职业是多样的，职业理想也是多样的。一个人选择什么样的职业，受客观和主观因素的制约。一个人所处的环境、家庭背景等会影响其职业理想的选择，同时，他的思想品德、知识结构、能力水平、兴趣爱好等也影响着职业理想方向，特别是他的受教育情况、知识结构、能力水平决定着职业理想追求的层次。因此，职业理想具有一定的个体差异性和多样性。

2. 时代性

职业理想，它总是一定的生产方式及其所形成的职业地位、职业声望在一个人头脑中的反映。因此，任何时代的职业理想都受该时代的社会生产方式的发展水平的制约。生产方式越先进，社会经济越发达，社会分工越精细，职业种类就越多；科学技术越先进，职业演化越迅速，人们选择职业的机会就越多，职业理想实现的可能性也就越大。社会的分工、职业的变化是影响一个人职业理想的决定因素。生产力发展的水平不同、社会实践的深度和广度不同，人们的职业追求目标也会不同。

3. 发展性

职业理想具有一定的发展性，体现在以下两方面：从社会发展和职业演变的总体看，人们的职业理想随职业声望和职业地位的变化而变化；从社会存在的个体看，一个人的职业理想随着年龄的增长、社会阅历的增加、知识水平的提高，会由朦胧变得清晰，由幻想变得理智，由波动变得稳定。

（三）作用

1. 职业理想是人生奋斗的目标

理想是前进的方向，是心中的目标。人生发展的目标是通过职业理想来确立，并最终通过职业理想来实现的。在人生道路上，人们通过职业活动来追求精神生活、物质生活水平的提高，追求人生价值的实现，追求社会对自己的认同。职业生活占据人生的绝大部分。人们对美好生活的追求和向往，往往要通过职业活动来实现。所以，职业理想的确立，就是为人生实践活动确定了目的，为人生认准了奋斗目标。

2.职业理想是人生力量的源泉

职业理想源于现实又高于现实，它比现实更美好。职业理想作为一种可能实现的奋斗目标，是人们实现职业愿望的精神支柱和力量源泉。职业理想一经确立，就会激励人们为之付出孜孜不倦的努力，就可以转化为无坚不摧的精神力量，促使人们以坚定意志来获取事业的成功。在力所能及的范围内，追求的目标越高，直接激发出来的动力就越强。职业理想在人生发展中，不仅可以激励人们对自己献身于其中的事业充满自豪感和光荣感，而且促使人们产生实现理想的责任感和紧迫感。

3.职业理想促进人生价值的实现

人生价值分为自我价值和社会价值两个层面。个人的发展是个人适应社会、融入社会、改造社会的过程，是在推动经济、社会发展过程中的自我完善。无论从什么角度去体现人生价值，总要依托某一职业。对职业理想的追求，必然会促进人生价值的实现。职业理想在现实生活中具有参照系的作用，它指导并调整着我们的职业活动。当一个人在工作中偏离了理想目标时，职业理想就会发挥纠偏作用，尤其是在实践中遇到困难和阻力时，如果没有职业理想的支撑，人们就会心灰意冷、丧失斗志。

（四）大学生实现职业理想的条件

叩开职业理想的大门，重要的是持之以恒地奋斗。大学生必须认清实现职业理想的持久性和艰巨性，珍惜在校的学习生活，为实现未来的职业理想打好基础。实现职业理想需要具备以下条件。

1.知己

大学生应该从自己所受的教育、自己的能力倾向、自己的个性特征和身体健康状况出发，准确定位，瞄准适合自己的岗位去不懈努力。现代制造业和现代服务业的兴起，人才结构性缺失对高技能人才的大量需求，为高校毕业生大显身手提供了舞台。大学生要树立起"天生我材必有用"的信念，对自己的职业生涯充满信心。只要努力奋斗，具有实践能力、掌握一定特长，高校毕业生就能成为各自领域的佼佼者，成为社会有用的甚或是急需的人才。高校大学生在校期间，要在自我评价的基础上"扬长避短"，按照职业对从业者的要求，提升自身素质，有目标地弥补自身的差距，发展自己，主动适应职业的要求。

2. 知彼

这里的"知彼"包括两个方面的意思：一是了解自己将来所要从事的职业；二是了解社会需求。

第一，了解职业。每种职业都有与之相适应的职业能力要求。在职业的选择中，最为重要的是个人对职业要有个正确的态度，即明确个人对职业究竟应该要求什么。关于个人对职业要求的问题，可以概括为"职业的三要素"：维持生活，发展个性，承担社会义务。大学生作为社会主义社会公民的一部分，在选择职业时应该把承担社会义务放在首位。因为，只有广大劳动者都从社会的整体利益出发，分别从事社会所需要的各种各样的职业，社会才能顺利地前进和发展。只有在这个基础上，广大社会成员，包括劳动者自身，才能过上幸福的生活，才能逐步获得个性的全面发展。这是社会主义的职业理想对于职业选择的总的态度。

在择业时，高校毕业生要选择能让自己"扬长避短"的职业，向用人单位展示自身的长处，走出盲目从众、单凭主观愿望择业的误区，做到既不清高自傲、眼高手低，也不悲观失望、无所适从。扬长避短，就是要正视自己，在职业活动中，尽量发挥自己的长处，避开自己的短处。正如《水浒传》所描述的张顺，在陆地上他是李逵的手下败将，可在水中，他却占了上风。随着科学技术的飞速发展，各种职业对从业者的要求也越来越高。大学生应该对照今后即将从事的职业对从业者的要求，做自我分析，发现自己胜任这一职业的长处，弥补自身的不足，调整自己的心态，为提升自身素质确定可以实现的目标，有选择地、有针对性地培养自己的能力，主动去适应并接受职业岗位的挑战。

第二，了解社会。了解社会的需求是成功择业并就业的关键。了解社会主要是要了解社会需求量、竞争系数和职业发展趋势。社会需求量是指一定时期职业需求的总量。这是一个动态的又相对稳定的数据。例如，有的职业有很高的社会名望，但需求量很少；有的职业不为多数人看好，但有发展前途，且需求量较大。加强对社会职业需求的分析和预测，了解社会职业岗位需求情况，对于大学生，特别是处于毕业前期的大学生来说是很重要的。

二、职业态度

（一）定义

职业态度指个人职业选择的态度，包括选择方法、工作取向、独立决策能力与选择过程的观念。简而言之，职业态度就是指个人对职业选择所持的观念和采取的行动。职业态度的好坏可以体现一个人、一个单位、一个部门、一个系统的精神境界和道德风貌。

（二）影响职业态度的因素

从本质上讲，职业态度就是劳动态度。职业态度是从业者对社会、对其他职业和广大社会成员履行职业义务的基础。影响职业态度的因素可以分为主观的和客观的两大类。

其中，主观因素指的就是自我因素，包括个人的兴趣、爱好、价值观、自我期望等，也会受到职业理想的影响。职业态度还受到个人素质、文化程度、技术水平等的制约。诸多因素中，从业者的价值观对职业态度的影响尤为突出。客观因素则指的是社会因素、家庭因素、职业因素三个方面。首先，社会因素包括同事关系、社会地位、社会期望等因素。在职业发展的过程中，个人的最终目标是在其岗位上有所表现，有更多的人希望自己能成为社会中有身份、有地位的人，这种期望或多或少影响着个人的职业态度。其次，家庭因素包括家庭的社会经济地位、父母期望、家庭背景等因素。从国内外研究来看，家庭教育对个人发展影响的数据并不明显。但是，不论父母的学历如何、社会经济地位如何，大多数的父母都希望自己的子女能拥有比自己高的学历，从事比自己有发展前景的工作。因此，在做职业选择时，家人的意见通常会影响到个人的职业态度。最后，职业因素包括职业市场的需求、职业的薪水待遇、工作环境、发展机会等。就理想而言，兴趣、期望、抱负应该是个人选择职业的主要依据，但事实上，还必须同时兼顾自我能力，以及外在的社会环境、职业市场动态等。对职业世界认识越深，就越能够掌握准确的职业信息，也可以获得比较切合实际的职业机会。相反，对职业认知有限的人，甚至连何处有适合自己需求的工作机会都不清楚，又何谈要做出明确的职业选择？因此，个人对职业的认知会影响到个人的职业态度。

三、职业义务

（一）定义

一般来说，责任也是义务。职业义务是指从业人员在一定的内心信念和职业道德责任感的驱使下，自觉履行对社会、对他人的义务。职业义务属于职业道德范畴，反映的是个人对社会或对他人所肩负的职业道德责任，是一定社会或阶级的职业道德原则和职业道德规范对人们的要求。职业义务可以分为对他人的职业义务和对社会的职业义务。对他人的职业义务是与同事、亲朋好友、家人等人与人之间的关系相伴而生的，指的是从业过程中个人对他人应尽的义务。对社会的职业义务，是从个人与阶级、国家、民族、政党的关系中产生的。

（二）职业义务与职业道德义务的区别

要了解职业义务与职业道德义务之间的区别，首先需要掌握道德义务的两个基本特征。第一，道德义务是人们在自觉地认识客观的要求和自己的使命、职责或任务的基础上形成的内心信念和意志。所以从严格的意义上说，道德义务是人们在内心信念的驱使下，自觉自愿履行的，它不具有强制性。如果某种行为完全是受经济影响强制去做的，内心是被迫的，那这就不是一种履行道德义务的行为。第二，履行道德义务常常需要以自我牺牲为前提，而不是为了谋取利益和获得权利。履行道德义务后，可能更多的是得到社会舆论赞扬或他人的感激或报偿等。许多人做好事不留名，就是履行道德义务的生动表现。反之，如果一个人从追求某种权利、贪图某种报偿的动机出发去做所谓的"好事"，这样的行为也根本不是履行道德义务的行为。综上所述，所谓道德义务，就是人们自觉地认识到的道德责任，或者说，只有那些能够用善恶进行评价的、同道德责任感相融合的、自觉自愿履行的义务，才是道德义务。

由此可见，职业义务、职业责任和职业道德义务并不完全相同，职业道德义务的要求高于一般的职业责任和职业义务。职业义务作为一种职责，是从业人员"应该做的"，而道德义务作为从业人员的自主行为，是"自觉履行"的。一个劳动者，只要他认识和理解了职业和人民赋予自己的光荣使命，具有高度的道德觉悟和高尚的道德境界，他就能够在履行职业义务中获得道德自由。

四、职业技能

社会主义职业道德，不但表现为自觉履行职业道德义务的愿望，还表现为完成职业责任的过硬本领。只有具备高超的职业技能，才能出色地完成职业责任，更好地为人民服务。所以，良好的职业技能便具有了深刻的道德意义。

职业技能，即职业要求具备的技术能力或操作能力。特定的职业岗位的专业人才不但要懂业务，而且要会做业务，精通某项（或多项）专业技术，掌握熟练的操作技巧，甚至"绝技"。这是职业人才就业、谋生、服务社会的看家本领，也是大学生教育培养的重点。在当代中国，具备良好的职业技能已经成为广大从业者对社会应尽的职业道德义务。就是说，每个从业者不仅要把热爱科学、提高职业技能作为自己的权利，而且应该将其看作自己义不容辞的职业责任。对于广大青年人来说，热爱科学、提高职业技能，更是必要的。例如，郑州市国防科技学校要求学员掌握"八技四能"。其中"八技"是精通所学专业、会开汽车、会使用计算机、会使用英语、会写应用文、会使用正规武器、会写一手规范的钢笔字、会说普通话；"四能"是工作应变能力、竞争取胜能力、再学习再提高能力、社会交际能力。

对于现代职业人员来说，科学技术知识和业务能力是从业必备的条件。

第一，由于现代社会经济结构的变化和技术的进步，人的劳动就业方式发生了很大变化。从业人员要适应形势发展的需要，跟上时代步伐，首先就需要学习科学文化知识，掌握与本职业工作相关的技能和专业知识。为了提高人们的职业技能，除了鼓励个人刻苦学习、努力钻研外，还应分层次分阶段地进行岗位培训。通过培训，使从业人员更新观念，学习掌握新的技能，把理论与岗位上的实践工作结合，争取精益求精。

第二，增强从业人员的职业技能还应该不断提高他们的业务能力。首先，充分发挥人本身潜在的技能。人的技能结构层次中，最外端的表现形式是动作能力。按动作划分，人的技能基本上可分为两大类，即言语技能和肢体技能。在职业活动里，教师和心理咨询师主要靠言语技能，机械维修人员主要靠肢体技能。实际上，两类技能对所有的职业活动都是不可或缺的。其次，增强从业人员的人际交往技能。人际交往技能是社会基本技能之一。培养人际交往能力最主要的是处理好以下两大问题：虚心求教，克服嫉妒心理；培养待人宽宏大度的品质。在人际交往中要求大同存小异，待人宽厚，能谅解他人的难处，包容他人的缺点；增强自信心，克服"社交恐惧症"。最后，增强从业人员的生活技能。生活技能是指自理生活、独立解决生活中困难的能力。生活技能的高低直接影响一个人成就的大小。

大学生应具备与职业相适应的应用知识和技能，如：具备较丰富的实践生产经验和较熟练的技术操作能力；具有独立解决生产操作、生产组织管理中技术难题的能力；具备新工艺、新材料、新技术、新设备的应用推广能力；具有较强的技术革新精神和创造能力；等等。技术知识是不断更新的，大学生还必须具有不断获取信息和知识的能力，以适应知识经济、信息时代的要求。

五、职业纪律

（一）职业纪律及其作用

纪律是一定社会、阶级、阶层和集团所确定的，用以维护他们的利益、约束人们行为的强制性的命令、条例、制度、规定等准则。职业纪律是一种行为规范，是劳动者在从业过程中必须遵守的从业规则和程序，它是保证劳动者执行职务、履行职责、完成自己承担的工作任务的行为规则。它要求从业者在职业生活中遵守秩序、执行命令和履行责任，它是调节从业者与职业、与社会以及职业生活中局部与全局关系的重要方式。职业纪律的调整范围是整个劳动过程以及与劳动过程有关的一切方面，包括工作时间，劳动态度，执行生产、安全、技术、卫生等规程的要求以及服从管理、考勤等方面的全部内容。职业纪律包括时间纪律、组织纪律、岗位纪律、协作纪律、安全卫生纪律等内容。

职业纪律可以维护正常的安全生产和工作程序，保证社会主义劳动生产顺利有序地进行，促进经济发展；促使劳动者安全规范地行使自己的劳动权利，提高劳动效率，进而提高单位的工作绩效；提升单位科学管理水平，促进企业内部管理的制度化；有利于企业文化的形成，为社会主义精神文明建设提供保障。

（二）职业纪律与职业道德的关系

《中华人民共和国劳动法》第三条规定，劳动者应当"遵守劳动纪律和职业道德"。职业纪律与职业道德相互联系，又有所区别，两者相辅相成。

1. 两者的联系

职业纪律与职业道德有着同一主体，那就是劳动者，调整的对象都是劳动者所从事的"劳动行为"，目标都是保证社会主义生产劳动的正常进行，促进精神文明的建设。职业纪律是职业道德教育的重要范畴之一。

2. 两者的区别

两者具体分属于不同的范畴。职业道德属于思想意识，职业纪律属于法律关系。职业纪律的直接目的是保证劳动者完成劳动义务，职业道德的直接目的是实现企业的最佳经济效益；职业纪律以惩罚和激励相结合为实现手段，职业道德的实现主要依靠社会舆论，凭借人们的内疚和反省。

第二节　大学生职业道德养成心理机制分析

一、职业道德养成心理机制的内涵

职业道德养成不可避免地要涉及道德认知、道德情感、道德意志和道德行为，这在一定程度上呈现了心理的倾向性，具有一定的心理上的特点。这就要求我们从道德心理的角度来探讨职业道德的养成。

职业道德养成的心理机制研究的是：在道德养成过程中，人们如何做出道德决策及行为，这个养成过程受到哪些心理因素的影响以及通过心理诸要素的联合作用形成了一个什么样的系统。它呈现的是一个各要素及影响因素有机联系的整体，表现的是在职业道德养成过程中，心理诸要素的相互关系、相互联结的方式，以及通过相互作用实现职业道德养成这一目标的运行方式。换言之，它是在一定的目标导向下，在一定的动力驱使下，经过自我意识的调控，诸要素相互配合、共同协调，实现职业道德内化于心、外化于行的一种机理。它是从与职业道德养成相关的诸要素关联上出发，来说明和表现职业道德养成这一过程的，是不以个体是否能够觉察而转移的，是无形的、内隐的、客观存在的。

二、大学生职业道德养成心理机制系统构成

道德养成的心理活动非常丰富、复杂。每个人与他人相比都有一定的差异，但也有共同之处，就是在道德养成的过程中可以明显地显现出社会个体自始至终都在有意识地实现其道德价值、人生价值，实质上是一个道德内化与外化的过程。道德主体在接受社会道德改造的同时也能动地作用于社会道德，在接受社会道德影响的同时也在不断升华和超越着自我，即"超越旧的经验本质，创造新的自我"。这是这个心理运行系统的中心。

从心理机制的角度研究大学生职业道德养成这一问题，就意味着要从整体上把握大学生职业道德养成过程，对这一过程进行系统性的研究，探讨大学生在职业道德养成过程中其心理因素是如何发挥作用的。整体不等于各部分的简单相加，单独的某一部分所发挥的功能也不等于整体结合后产生的功能。了解事物必须从整体上进行把握，不仅了解内部各个部分，还要了解各个部分间的相互联系以及结合后的性质、功能及与外部的关系等。因此，将大学生在养成职业道德的过程中各心理成分所起作用的研究成果综合起来看待是很有必要的。对于这些要素的结合主要体现在三种机制上，即导向机制、动力机制和调控机制。

（一）心理导向机制

大学生职业道德的养成既然是一个过程，那么必然有其发展方向，这个方向是由价值观、理想、信念等决定的。这些要素是大学生职业道德养成的指路标，引导着大学生朝着某一趋势发展，为大学生的职业道德养成提供价值导向和标准。其中，价值观起着主导作用，而理想是大

学生职业道德发展的最终方向，信念则是克服职业道德养成情境中所产生的困难的必备力量。

价值观是指主体按照客观事物对其自身及社会的意义或重要性进行评价和选择的原则、标准。价值观是一个人思想意识的核心，对个人的思想和行为具有导向作用。职业道德价值观是指从业主体对行业内职业道德规范及意义的看法、评价标准。通过对职业道德规范的学习、了解及职业实践，主体会形成对职业活动的好与坏、是与非、正义与非正义等的价值判断观念，这种观念系统地构成了职业主体的职业道德价值观。这种价值观直接影响到职业活动主体对职业观念、行为的判断，使个体发现职业活动对其的意义，确立奋斗目标并朝目标发展。个体把目标价值看得越重，由此激发的动机将越强，反之则越弱。从这个角度来看，职业道德价值观决定着职业主体践行职业道德的方向和动机强度。价值观是个体在社会生活实践中逐渐形成的，一旦形成即具有相当的稳定性，但事物是客观存在的，而人的认识程度不同，所以价值观也会有一定的差异，因而使大学生养成正确的职业道德价值观对大学生确立职业道德目标、认识职业道德价值及最终养成职业道德具有重要作用。

理想实际上是人类社会实践的产物，是一种精神现象。在认识和改造客观世界的实践活动中，人们既着眼于当下的生活生产追求，寻求眼前的物质和精神需要的满足，又会憧憬未来的生产生活目标，期盼通过当下的努力实现未来某一时刻物质和精神的双重满足。对现状永不满足、对未来不懈追求，是理想形成的动力源泉。从这个意义上说，理想反映的是人们的社会实践，追求的是社会发展和自身发展，集中体现了人的世界观、人生观和价值观。在职业道德养成上，理想起到提升职业道德水平的目标引领作用。

信念是一种意志行为，是认为事物发展呈现为某一事实或必将发展为某一事实，是一种观点或一种判断，表现为对某一事物的发展很有信心，具有强烈的确信性。从某种程度上说，信念与理想是统一的。信念反映到行为上就是能够积极主动地做出某种目标性行为，是实现理想的重要保障。培养大学生个体树立养成职业道德的坚定信念，产生信念觉悟，对提高大学生职业道德素养具有重要意义。

在导向机制约束下，大学生个体朝向某一职业道德方向发展。大学生的职业道德价值观联结着大学生在职业道德养成过程中的认知、情感、信念并最终反映到职业道德行为上来，在职业道德价值观的串联下，大学生职业道德养成中的各个心理要素和运行环节得以有机联系。一方面，有什么样的价值观就有什么样的理想，保证了大学生在职业道德养成过程中的坚定方向性；另一方面，大学生个体的职业道德价值观决定了其对职业道德现象的判断，不同的价值观主导下，个体的判断也不同。

这样，在一定价值观主导下，大学生将产生符合社会要求的职业道德理想，通过信念保障，最终实现职业道德发展与养成。

（二）心理动力机制

大学生职业道德养成的动力主要来源于需要、动机和兴趣等。需要是有机体内部的一种不平衡状态，它表现为有机体对内部环境或外部生活条件的一种稳定的要求，并成为有机体活动的源泉。人的需要包括三大层级，即物质需要、享受需要、发展需要。这三种需要是一个密切联系的有机整体。人是社会的人，社会是人的社会，在看到个人需要的同时，还要看到个人的需要具有历史性，受社会历史条件所制约。社会生活是无数个人的共同生活，它有着一定的共同需要。人既然是社会的人，那么社会的共同需要从某种程度上说也是个人的需要。从这个角度来讲，大学生在社会交往实践中，需要达到符合当前社会要求的职业道德水准。根据所面临的紧迫性不同，大学生个体对职业道德的需要又可划分为现实的需要与未来的需要。现实的需要是大学生个体在读书期间或即将进入社会工作所需的职业道德素养，它表现出一定的实用性和明确的目的性，是为了解决当前面对的职业道德情境中的问题。而对职业道德的未来需要，则是指大学生个体发展成为符合这个社会向往的道德人，它体现的是这个社会的道德理想，是大学生个体实现更深层次社会化的需要。从动力程度来看，现实需要为大学生职业道德养成提供的动力较强，是第一性的。从长远发展来看，着眼于未来需要是大学生个体能持续不断地进行自我升华与提升的动力保障。大学生在现实的社会实践活动中既承载着历史也创造着历史，他们通过社会实践活动对既有的条件进行改造、扬弃、超越，同时也不断面临着新的问题，产生新的需要。如何更好地发展，如何能够不断满足发展需要，为大学生的职业道德养成提供了源源不断的心理上的动力。

动机是一个具有概括性的概念，包含所有引起、控制、维持人生理和心理活动的内部过程。动机是在需要的基础上产生的。当人的某种需要没有得到满足时，它会推动人去寻找满足需要的对象，从而产生活动的动机。但是当体内出现不平衡状态，需要推动人们去活动，并把活动引向某一目标时，需要就成了人的动机。马斯洛的动机理论又叫需要层次理论，即人的需要包括生理的需要、安全的需要、归属与爱的需要、尊重的需要和自我实现的需要五种。这五种需要是人类最基本的需要，成为激励和指引个体行为的力量，需要层次越高则社会性越强，所产生的动机也就越强。当大学生认识到自我与社会要求具有差距时，也会相应地产生不平衡状态，如在生理需要、安全需要等低层次需要得到满足的情况下，他们会寻求高层次的需要即自我实现的需要等。相对于马克思主义中的人的全面发展理论，马斯洛需要层次理论具有一定的机械性。随着社会现代化程度的不断提升，社会对人的道德素质现代化也提出了明确的要求，社会的现代化归根结底还是人的现代化，是人的思维、观念、行为的现代化，这就要求人必须具备现代化的职业道德素养，这是大学生进一步实现社会化的不可或缺的因素。从这几个方面来看，这即是大学生具有养成职业道德的动机的根本所在。

兴趣是人探究某种事物或者从事某种活动的心理倾向，它以认识和探索外界的需要为基础，是推动人们认识事物、探求真理的重要动机。兴趣是一种社会性动机，以人的社会文化需要为基础。兴趣在大学生职业道德养成中也起到了提供动力的作用，因而在教育实践中培养大学生对职业道德的兴趣将产生事半功倍的效果。

大学生对职业道德的需要是大学生社会化的正常发展结果，它和由此产生的养成职业道德的动机、兴趣共同构成了大学生职业道德养成心理动力机制，是个体能动性的一个表现方面，使大学生个体能够发动职业道德养成行为，并推动大学生个体产生内化和外化职业道德的活动。大学生职业道德养成的需要是一种不同于低层次生理需要的高级需要，是自我实现的需要，相对于低层次需要来说更为复杂，这种需要的满足依赖于良好的外部条件，因而创造良好的社会条件、经济条件，营造良好的文化环境氛围对培养大学生职业道德至关重要。

（三）心理调控机制

职业道德养成过程是大学生个体有意识调节和控制的自觉过程。个体处理自我和外界关系主要依靠自我意识来实现。从心理角度讲，自我意识是一种高级心理功能，对大学生个体的身心起到调控作用，不仅仅是对外界信息的被动觉察和感知，还存在反馈评价和调节控制作用，即大学生个体要不断地经历"现在的我""将来的我""应当的我"和"怎样实现应当的我"，也就是自我认识评价、自我体验、自我监督控制。

第一，自我认识，是指大学生个体对自己的洞察和理解，包括自我观察和自我评价两部分。自我观察是指对自己的感知、思想和意向等方面的觉察。大学生在职业道德养成的过程中，涉及的客观社会情境和主观心理活动状态自始至终都是被主体意识到、感知到的。主体认识到自己所处的社会情境，认识到自己的社会角色、社会责任、社会地位，认识到自己同外部世界的关系等。自我评价是指对自己的想法、期望、行为及人格特征的判断与评估。自我评价要结合自我观察来实现，大学生在感知内部状态和外部环境的同时对二者差异做出评价，得出自我调整的方向。自我认识是进行自我调节的重要条件，有时自我认识也会出现偏差，这时就需要外部教育对其加以引导。

第二，自我体验，是伴随着自我认识而产生的内心体验心理活动，是自我意识在情感上的表现。从职业道德的自我体验角度看，它是大学生个体在已认识到职业道德规范后，对处理人与社会的关系所产生的一种情境体验，实际上是面对外部情境时，自己与社会要求是否相符合的一种反映。体验效果的反馈有两种，一种是正效果，一种是负效果。评价效果的好坏与需要是否得到满足具有密切联系。当一个人的需要得到满足时，则对自己进行积极评价，此时会产生自尊感、肯定感；反之，当需要不能得到满足时，则会进行消极评价，产生自卑感、内疚感。自我体验可以使自我认识转化为信念，进而指导一个人的言行；自我体验还能伴随自我评价，激励适当的行为，抑制不适当的行为，体现大学生职业道德养成中的自我效能感。但是，当自我体验不佳时，或者说产生不恰当的自我体验时，职业道德养成则会受到负面影响。

第三，自我监督控制，即调动情感、意志、信念等因素去克服在职业道德养成过程中遇到的困难和阻力，以保障职业道德养成目标的实现。同时根据体验结果的反馈修正认识，提高主客观的契合度。

三、优化大学生职业道德养成心理机制的对策

（一）构建合理的大学生职业道德教育课程

课程是学校实现教育目标的载体，激发大学生学习职业道德养成的动机与需要，离不开构建科学合理的职业道德课程。目前，"思想道德修养与法律基础"这门公共课专门开辟了职业道德相关知识讲授的课程，主要论述职业生活中的道德和法律。在教育对象上主要针对的是大一新生；在教育内容上主要是强调职业道德基本理论；教育目标为引导大学生角色转换，更好地度过大学学习阶段。但是，限于篇幅及内容，仅仅依靠一门公共课并不能起到良好的职业道德教育效果，并且"思想道德修养与法律基础"课程中并没有专门针对职业道德做深入讲解，只是局限于宏观性的、一般性的职业道德问题讲解，这使得大学生个体没有机会专门深入地了解其所学专业或想从事职业的相关职业道德，可以说学生并未参与专业性的职业道德教育，这对激发大学生个体学习职业道德的需要显然是不利的。

在专科职业类院校中，专门有一门课程"职业道德与法律"对学生进行系统性的职业道德教育，而在本科类课程设置中并未有专门的课程，这与学生培养定位有关。但不能就此认为，本科类学生不需要或者少需要职业道德教育，毕竟从年龄、心理成熟度来看，两类学生并没有什么不同。因此，应当在大学生思想道德修养理论课中专门规划一章内容做有针对性的职业道德教育，设立专门的职业道德课程。同时，还需要建立长效的职业道德教育机制，不能仅凭大学一年级一个学期的课程讲解就指望学生能够养成良好的职业道德，要把职业道德教育贯穿于大学全过程，不仅在显性公共课中进行讲解，还要在隐性课程中有所体现。在此基础上，在进行专业课教育时，还要将职业道德内容融入专业知识传授中，由各个专业针对专业特点进行职业道德重点讲解，不仅要发挥

专业技能教育功能，还要发挥专业德育功能。

（二）加强新闻媒体的社会舆论导向作用

人的本质是社会关系的总和，从这一点来看，人是社会的人，具有强烈的社会属性，社会大环境对人的道德水平具有重要影响。自从媒体产生以来，新闻媒体一直在社会运转中扮演着重要角色，新闻媒体的宣传报道功能能够直接影响社会成员的信息接收、价值判断等。随着科技飞速发展，信息传播速度与方式都发生了天翻地覆的变化，传统媒体、网络、自媒体等对大学生道德价值观的导向作用越发凸显，因此，增强新闻媒体的社会舆论导向作用、弘扬社会主义核心价值观、弘扬风清气正的社会正能量尤为重要。新闻媒体在进行舆论宣传时应当主动促进大学生职业道德养成，宣传主流思想，用接地气和符合大学生生理、心理成熟程度的方式宣传职业道德重要性，使大学生能够深刻认识到职业道德的重要性，认识到西方自由主义和功利主义的本质，加强集体主义的践行力度，从而引导大学生对西方腐朽思想进行客观认识和判断，引导大学生提高社会主义道德素养。

在社会主义市场经济飞速发展的大背景下，某些媒体的逐利性导致其为了点击量和关注度等故意夸大某些事例，甚至出现虚假宣传的情况。而大学生个体正处于价值观形成的关键时期，这类夸大或虚假的新闻报道将对大学生形成正确的价值观产生不良影响。所以在加强新闻媒体正确舆论导向作用的同时，还应提升新闻媒体工作者本身的职业道德素养，使其通过客观真实的新闻报道，正确引导大学生养成职业道德，建设社会主义和谐社会。

（三）构建学校内监督机制

对学生职业道德的监督，一方面要正强化大学生个体践行职业道德行为，鼓励大学生个体养成良好的职业道德；另一方面要考核和监督大学生职业道德养成过程。学校应该建立一套学生职业道德监督体系，如建立职业道德档案，记录大学生职业道德行为，定期对大学生职业道德践行情况进行梳理。

对大学生职业道德的监督应当是全方位的，要从学生个体、教师、学校三个方面对大学生职业道德养成进行监控，在日常生活中对大学生职业道德行为进行考核。学生在求学生涯中接触最多的就是教师，因此教师要作为学生履行职业道德的监督主体，对大学生的职业道德行为进行评价和督促；学校则要从客观角度进行把握，通过举办一定的活动进行宣传，及时解决大学生出现的职业道德问题，对违反职业道德的行为给予相应处罚，对履行职业道德的学生给予相应的奖励。

第三节　大学生职业道德素养的提升

一、大学生职业素养提升的意义

（一）知识经济社会对大学生的内在需要

知识经济社会要求大学生具备更高的综合素质。大学生综合素质包括思想道德素质、科学文化素质和职业技能素质等。其中，思想道德素质是大学生综合素质最为核心的品质，其关键就是如何做人。而对于即将走上工作岗位的大学生来说，职业道德素质起到的作用十分重要。知识经济时代不仅要求大学生本身具备较高的素质，同时要求大学生具备认识知识、学习知识的能力，知识经济更强调人的合作精神和交际能力。因此，一个职业道德高尚、社会评价高的人，必然会在这个时代创造出更多的价值。如今，中国正处于社会发展的关键时期，大学生若要为社会主义现代化建设添砖加瓦，必须在提高科学文化知识和专业技能的同时，不断增强职业道德，注重国家利益，为形成良好的社会风气和精神文明建设做出自己的贡献。如果大学生只注重学习和掌握知识和技能，却忽视了职业道德的养成，就很难满足社会对人才的要求。

（二）实现高等教育目标的需要

在社会经济快速发展、产业结构亟须调整的今天，加快人才培养的速度、提升人才培养的效果是高校面临的紧迫任务。而为了适应我国社会主义现代化建设的需求，党和政府着力推动高等教育大众化，大学毕业生数量大量增多，这大大提升了劳动者的素质，为企业提供了更多选拔人才的机会，提高了各方对人才的要求，但同时这也意味着毕业生竞争更加激烈，大学生"就业难"问题日益突出。此外，大学生在职业适应过程中的浮躁、功利、傲慢、依赖和矛盾的心理开始出现并引起了人们的关注。当专业知识和技能水平相等时，用人单位更倾向于聘用职业道德水平较高的人。这就要求高校不仅要完善大学生的职业技能、专业知识、学术研究水平，更要培养其职业道德。

（三）大学生自我发展的需要

职业道德是根据专业特点建立起来的，但具有不同的侧重点，其特点和基础得到国家和社会的认可，这是行业社会共同道德观念和理想的直接反映。职业道德的共同原则和基本精神具有社会普遍性。由于职业行为直接面对公众，具有公共性，职业道德必然会有公众示范性，这本质上就是一种社会道德。因此，加强和改进大学生的职业道德教育，让大学生具有高职业道德素质，有利于改善行业文化、净化社会氛围，将对整个社会道德，特别是社会道德建设和实践起到积极的推动作用。这不仅可以促进中国公民道德建设，也可以使大学生更加适应社会，真正成为构建社会主义和谐社会的新生力量。

二、大学生职业道德素养提升的对策

（一）引导大学生积极看待社会现状

积极心理学以人的积极力量为中心，强调帮助人在消极的环境下获得生存和发展。因此，学校要引导大学生积极看待社会职业道德的现状，让大学生明白，社会职业道德缺乏是经济飞速发展下产生的正常现象，但只是暂时的现象。随着经济结构的稳定以及社会资源分配的不断优化，职业道德必定是社会评价个人贡献的重要标准之一，也是用人单位雇用人才的重要考核指标之一。另外，要引导大学生积极展示自我，转化不良情绪。积极心理学的观念认为，个人力量的提升中自我效能感起到了关键作用。因此，应引导学生善于在职业道德学习和成长中体验自我成长的快乐，感受践行职业道德后产生的成就感和幸福感。

（二）充分利用校企合作来提高学生的职业道德素养

校企合作是提高高校学生职业道德素养的一个非常重要的途径。因为高校学生只有深入企业进行实地学习和锻炼，才能更加深刻地领悟到职业道德的内涵及其重要性。如果高校不和企业进行合作，而是各自为政，那么高校学生即使到指定的企业进行实习，可能也会出现在学校学习的职业道德知识与企业所要求的完全不搭调的情况。因此，只有实行校企深度合作，并在学生职业道德教育上达成共识，以统一规范的职业道德标准来要求学生，让企业成为学生学习职业道德知识的第二课堂，学生在学校学到的职业道德素养才能在企业实习和实践中得到运用。理论与实践的完美结合，将会十分有效地促进高校学生职业道德素养的提高。

（三）充分利用信息技术对高校学生进行职业道德教育

当今时代是个信息化时代，互联网和电视媒体已经成为人们获得信息最主要的途径。充分利用信息技术对高校学生进行职业道德教育，是时代的要求，也是学校进行职业道德教育的一种手段。从多年教学经验得知，大二的学生在媒体教育和网络教育方面要强于大一的学生，说明大二的学生更加擅长利用信息化技术进行职业道德的学习。因此，对大一新生进行信息化技术指导，引导他们通过互联网培养职业道德，将会成为正式的职业道德课程的重要补充，甚至在某种情况下，互联网学习将会代替课堂学习，成为学生获取职业道德知识的最主要的途径。电视媒体要发挥正确的舆论导向作用，弘扬社会主义核心价值观，引导高校学生树立正确的职业道德价值观。因此，互联网和电视媒体将成为学生进行职业道德自我教育的最佳平台。

（四）充分利用思想政治教育课程提升高校学生职业道德素养

在高校教育中对学生进行思想政治教育，是为了让学生树立正确的理想信念，这是提高大学生思想素质与基本道德素质的重要方式，也为进一步提高学生的综合素质创造了条件。高校思想政治教育也包含了对大学生的职业道德教育，如"思想道德与法治"课程中有针对职业道德的基本知识。高校教师应当充分利用这些内容对大学生进行职业道德教育，发挥思想政治教育对大学生职业道德培养的引领作用，促使学生在就业和择业过程中保持乐观的心态，制定正确的职业规划，形成符合社会发展的行为准则，进而全面提升大学生的职业道德素养。

参考文献

[1] 陈薇.大学生创新创业精神动力研究：回顾与展望[J].华北理工大学学报（社会科学版），2022，22（6）：100-105，114.

[2] 潘柏.高校深化创新创业教育改革的内涵、困境与对策[J].贵州师范大学学报（社会科学版），2022（5）：75-82.

[3] 金阳."互联网+"背景下大学生创新创业政策体系优化研究[J].延边大学学报（社会科学版），2022，55（5）：133-140.

[4] 马佳，张盼文，张海丰."双创"背景下地方高校大学生创新创业精神培育研究[J].经济师，2022（9）：152-153.

[5] 吴占涛，李曼，杨灵芳，等."互联网+"大学生创新创业大赛指引下大学生创新创业能力培养探究[J].高教学刊，2022，8（24）：47-49，53.

[6] 赵海静，门晓宇.校企合作对大学生创新创业能力培养的研究[J].金融理论与教学，2022（3）：117-118.

[7] 杨冬.大学创新创业教育课程建设的元假设、内在逻辑与系统方略[J].当代教育论坛，2022（4）：71-82.

[8] 苏和."互联网+"视角下大学生创新创业的机遇[J].山西青年，2022（8）：107-109.

[9] 王斯斯.工匠精神融入大学就业指导课程设计探究[J].大众文艺，2022（21）：172-174.

[10] 丁月华，张明丽.高校创新创业教育体系的整体性治理[J].思想

理论教育，2022（2）：101-106.

[11] 王洪才. 创新创业能力的科学内涵及其意义 [J]. 教育发展研究，2022，42（1）：53-59.

[12] 王洪才. 创新创业教育：中国特色的高等教育发展理念 [J]. 南京师大学报（社会科学版），2021（6）：38-46.

[13] 王洪才. 创新创业能力培养：作为高质量高等教育的核心内涵 [J]. 江苏高教，2021（11）：21-27.

[14] 孙婷. 关于加强大学生创新创业精神的路径探索 [J]. 才智，2021（25）：147-150.

[15] 杨冬. 我国高校创新创业教育政策变迁的轨迹、机制与省思 [J]. 高校教育管理，2021，15（5）：90-104.

[16] 李杰. 产教融合背景下高校创新创业教育协同育人机制构建研究 [J]. 教育与职业，2021（15）：73-77.

[17] 于凡淼. 当代大学生思想政治教育方法创新在大学生创新创业实践中的应用探究 [J]. 佳木斯职业学院学报，2021，37（6）：27-28.

[18] 张蕾. 产教融合校企合作对大学生创新创业能力培养的研究 [J]. 质量与市场，2020（19）：127-129.

[19] 董世洪，胡顺顺，李明岳. 当代大学生的就业观及其教育引导：以浙江大学为例 [J]. 浙江社会科学，2022（10）：149-154，160.

[20] 夏爱萍. 劳动教育融入大学生创新创业精神培育路径探索 [J]. 南通航运职业技术学院学报，2020，19（3）：78-81.

[21] 许琳. 大学生创新创业价值观行为认同探究 [J]. 创新创业理论研究与实践，2020，3（12）：177-178.

[22] 刘养卉. 影响大学生创新创业精神培育的因素分析：基于思想政治教育的视角 [J]. 长治学院学报，2020，37（3）：101-104.

[23] 于小越."互联网+"视域下校企合作提升大学生创新创业能力研究[J].科教文汇(下旬刊),2019(27):60-62.

[24] 宋妍,王占仁.论当代大学生创新创业价值观的引领[J].国家教育行政学院学报,2017(11):52-57.

[25] 吴波.国内外大学生创新创业教育研究现状与发展趋势分析[J].科技视界,2016(25):118,241.

[26] 杨仕元,岳龙华,高蓉.大学生就业压力及影响因素分析[J].中国大学生就业(理论版),2022(7):55-64.

[27] 徐立恒.新形势下大学生职业道德教育实证分析[J].佳木斯大学社会科学学报,2022,40(2):100-103.

[28] 周文霞,李硕钰,冯悦.大学生就业的研究现状及大学生就业困境[J].中国大学生就业,2022(7):3-8.

[29] 况玥,吉帆,葛望言.高校就业指导体系对大学生就业的作用分析[J].经济研究导刊,2022(9):122-124.

[30] 周蓉.大学生就业心态:社会生态视域下的新常态及其应对[J].当代青年研究,2022(2):94-101.

[31] 崔艳妮.大学生就业指导服务体系建设策略研究[J].武汉冶金管理干部学院学报,2022,32(1):21-23,87.

[32] 王建光,楚洪波.大学生高质量就业能力评价:基于吉林省2631份调查数据[J].黑龙江高教研究,2021,39(12):123-129.

[33] 迈力斯,刘文涛.精准化大学生就业指导体系建设研究[J].品位·经典,2020(11):68-69,80.

[34] 周芷如.工匠精神视域下大学生就业核心竞争力提升研究[J].闽西职业技术学院学报,2020,22(3):98-101.

[35] 史秋衡,王芳.我国大学生就业能力的结构问题及要素调适[J].教育研究,2018,39(4):51-61.

[36] 王瑞远.浅谈大学生职业道德养成的心理机制 [J]. 长江丛刊，2017（30）：213，215.

[37] 闫明珠.心理契约视域下大学生职业道德教育研究 [D]. 西安：西安工业大学，2020.

[38] 房栋.大学生就业价值取向变化与引领研究 [D]. 长春：东北师范大学，2017.

[39] 赵钰良.当代大学生就业价值取向及教育对策研究 [D]. 哈尔滨：哈尔滨理工大学，2017.

[40] 杨婷婷.基于政校企合作的高职院校大学生创新创业基地建设研究：以贵州轻工职业技术学院为例 [D]. 贵阳：贵州大学，2022.

[41] 盛红梅.新时代大学生创新创业价值观研究 [D]. 长春：东北师范大学，2020.

[42] 邱仙艺.思想政治教育视角下大学生创新创业教育研究 [D]. 漳州：闽南师范大学，2018.

[43] 林秋君.新时代大学生创新创业精神培育与能力提升研究 [D]. 重庆：重庆交通大学，2018.

[44] 张一青.新时期大学生创新创业教育研究 [D]. 西安：西安建筑科技大学，2017.

[45] 陈昊.在线教育背景下大学生创新创业教育有效性研究 [D]. 重庆：重庆交通大学，2014.

[46] 郑智意.我国当代大学生职业道德教育的实效性研究：以浙江省高校为例 [D]. 杭州：浙江工商大学，2015.

[47] 邓向荣，刘燕玲.大学生创新创业 [M].北京: 北京理工大学出版社，2020.

[48] 姬建锋，万生新.大学生创新创业教育 [M].西安: 陕西人民出版社，2019.

[49] 李贺，王畅.大学生创新创业基础[M].北京：北京理工大学出版社，2019.

[50] 魏安民，黄银镇，侯锡铭.大学生就业指导[M].成都：电子科技大学出版社，2019.

[51] 王元福.大学生就业创业教育[M].北京：北京理工大学出版社，2020.

[52] 文军，孟超，杨晓艳.大学生就业指导实务[M].成都：电子科技大学出版社，2020.

后 记

高校作为创新创业教育和就业教育的前沿阵地，应该积极发挥先行者和践行者的示范作用，不断强化新时代大学生创新创业教育与就业教育，提升人力资源素质，促进大学生全面发展，实现大学生更加充分、更高质量的就业。

本书的体例安排主要从创新创业和就业的基本内涵，大学生创新创业教育以及就业教育的内容、路径出发，试图通过多种路径和手段实现大学生创新创业教育和就业教育的优化与提升，从而全面提高大学生创新创业能力与职业道德素养，促进大学生创业与就业。

本书在撰写过程中为了使内容表达得更清晰、准确，使理论更有说服力，参考了大量的相关著作、教材、手册、期刊、论文、技术资料等，也得到了许多人的无私帮助，未能一一列举，在此一并表示衷心的感谢。

本书欲极力丰富当代大学生创新创业教育与就业教育相关内容，但是由于内容范围较广，并且中华文化博大精深，研究者不乏其人，要想写出一部有新意、有特色的教材，殊非易事。尽管作者做了很大努力，但由于水平有限，时间仓促，书中难免存在疏漏或不足之处，希望广大读者及时总结和反馈使用的情况，提出修改意见和建议。